天津市高等学校职教教师教育创新团队培养计划项目(TD13-5097)
天津市人文社会科学重点研究基地(职业教育发展研究中心) 资助

当代中国职业教育制度与政策

曹 晔 著

谨以此书纪念中华人民共和国成立70周年

科 学 出 版 社
北 京

内 容 简 介

本书系统梳理了新中国成立以来党和国家有关职业教育的各项政策，尤其是对教育制度的形成发挥作用的政策进行了重点梳理。全书分为发展、制度、师生三个维度共 16 个专题，发展部分包括职业教育发展政策、农村职业教育政策和现代职业教育体系；制度部分包括产教结合制度、职业教育管理体制、中高职衔接制度、现代学徒制度、半工半读教育制度、职业教育督导评估制度、职业资格证书制度；师生部分包括学生资助制度、教师资格标准制度、“双师型”教师制度、兼职教师制度、教师岗位管理制度、教师培养培训制度。

本书可作为职业技术师范教育专业的参考用书，也可供教育行政部门管理者、职业院校管理者、教师及教育研究者使用。

图书在版编目（CIP）数据

当代中国职业教育制度与政策 / 曹晔著. —北京：科学出版社，2019.6

ISBN 978-7-03-061616-6

Ⅰ. ①当…　Ⅱ. ①曹…　Ⅲ. ①中等专业教育－教育制度－研究－中国 ②中等专业教育－教育政策－研究－中国　Ⅳ. ①G719.2

中国版本图书馆 CIP 数据核字（2019）第 115089 号

责任编辑：席　慧　张静秋　韩书云 / 责任校对：严　娜

责任印制：张　伟 / 封面设计：蓝正设计

科学出版社 出版

北京东黄城根北街 16 号

邮政编码：100717

http://www.sciencep.com

北京凌奇印刷有限责任公司 印刷

科学出版社发行　各地新华书店经销

*

2019 年 6 月第 一 版　开本：720×1000　1/16

2022 年 8 月第四次印刷　印张：13

字数：270 000

定价：69.00 元

（如有印装质量问题，我社负责调换）

前　　言

教育政策是党和国家为实现一定历史时期的教育发展目标和任务，依据一定时期的基本任务、基本方针而制定的关于教育目的的行动指南。教育政策具有以下功能：保障性功能，维护和保障教育事业的发展；规范性功能，为教育事业的发展提供了标准与范式，起着某种规定性的作用；激励性功能，客观上起着一种激励、鼓舞、促进教育事业不断向前发展的作用；约束性功能，限制或禁止某种教育行为；管理性功能，教育工作者通过计划、控制、协调等方式来管理教育。总之，教育政策指引着教育事业沿着教育政策规定的方向发展，激励激发人们积极参与教育，制约、禁止政策制定者所不希望的行为发生，保障和规范教育事业健康有序地发展。

中华人民共和国成立70周年了，党和国家一直非常重视职业教育的发展，出台了一系列政策来指导职业教育事业的发展。新中国刚成立时，将以前的职业教育改称为技术教育，并将中等专业教育与高等教育纳入同一管理体制进行管理，培养国家计划经济体制运行所需的技术和管理干部，由教育部门管理；出于国家建立现代工业体系的需要，政府积极发展技工教育，培养技术工人，隶属劳动部门管理。职业教育由多部门管理，形成了两种不同的政策体系。虽然1964年国家准备实施半工半读教育制度，将技工教育划归教育部门管理，但因两类人才类型和培养模式不同，1979年技工学校又归劳动部门管理。在中共中央和国务院层面的文件中，始终对两类教育进行统筹规划和管理。例如，1980年国务院批转了教育部和国家劳动总局《关于中等教育结构改革的报告》，1985年中共中央颁布了《中共中央关于教育体制改革的决定》。但职业教育长期实行多部门管理，1996年我国颁布的《中华人民共和国职业教育法》中指出：“国务院教育行政部门、劳动行政部门和其他有关部门在国务院规定的职责范围内，分别负责有关的职业教育工作。”各职业教育管理部门为了推动本部门职业教育的发展，都出台了相关的政策文件。进入21世纪，教育部门管理的职业学校与劳动部门管理的技工学校的人才培养目标逐渐趋同，即培养高素质劳动者和技能型人才，但多部门出台教育政策的格局没有太大变化。为了反映我国职业教育的整体现状，本书在政策梳理过程中，以教育行政部门的政策为主，同时将人力资源和社会保障部门等的相关职业教育政策文件纳入研究范畴。

教育政策既立足解决教育的现实问题，也面向未来发展，具有现实性、超前性和综合性等特点。伴随着教育在国民经济社会发展中的地位不断提高、作用不断加强，教育的规模和体系越来越大，种类也日趋增多，教育政策内容越来越丰富，使庞大的教育政策系统化、条理化、体系化是一件十分困难的事情。为此，本书对职业教育发展起关键和长远作用的重要政策进行了专题梳理，这样既能反映教育政策的变化脉络、演进历程，也能反映出我国教育政策的重要决策、重大改革，从而实现教育政策系统化和体系化。按照这一思路，本书对新中国成立以来的职业教育政策从三个维度分16个专题进行了系统的梳理，大致划分为发展、制度和师生三个部分。发展部分包括职业教育发展政策、农村职业教育政策和现代职业教育体系；制度部分包括产教结合制度、职业教育管理体制、中高职衔接制度、现代学徒制度、半工半读教育制度、职业教育督导评估制度、职业资格证书制度；师生部分包括学生资助制度、教师资格标准制度、“双师型”教师制度、兼职教师制度、教师岗位管理制度、教师培养培训制度。广义来看，这16个专题都是制度层面的内容，引领、规范和保障着职业教育健康有序地发展。

由于教育政策是一个庞大的体系，许多教育政策出台了专门的文件，有的还分散在其他政策中，梳理工作难以穷尽。同时，有些教育政策只在短期内发挥了重要作用，存续时间短；有些教育政策涉及的面比较微观，或仅仅是操作层面的；有些教育政策需要长期坚持，且内容变化不大；有些教育政策是观念性的，主要起导向作用等。对于以上这几类政策，本书没有进行梳理。同时，本书试图分析清楚职业教育政策产生的背景和演变的原因，但由于资料不足、知识面有限，分析只是初步的。总之，由于是初次对我国职业教育制度进行较全面系统的梳理和研究，对政策的理解和把握还有欠缺，对政策文件的汇集也存在不足，对教育政策产生和发展的情况也难以准确全面把握，加之著者水平有限，书中难免有不妥之处，敬请读者不吝赐教。

著　者

2018年12月

目　　录

第一章

职业教育发展政策

新中国成立之初，伴随着国民经济全面实行计划经济体制，作为培养国家初、中级技术和管理人才的中等专业教育和技工教育也按计划开展，由于当时中国文化教育落后，提高文化水平和普及义务教育成为当时教育的主要工作。职业教育的规模和比例都较小，虽曾试图加快发展，但因各种原因，而适得其反，但这一时期积累了正反两方面的经验和教训，奠定了新中国职业教育的基本制度。改革开放以来，为适应经济社会快速发展的要求，伴随着我国经济体制从计划经济体制到有计划商品经济再到社会主义市场经济的发展历程，教育体制不断深化改革，职业教育政策也在不断完善，保障了职业教育的快速发展。尤其是进入 21 世纪以来，随着工业化进程的加快和产业转型升级，职业教育体制机制不断完善，产教融合、校企合作、工学结合成为职业教育基本的教育教学制度，出台了一系列政策以促进现代职业教育的发展及其体系建设，支持职业教育健康发展和保障职业教育质量不断提升的制度正在形成。

一、创建与发展时期

(一) 创建新中国职业教育制度

1949 年中华人民共和国成立，颁布了《中国人民政治协商会议共同纲领》作为临时宪法，明确了“文化教育为新民主主义的，即民族的、科学的、大众的文化教育”，并提出“有计划有步骤地实行普及教育，加强中等教育和高等教育，注重技术教育”的教育方针。中国共产党接管、整顿和改造了以前的职业学校，并按照《中国人民政治协商会议共同纲领》的要求，把过去的职业教育统一改称技术教育，凸显了技术立国的意图。同时，为满足国家工业化的需要，学习苏联经验，我国开始探索建立支持工业化的技工教育，建立起培训技术工人的教育制度，从此形成了技术教育和技工教育两种类型的职业教育。在中等专业教育调整、整顿和技工教育发展过程中，国家出台了一系列制度来加强新中国中等专业学校和技工学校的管理工作。在人才培养目标方面，1951 年 6 月 12 日，教育部召开第一次全国中等技术教育会议，会议明确了中等技术学校人才培养目标是培养初、中级技术人才；1954 年 4 月劳动部颁发的《关于技工学校暂行办法草案》中规定："技工学校以培养四、五级技工为主"。在招生对象和学制方面，1951 年 10 月，政务院颁布了《关于改革学制的决定》，废除了旧学制，建立了新学制，并规定："技术学校，修业年限为二年至四年，招收初级中学毕业生或具有同等学力者。入学年龄不作统一规定""初级技术学校，修业年限为二年至四年，招收小学毕业生或具有同等学力者。入学年龄不作统一规定"。1954 年 4 月，劳动部颁发的《关于技工学校暂行办法草案》中规定：学习期限一般规定为二年。技工学校的学生，应招收具有高小毕业以上或相当于高小文化程度及身体健康、政治纯洁、年满十六周岁至二十三周岁的青年，经考试合格并填写志愿书后方可入学。

此外，一系列管理制度相继出台。1952 年 8 月，教育部颁布了《中等技术学校暂行实施办法》，对学校办学宗旨与任务、学生培养目标、课程、学时、成绩考查、教材编审、机构组织、人员编制、领导管理、职业分工及教师要求、学生分配等方面作了明确规定。1952 年 8 月 29 日，教育部颁发的《各级中等技术教育委员会暂行组织条例》规定了全国中等技术教育委员会的成员单位及职责。1952 年 7 月 5 日，教育部发出指示，全国高级中学、技术学校、师范学校以省、市为单位统一招生；同年 7 月 8 日，政务院发出通知，决定在全国高、中等学校实行人民助学金制度；10 月 7 日，教育部颁发了《关于工业、农业、财经性质中等技术学校教学计划的指示》；10 月 11 日，教育部颁发了《中等专业学校组织编制试行标准》。1953 年 4 月 3 日，中央生产实习指导委员会成立；同年 7 月 4 日高等教育部发出《关于中等技术学校（中等专业学校）设置专业的原则的通知》；7 月 21 日，政务院发出《关于中等专业学校毕业生分配工作的指示》；7 月 31 日，政务院通过了《关于加强高等学校与中等技术学校学生生产实习工作的决定》。1954 年 11 月 24 日，高等教育部颁发《中等专业学校章程》，具体规定了学校的教育任务、专业设置、入学标准、学生管理、组织机构、管理职责、教学活动、经费来源等办学要求，较系统地建立了指导学校办学的系列文件。《中等专业学校章程》的颁布替代了 1952 年 8 月教育部颁布的《中等技术学校暂行实施办法》。

此后，相关制度进一步创建和完善。1955 年 3 月 1 日，高等教育部颁布《中等专业学校学科委员会工作规程》；同年 10 月 21 日，高等教育部发出《关于中等技术学校毕业设计工作的指示》。1956 年 2 月 1 日，劳动部颁发《技工学校标准章程草案》和《技工学校编制标准定额暂行规定草案》；同年 3 月 14 日，高等教育部颁发《普通课和基础技术课及社会经济课标准时数》和《关于拟定中等专业学校四年制教学计划的规定》；同年 4 月 11 日，高等教育部发布《中等专业学校（不包括中等师范学校）国家考试规程》；同年 5 月 9 日，高等教育部发布《中等专业学校教师教学工作量标准草案》。1957 年 9 月 17 日，国务院下发了《关于改进企业、事业、机关等单位接收学校师生前往参观、实习、进修等工作和为科学研究提供资料工作的指示》；同年 10 月 25 日，国务院通过《关于高等学校和中等专业学校毕业生在见习期间的临时工资待遇的规定》。另外，中等专业学校的《校长任免办法》《课程设计规程》《行政和教学辅助人员标准编制》《学校设置、停办的规定》等文件也相继颁发。截至 1957 年，我国已建立了新中国中等职业教育发展的基本教育教学制度。

此外，为了解决大量中学毕业生的就业问题，我国相关部门决定在普通教育中增设劳动课或生产课。1957 年 2 月 28 日，教育部发出《教育部关于指导中小学毕业生正确对待升学和就业问题的通知》；同年 3 月 7 日，教育部发出通知：初中三年级增设农业基础知识课；同年 6 月 8 日，教育部发出通知，调整 1957—1958 学年度中学教学计划，各年级增设政治课，初、高中三年级设农业基础知识课，停授和取消初、高中的一些课程；同年 7 月 11 日，教育部印发《1957—1958 学年度小学教学计划》，在各年级增设周会，农村小学高年级设农业常识课。1963 年，教育部发出通知：初中三年级设生产知识课，小学六年级设生产常识课等。

（二）调整整顿时期

1957年新中国完成了第一个国民经济的“五年计划”，社会经济得到了全面发展。同时，出于自力更生的目的，1958 年 5 月中国共产党第八次全国代表大会第二次会议（中共八大二次会议）通过了“鼓足干劲，力争上游，多快好省地建设社会主义”的社会主义建设总路线，提出“尽快把中国建设成为一个具有现代工业、现代农业和现代科学文化的伟大的社会主义国家”。[①]为了促进教育的发展，一方面，教育权力下放，充分调动各方面办学的积极性。1958 年 4 月 4 日，中共中央发出《关于高等学校和中等技术学校下放问题的意见》；同年 8 月，中共中央、国务院颁发《关于教育事业管理权力下放问题的规定》。另一方面，全国先后办起了各种类型的半工半读学校。1958 年 9 月 19 日，中共中央、国务院颁布了《关于教育工作的指示》，提出：“国家办学与厂矿、企业、农业合作社办学并举；普通教育与职业（技术）教育并举，成人教育与儿童教育并举，全日制学校与半工半读业余学校并举；学校教育与自学（包括函授学校、广播学校）并举；免费的教育与不免费的教育并举”。

1958—1960 年，国民经济结构尤其是工农业比例出现失调，为此进行了为期三年的调整。1960 年 9 月，中共中央在批转国家计划委员会（国家计委）《关于 1961 年国民经济计划控制数字的报告》中提出了国民经济“调整、巩固、充实、提高”的八字方针，1961 年 1 月中国共产党第八届中央委员会第九次全体会议正式批准。1960 年 11 月 24 日，中国共产党中央教育工作领导小组（中央文教小组）召开全国文

① 参见 1958 年 6 月 3 日《人民日报》发表的社论“向技术革命进军”一文

教工作会议，提出当前文化教育工作必须贯彻执行“调整、巩固、充实、提高”的八字方针，会后向中共中央提交了《关于一九六一年和今后一个时期文化教育工作安排的报告》，1961 年 2 月，中共中央批转中央文教小组的报告。教育部在 1961—1963 年连续召开了三次调整会议，对教育进行了全面的调整、整顿工作。通过调整、压缩规模，提高了教育质量，同时为了保证调整工作的顺利进行，又出台了一系列管理制度。1961 年 2 月，中共中央书记处讨论高等学校及中等专业学校的教材问题，确定由中国共产党中央宣传部(中宣部)、教育部成立高等学校、中等专业学校理工农医各科教材工作领导小组，负责组织教材编写工作；同年 5 月 15 日，劳动部颁发实施《技工学校通则》和《关于技工学校学生的学习、劳动、休息时间的暂行规定》，试行《技工学校人员编制标准(草案)》。1962 年 8 月 11 日，国务院批转了教育部、农业部的《关于农业学校实习农场和实习工厂的编制标准意见的报告》。1963 年 3 月 14 日，教育部发出《关于改进中等专业学校招生工作和毕业生分配工作的意见》；同年 5 月 13 日，教育部颁发《中等专业学校专业目录》；5 月 14 日，教育部颁布了《中等专业学校学生成绩考核和升留(降)级办法(草案)》和《中等专业学校学生学籍管理办法(草案)》；7 月 5 日，教育部发出《关于在中等专业学校中试办招收高中毕业生班的通知》；9 月 20 日，教育部、劳动部、财政部联合发出《关于职业学校经费、编制的暂行规定》；10 月 28 日，国务院批转教育部《关于中等专业学校专业的设置和调整问题的规定的通知》。1964 年 10 月 12 日，国务院批转高等教育部《关于中等专业学校招生和毕业生分配统筹规划问题的报告的通知》。一系列政策的出台有效地改善了“大跃进”时期不顾条件、盲目办学的局面，中等职业教育走向了健康发展的轨道。

这一时期的职业教育有两大特点：一是办学形式多样化。由于教育办学权力的下放，实践中探索了各种形式的职业教育，极大地丰富了职业教育的内涵，尤其是农民自费办职业中学，在完成了社会主义改造后出现了民办教育，可以说是一种大胆的探索，但终因民办而淹没在“谈私色变”的计划经济体制下。二是职业教育大起大落，短期内数量剧增，看似发展了，其实蕴含着巨大的风险，给教育带来了伤害。由此可见，办教育必须循序渐进，遵循教育规律。

二、大力发展中等职业教育时期

(一)有计划调整中等教育结构时期

1978 年中国共产党第十一届中央委员会第三次全体会议(十一届三中全会)的召开，标志着中国进入了改革开放的新时期，全党工作的重心全面转到经济建设上来。一方面，为适应经济建设，尤其是加快建立现代工业体系和国家现代化建设，生产一线需要大量的技术技能人才；另一方面，大批高中毕业生难以升学，形成了“千军万马过独木桥”的局面，不能升学而又缺乏劳动技能的毕业生难以有效就业。正如中国共产党第十三次全国代表大会报告指出的：“从根本上讲，科技的发展，经济的振兴，乃至整个社会的进步，都取决于劳动者素质的提高和大量合格人才的培养”。调整中等教育结构，大力发展中等职业教育成为必然。1980 年 10 月，国务院批转的教育部、国家劳动总局《关于中等教育结构改革的报告》中指出：“中等教育结构改革，主要是改革高中阶段的教育”“在城乡要提倡各行各业广泛举办职业(技术)学校。可适当将一部分普通高中改办为职业(技术)学校、职业中学、农业中学。经过调整改革，要使各类职业(技术)学校的在校学生数在整个高级中等教育中的比重大大增长”，并对改后的职业中学和农业中学的办学特点、招生对象、学制、管理体制、办学体制、培养模式、师资配备、实践教学、毕业生就业，以及经费和编制、开办和审批等作出了明确规定，尤其指出了职业中学毕业生国家不包分配、用人单位择优录用，学生自主选择择业。这一文件对职业中学、农业中学作了全方位的办学规定，标志着职业学校和农业中学成为区别于中等专业学校和技工学校、主要分布在农村的一种中等职业教育学校。

(二)计划内与计划外结合发展时期

1984 年 10 月，中共中央颁发了《关于经济体制改革的决定》，提出改革的基本任务是建立具有中国特色的、充满生机的社会主义有计划商品经济体制，即国民经济实行计划经济与商品经济结合的体制。经济体制的改革对教育体制改革提出了新要求。1985 年 5 月 15 日，中共中央、国务院召开了改革开放以来的第一次全国教育工作会议；同年 5 月 27 日，中共中央印发了《关于教育体制改革的决定》(以下简称《决定》)，该会议和《决定》确立了“教育必须为社会主义建设服务，社会主义建设必须依靠教育”的根本指导思想。该会议指出了我国教育体制在教育事业管理权限的划分、教育结构、教育思想、教育内容、教育方法上存在的弊端。提出我国教育体制改革主要有 4 个方面的内容：第一，把发展基础教育的责任交给地方，基础教育实行“分级办学、分级管理”，有步骤地实行九年制义务教育；第二，调整中等教育结构，大力发展职业技术教育；第三，改革高等学校的招生计划和毕业生分配制度，扩大高等学校办学自主权；第四，强调加强领导，调动各方面的积极因素，保证教育体制改革的顺利进行。同时，《决定》对职业教育提出了 4 个方面的重大决策：一是职业教育分为中等职业教育和高等职业教育。二是明确了教育分流制度，一般应从中学阶段开始分流。初中毕业生一部分升入普通高中，另一部分接受高中阶段的职业技术教育；高中毕业生一部分升入普通大学，另一部分接受高等职业技术教育。三是提出了职业教育体系建设。发展职业教育要重点发展中等职业技术教育，积极发展高等职业技术院校，优先对口招收中等职业技术学校毕业生及有本专业实践经验、成绩合格的在职人员入学，逐步建立起一个从初级到高级、行业配套、结构合理，又能与普通教育相互沟通的职业技术教育体系。四是提出要建立若干职业技术师范院校，有关大专院校、研究机构都要担负培训职业技术教育师资的任务，使专业师资有一个稳定的来源。

为了推动职业技术教育的发展，落实《决定》的精神，国家教育委员会、国家计划委员会(国家计委)、国家经济贸易委员会(国家经委)、劳动人事部于1986年7月2日—7月6日，在北京联合召开了改革开放以来第一次全国职业技术教育工作会议。1987年1月，国务院办公厅转发国家教育委员会等部门《关于全国职业技术教育工作会议情况的报告》的通知，当年的全国职业技术教育工作会议一是确定在1990年前后使全国大多数地区高中阶段职业技术学校的招生数达到与普通高中的招生数大体相当。二是进一步提出实行“先培训、后就业”的方针，并界定了“培训”内涵：包括系统的学校教育、各种短期培训、单项技能培训，以及按某些工种或岗位的特点，进行职业道德、劳动纪律、安全卫生教育的培训；社会招工，应当在专业和工种对口的原则下，对各种职业技术学校的毕业生择优先录用。三是明确了农村办学的指导思想，大力发展农村职业技术教育。四是加强中等专业教育和技工教育，指出招收初中毕业生学制4年、高中毕业生学制2—3年的中专，与高等职业技术学校在培养目标上没有太大的区别，不应简单地划入中等教育；要改革中等专业学校和技工学校毕业生的分配制度，逐步将包分配改为不包分配，由用人部门择优录用。此外，该会议还对课程、师资、经费及管理体制提出了新的要求。1991年10月，国务院主持召开了第二次全国职业技术教育工作会议，并印发《关于大力发展职业技术教育的决定》(国发〔1991〕55号)，该会议一是要求积极贯彻大力发展职业技术教育的方针，从努力办好现有各类职业技术学校、广泛开展短期职业技术培训、在普通教育中积极开展职业指导、重视并积极发展对在职人员进行职业技术培训的成人教育等4个方面明确了20世纪90年代发展职业技术教育的主要任务。二是除了大力发展各类职业学校教育和培训外，提出在普通教育中积极开展职业指导，因地制宜地在适当阶段引进职业技术教育因素，在不同阶段对学生实行分流教育。城市可在高三分流，农村可采取“三加一”(即三年初中教育再加一年职业技术教育)、初三分流、四年制渗透职业技术内容或办职业初中等多种形式发展初中阶段的职业技术教育。三是积极推进现有职业大学的改革，努力办好一批培养技艺性强的高级操作人员的高等职业学校。四是提出从多主体办学、多部门给予财政和政策支持、提倡产教结合和工学结合、完善“先培训、后就业”制度等方面支持职业技术教育的发展。五是提出了凡进行技术等级考核的工种，逐步实行“双证书”(即毕业证书和技术等级或岗位合格证书)的制度。六是在管理体制方面提出了发展职业技术教育主要责任在地方，关键在市、县。此外，该会议还对重视德育、专业布局、教学改革、招生分配制度、师资、实验实习基地和教材建设等方面提出了明确要求。

这一时期，我国形成了计划经济体制与市场经济体制相结合的经济体制，也形成了计划经济体制内就业和面向市场的体制外就业的就业模式。中等专业学校和技工学校形成了与有计划商品经济体制相适应的计划内招生和面向市场的体制外招生相结合的教育制度，满足了发展有计划商品经济的要求，促进了职业教育的快速发展。

(三)适应社会主义市场经济体制发展时期

在发展有计划商品经济的基础上，1992 年我国提出建立社会主义市场经济体制。为了落实中国共产党第十四次全国代表大会(十四大)提出的“必须把教育摆在优先发展的战略地位，努力提高全民族的思想道德和科学文化水平，这是实现我国现代化的根本大计”的要求，1994 年 6 月 14 日，中共中央、国务院召开了第二次全国教育工作会议，会议的主要任务是以邓小平建设有中国特色的社会主义理论和党的基本路线为指导，贯彻十四大和中国共产党第十四届中央委员会第三次全体会议的精神，进一步落实教育优先发展的战略，动员全党全社会认真实施 1993 年 2 月 13 日发布的《中国教育改革和发展纲要》(中发〔1993〕3 号)。会议指出：到 20 世纪末，我国要实现基本普及九年义务教育，基本扫除青壮年文盲，全面提高教育质量。在职业教育发展目标方面提出“高中阶段职业技术学校在校学生人数有较大幅度的增加，未升学的初中和高中毕业生普遍接受不同年限的职业技术培训，使城乡新增劳动力上岗前都能得到必需的职业技术训练”“到本世纪末，中心城市的行业和每个县，都应当办好一、两所示范性骨干学校或培训中心，同大量形式多样的短期培训相结合，形成职业技术教育的网络”。为适应社会主义市场经济体制建设的要求，教育体制需进行改革：在办学体制方面，改变政府包揽办学的格局，逐步建立以政府办学为主体、社会各界共同办学的体制，职业技术教育和成人教育主要依靠行业、企业、事业单位办学和社会各方面联合办学；在教育经费方面，国家财政性教育经费支出占国民生产总值的比例在 20 世纪末应达到 4%。

1994 年 7 月 3 日，国务院颁发了《关于〈中国教育改革和发展纲要〉的实施意见》(国发〔1994〕39 号)，制度安排集中表现在以下几个方面：一是对职业教育提出有计划地实行小学后、初中后、高中后三级分流，大力发展职业教育，逐步形成初等、中等、高等职业教育和普通教育共同发展、相互衔接、比例合理的教育系列。二是分类指导职业教育发展。未普及九年义务教育的地区，实行小学后分流，发展初等职业教育；大部分地区以初中后分流为主。三是规划了职普比例，到 2000 年各类中等职业学校年招生数和在校生数占高中阶段学生数的比例，全国平均保持在 60%左右；普及高中阶段教育的城市可达到 70%。四是积极发展多样化的高中后职业教育和培训，主要途径是改革现有高等专科学校、职业大学和成人高校及举办灵活多样的高等职业班等。对所有接受职业学校教育的学生，应根据本人的条件和可能，给予多种形式的继续学习深造的机会。大、中城市和经济发展程度较高的农村应积极发展残疾人高、中级职业教育。五是在教育体制改革方面，为适应建立社会主义市场经济体制的要求，提出“积极推进高等学校和中等专业学校、技工学校的招生收费改革和毕业生就业制度的改革，逐步实行学生缴费上学，大多数毕业生自主择业的制度。1997年大多数学校按新制度运作，2000年基本实现新旧体制转轨”“高等学校和中等专业学校、技工学校的毕业生，近期内除委托、定向培养生和自费生外，实行在国家宏观指导下，学校与用人单位供需见面和一定范围内双向选择的制度”。

1996年《中华人民共和国职业教育法》颁布并实施，为了实施好《中华人民共和国职业教育法》，1996年6月经国务院批准，第三次全国职业技术教育工作会议召开，会议的主要任务是研究制定贯彻落实《中华人民共和国教育法》《中华人民共和国职业教育法》和《中国教育改革与发展纲要》的政策措施，进一步明确我国跨世纪发展职业教育的目标和任务。1998年3月16日，教育部等三部门颁发了《关于实施〈职业教育法〉加快发展职业教育的若干意见》（教职〔1998〕2号），该文件突出以下几方面政策：一是完善职业教育体系。提出了20世纪末到21世纪初，我国职业教育工作的主要奋斗目标是进一步调整结构，推进以初中后为重点的不同阶段的教育分流，建立、健全职业学校教育与职业培训并举，并与其他教育相互沟通、协调发展的职业教育体系。二是提出多层次发展职业教育。积极发展高等职业教育；通过多种形式，因地制宜地发展初等职业教育；普通中学普遍增加职业教育内容；对初等职业学校、中等职业学校和高等职业学校招生对象和学制作了进一步明确。三是深化办学体制改革。提出坚持贯彻产教结合原则，要进一步加强职业教育与经济的结合，增强职业学校和职业培训机构与企业的联系与合作，要支持职业学校和职业培训机构发展校办产业；要逐步推行学历证书或培训证书和职业资格证书两种证书制度；实行多种形式的联合办学、发展多种形式的民办职业教育等来推进办学体制改革，加强部门分工协作。四是加强职业教育内部改革和建设，重点是加强教师队伍建设，从完善专兼职教师来源渠道、建立教师技能培训基地、开展学历达标、建立教师进修制度、保障教师待遇和福利、教师可以评聘两个职务、加强校长和职教管理干部的培训等多方面来加强教师队伍建设。此外，该文件还提出要逐步建立和完善专业目录、实验仪器设备的配套标准、实习场地的建设标准和考试考核的程序方法等。可见，此次会议主要落实了《中华人民共和国职业教育法》的相关规定，进一步完善了职业教育的各项制度。

1999年1月13日，国务院批转教育部《面向21世纪教育振兴行动计划》，该计划对未来职业教育进行了规划，集中体现在：①积极发展高等职业教育。在高等职业教育“三改一补”政策的基础上，提出部分本科院校可以设立高等职业技术学院，基本不搞新建。②要逐步研究建立普通高等教育与职业技术教育之间的立交桥，允许职业技术院校的毕业生经过考试接受高一级学历教育。③对高等职业学校招生对象作出了明确规定：高等职业教育探索多种招生方法，中等职业学校有一定比例(近期 3%左右)的毕业生可进入高等职业学校学习；普通高中毕业生除进入普通高等学校外，多数应接受多种形式的高等职业教育，提高素质。④对职业教育体系作了进一步规定：要努力建立符合我国国情特点的职前与职后教育培训相互贯通的体系，使初等、中等和高等职业教育与培训相互衔接，并与普通教育、成人教育相互沟通、协调发展。⑤设立职业教育课程改革和教材建设基金，实施课程改革和教材建设规划。⑥依托普通高等学校和高等职业技术学院，重点建设 50 个职业教育专业教师和实习指导教师培养培训基地，地方也要加强职业教育师资培训基地建设。⑦实施“跨世纪园丁工程”，加强师德建设，重点加强中小学骨干教师队伍建设。1999—2000 年，在全国选培 10 万名中小学及职业学校骨干教师(其中 1 万名由教育部组织重点培训)。这标志着职业学校培训从管理干部培训转向骨干教师培训。⑧实行教师聘任制和全员聘用制，加强考核、竞争上岗、优化教师队伍等。

这一时期，随着社会主义市场经济体制的建立，1993 年 11 月，中共中央颁布了《关于建立社会主义市场经济体制若干问题的决定》，提出建立现代企业制度。20 世纪 90 年代中期，国有企业开始转换经营机制，面向市场自主经营、自负盈亏、自我发展，开始减员增效、下岗分流、减轻企业的社会负担，加快建立现代企业制度，计划经济体制内的人才需求开始减少。与此同时，民营经济不断发展壮大，面向市场的计划经济体制外人才的需求增加。中国开始大力兴建各类工业园区，出现外资、合资和合作企业，低成本后发优势逐渐显露，国际贸易开始节节攀升，国内市场逐渐繁荣。伴随着民营经济的崛起和外资制造业进入中国，中国沿海地区的制造业得到了迅速发展，促进了职业教育的快速发展。

三、中、高等职业教育结构调整时期

伴随着改革开放的不断深入，外资进入中国的趋势进一步凸显，尤其是随着香港和澳门的回归、中国加入世界贸易组织(WTO)，大量海外资金涌进内地，形成了数以万计的外资与合资企业。继率先发展起来的珠江三角洲地区之后，上海浦东从 20 世纪 90 年代初期实施开发开放战略，长三角地区已逐渐成为中国改革开放的龙头，以长三角、珠三角为主的中国沿海地区形成了出口导向型经济，“Made in China”的标识遍布全球。伴随着大量的民营企业、三资企业和转制的国有企业的出现，适应市场经济要求的中国现代企业大规模建立。为了适应市场经济快速发展的要求，尤其是制造业迅速崛起对高素质技术技能人才的需求，我国开始大力发展高等职业教育。1999 年 6 月 15 日，中共中央和国务院召开了改革开放以来第三次全国教育工作会议，这次会议从社会主义现代化建设全局和战略的高度，动员全党同志和全国人民，以提高民族素质和创新能力为重点，深化教育体制和结构改革，全面推进素质教育，振兴教育事业，实施科教兴国战略，为实现中国共产党第十五次全国代表大会（十五大）确定的社会主义现代化建设宏伟目标而奋斗。会议通过了《关于深化教育改革全面推进素质教育的决定》（1999 年 6 月 13 日发布），文件有关职业教育的政策主要有：①实施素质教育应当贯穿于幼儿教育、中小学教育、职业教育、成人教育、高等教育等各级各类教育，应当贯穿于学校教育、家庭教育和社会教育等各个方面；②提出扩大高中阶段教育和高等教育的规模，到 2010 年，我国同龄人口的高等教育入学率要从现在的 9%提高到 15%左右。要在确保“两基”[①]的前提下，积极发展包括普通教育和职业教育在内的高中阶段教育。在城市和经济发达地区要有步骤地普及高中阶段教育；③规范高职院校名称，拓展了办学途径，提出本科高等学校举办或与企业合作举办职业技术学院（或职业学院），地方政府可以举办综合性、社区性的职业技术学院（或职业学院）；④高等学校和中等职业学校要创造条件实行弹性的学习制度，放宽招生和入学的年龄限制，允许分阶段完成学业；⑤经国务院授权，把发展高等职业教育和大部分高等专科教育的权力及责任交给省级人民政府，省级人民政府依法管理职业技术学院（或职业学院）和高等专科学校；⑥职业教育要增强专业的适用性，开发和编写体现新知识、新技术、新工艺和新方法的具有职业教育特色的课程及教材；⑦要注意吸收企业优秀工程技术和管理人员到职业学校任教，加快建设兼有教师资格和其他专业技术职务的“双师型”教师队伍。

按照国务院的要求，1999 年我国高等教育开始大规模扩招，扩招的重点是高等职业教育，各地多措并举扩大高等教育招生规模：一方面充分利用教育外部资源，通过银行贷款和后勤社会化改革来扩大教育资源；另一方面通过教育内部资源整合，中职升高职、高职高专升本科，以及高校合并中、高等职业学校等措施来强化高等教育资源。据教育部粗略统计，大约有 2000 所优质中等职业学校纳入高等教育体系。高等教育扩招，拉动了普通高中的快速发展，且 1998 年开始中专实行招生并轨制度改革，中等职业学校招生受到一定的影响，深化教育教学改革、提高教育质量被提上议事日程。为此，2002 年 8 月，国务院主持召开了第四次全国职业技术教育工作会议，并印发了《关于大力推进职业教育改革与发展的决定》（国发〔2002〕16 号）。该文件集中表现以下几方面内容：①针对中等职业教育招生人数下降的情况，提出要以中等职业教育为重点，保持中等职业教育与普通高中教育的比例大体相当，并把农村和西部地区职业教育作为今后一段时期职业教育发展的重点。“十五”期末，中等职业学校面向农村的年招生规模要达到 350 万人，面向西部地区的年招生规模要达到 120 万人；扩大高等职业教育的规模，大、中城市和经济发达地区积极发展高等职业教育，有条件的市（地）可以举办综合性、社区性的职业技术学院。②明确了职业教育管理体制和办学体制。提出建立并逐步完善在国务院的领导下，分级管

① “两基”是基本普及九年义务教育和基本扫除青壮年文盲的简称

理、地方为主、政府统筹、社会参与的职业教育管理体制。在国务院的领导下，建立职业教育工作部际联席会议制度，研究解决职业教育工作中的重大问题。发展职业教育的主要责任在地方。强化市(地)级人民政府在统筹职业教育发展方面的责任。在办学体制方面做到三个明确：一是深化职业教育办学体制改革，形成政府主导、依靠企业、充分发挥行业作用、社会力量积极参与的多元办学格局。二是要充分依靠企业举办职业教育，提出了企业参与职业教育的多种方式。企业要根据实际需要举办职业学校和职业培训机构，强化自主培训功能；企业要和职业学校加强合作，实行多种形式联合办学，开展“订单”培训，并积极为职业学校提供兼职教师、实习场所和设备，也可在职业学校建立研究开发机构和实验中心。有条件的大型企业可以单独举办或与高等学校联合举办职业技术学院。三是行业主管部门要对行业职业教育进行协调和业务指导，继续办好职业学校和培训机构。此外，对民办职业教育、学校办学自主权做了多方面的制度安排。③深化教育教学改革，适应社会和企业需求。包括素质教育、专业设置、课程教材、实践教学、师资队伍，以及中高职衔接和其他教育的沟通等内容。④严格实施就业准入制度和增加职业教育经费投入。

总之，由于高等教育结构调整给中等职业教育带来的不利影响，应采取多方面措施来提高中等职业教育的办学活力。同时，经过多年探索，我国已形成了体现职业教育特点、符合我国国情的职业教育管理体制和办学体制。

四、职业教育转型发展时期

中国经济的快速发展，尤其是加工制造业发展势头强劲，促进了中国农村剩余劳动力的大规模转移，2002 年中国制造业聚集基地——东南沿海地区出现了“技工荒”和“民工荒”，标志着农村劳动力无限供给的格局不复存在。同时，我国职业教育的规模不断壮大，对劳动力市场的供给能力增强，致使企业的新员工越来越多来自于职业院校培养的毕业生。中等职业教育经历了 1999 年以来的招生人数下降后，2002 年开始恢复性增长。需要指出的是，这一阶段我国初中毕业生数量处于历史最高时期。为贯彻 2002 年中国共产党第十六次全国代表大会(十六大)和 2003 年全国人才工作会议的精神，进一步落实国务院《关于大力推进职业教育改革与发展的决定》(国发〔2002〕16 号)，认真实施国务院批转的《2003—2007 年教育振兴行动计划》(国发〔2004〕5 号)，更好地适应全面建设小康社会对高素质劳动者和高技能人才的迫切需要，经国务院同意，教育部等七部门召开了第五次全国职业技术教育工作会议，并于 2004 年 9 月 14 日联合下发《关于进一步加强职业教育工作的若干意见》(教职成〔2004〕12 号)，文件政策集中在以下几个方面：①稳步扩大职业教育规模。到 2007 年，高中阶段教育职普招生的比例保持大体相当，高等职业教育招生占高等教育的一半以上。并提出中等职业学校不再升格为高等职业院校或并入高等学校，专科层次的职业院校不再升格为本科院校的政策。②提出以服务为宗旨，以就业为导向的办学方针。为此，提出了三个转变：从计划培养向市场驱动转变；从政府直接管理向宏观引导转变；从专业学科本位向职业岗位和就业为本位转变。③提出了职业教育培养技能型人才的培养目标。认真实施教育部等部门推进的“职业院校制造业与现代服务业技能型紧缺人才培养培训计划”。④提出加强实训基地建设。力争到2007年，分期分批在重点专业领域建成一批条件较好、专业种类齐全、适应技能人才培养需要的实训基地。为此，《教育部、财政部关于推进职业教育若干工作的意见》（教财〔2004〕9号）中指出：“从2004年开始，中央财政设立专项资金，对符合条件的各级各类职业院校实训基地进行扶持”。⑤提出了改革人事制度，加强“双师型”教师队伍建设。通过实行固定岗位与流动岗位相结合、专职与兼职相结合的设岗和用人办法，指导和支持职业院校，面向社会公开招聘具有丰富实践经验的专业技术人员和高技能人才来担任专业教师和实习指导教师。要建立符合职业教育特点的教师继续教育进修和企业实践制度。职业院校专业教师每两年必须有两个月以上时间到企业或生产服务一线进行实践，并作为教师提职、晋级的必要条件，其他教师和管理人员也应定期到企业或生产服务一线进行实践和调研。要加强职业教育师资培养培训基地建设，扩大专业教师培训和在职攻读硕士与博士学位的规模。此外，该文件还提出大力加强农村职业教育，为解决“三农”问题提供服务，继续实施农科教结合和“三教统筹”，大力开展农村实用技术培训和劳动力转移培训等。

为满足制造业快速发展对高素质技能型人才的需求，职业教育必须加快教育教学改革。2005年11月7日，国务院主持召开了第六次全国职业技术教育工作会议。2005年10月28日，国务院颁发《关于大力发展职业教育的决定》，会议明确了“十一五”的发展目标，重要的是此次会议标志着我国职业教育人才培养模式的根本性转变，在进一步指出职业教育“以就业为导向，以服务为宗旨”办学方针的基础上，围绕“以就业为导向”推动“四项改革”：推进职业教育办学思想转变，推动职业院校更好地面向社会、面向市场办学；强化职业院校学生实践能力和职业技能的培养，切实加强学生的生产实习和社会实践；大力推行工学结合、校企合作的人才培养模式，逐步建立和完善半工半读制度；充分利用城市和东部地区优质职业教育资源和就业市场，进一步推进东西部之间、城乡之间职业院校的联合招生、合作办学。围绕“以服务为宗旨”提出实施好“四大工程”：国家技能型人才培养培训工程、国家农村劳动力转移培训工程、农村实用人才培训工程、成人继续教育和再就业培训工程。为加强职业教育基础能力建设，提出了继续实施“四大计划”：职业教育实训基地建设计划；县级职教中心建设计划；职业教育示范性院校建设计划；职业院校教师素质提高计划。其中，“校企合作、工学结合、半工半读”的培养模式成为职业教育的基本教学制度，具有划时代的历史意义，标志着中国特色职业教育的培养模式基本形成。要求中等职业学校在校学生最后一年要到企业等用人单位顶岗实习，高等职业院校学生实习实训时间不少于半年。建立企业接收职业院校学生实习的制度。在校企合作方面，提出企业有责任接受职业院校学生实习和教师实践。对支付实习学生报酬的企业，给予相应税收优惠。在经费方面，要进一步落实城市教育费附加用于职业教育的政策。从2006年起，城市教育费附加安排用于职业教育的比例，一般地区不低于20%，已经普及九年义务教育的地区不低于30%。建立职业教育贫困家庭学生助学制度，从国家、学校和社会等多个渠道资助贫困学生就学。

此后，为了落实国务院文件精神，教育部等部门出台了多个单项政策。2006年9月28日，教育部颁发了《关于建立中等职业学校教师到企业实践制度的意见》（教职成〔2006〕11号）；同年10月颁发了《教育部关于在部分职业院校开展半工半读试点工作的通知》（教职成〔2006〕12号）；同年11月，教育部、财政部颁发了《关于实施国家示范性高等职业院校建设计划 加快高等职业教育改革与发展的意见》（教高〔2006〕14号），教育部颁发了《关于全面提高高等职业教育教学质量的若干意见》（教高〔2006〕16号）；同年12月，教育部、财政部颁发了《关于实施中等职业学校教师素质提高计划的意见》（教职成〔2006〕13号）。2007年6月，教育部、财政部颁发了《中等职业学校学生实习管理办法》（教职成〔2007〕4号）；同年6月，国务院颁发了《国务院关于建立健全普通本科高校、高等职业学校和中等职业学校家庭经济困难学生资助政策体系的意见》（国发〔2007〕13号）。2008年12月13日，教育部颁发了《教育部关于进一步深化中等职业教育教学改革的若干意见》（教职成〔2008〕8号）。2009年1月6日，教育部颁发了《教育部关于制定中等职业学校教学计划的原则意见》（教职成〔2009〕2号）；同年12月，财政部等四部门印发了《关于中等职业学校农村家庭经济困难学生和涉农专业学生免学费工作的意见》（财教〔2009〕442号）。至此，我国形成了以免学费和助学金为主的中等职业学校学生资助体系。

从2005年开始，我国转变了职业教育的发展模式，提出了工学结合、校企合作的人才培养模式，加大了对职业教育的投入，改善了职业院校的办学条件，强调培养学生的实践操作能力，提高了职业教育服务企业和社会的能力，使得校企合作、工学结合成为基本的教学制度，标志着中国现代职业教育迈出了坚实的第一步。

五、全面提高教育质量时期

2008年国际金融危机爆发，中国多年来快速发展的外向型经济受到了影响，出口增幅下降，出口额占GDP的比重由2007年的37.4%下降到2011年的26.9%。同时，中国经济发展水平的不断提高，导致劳动力成本不断上升，原材料与能源价格持续升高，人民币不断升值，资源与环境对经济发展的约束力增强，制造业等产品的国际竞争力优势减弱，经济发展越来越依靠扩大内需来拉动。推动农业人口向城镇转移、加快新型城镇化建设、优化升级产业结构，成为经济工作的重心，中国经济发展进入“转方式、调结构”的阶段。为此，中国共产党第十八届中央委员会第三次全体会议(十八届三中全会)提出，要全面深化经济体制改革，加快转变政府职能，充分利用市场力量推动改革创新。2010 年 7 月 13 日，中共中央、国务院召开了改革开放以来的第四次全国教育工作会议，颁发了《国家中长期教育改革和发展规划纲要(2010—2020 年)》，对职业教育从大力发展职业教育、调动行业企业积极性、加快发展面向农村的职业教育和增强职业教育吸引力 4 个方面进行了规划。其中，关于加快发展面向农村的职业教育，2011 年 10 月，教育部等九部门联合印发了《关于加快发展面向农村的职业教育的意见》(教职成〔2011〕13 号)，明确了面向农村职业教育的内涵，从改善办学条件、涉农专业建设、培育新型农民、健全培训网络、增强吸引力、加强师资队伍建设等方面提出了加快发展的政策举措。关于“增强吸引力”主要是建立健全中等职业学校学生免学费和困难学生资助体系，以及完善职业学校毕业生直接升学制度。2012 年 10 月 22 日，财政部等四部门印发了《关于扩大中等职业教育免学费政策范围 进一步完善国家助学金制度的意见》(财教〔2012〕376 号)，对农村学生和城市涉农专业学生给予免学费，助学金调整为提供给农村贫困学生和涉农专业学生。2013 年 4 月，教育部印发了《关于积极推进高等职业教育考试招生制度改革的指导意见》(教学〔2013〕3 号)，明确了中等职业学校升学的 5 种通道。十八届三中全会提出推进考试招生制度改革，2014 年国务院印发了《国务院关于深化考试招生制度改革的实施意见》(国发〔2014〕35 号)，高职院校考试招生与普通高校相对分开，实行“文化素质+职业技能”评价方式。2015 年通过分类考试录取的学生占高职院校招生总数的一半左右，2017 年通过分类考试录取成为招生的主要渠道。

中国共产党第十八次全国代表大会(十八大)提出加快发展现代职业教育，十八届三中全会提出加快现代职业教育体系建设，深化产教融合、校企合作，培养高素质劳动者和技能型人才。2014 年 5 月，国务院召开了第七次全国职业技术教育工作会议。2014 年 5 月 2 日，国务院印发了《关于加快发展现代职业教育的决定》(国发〔2014〕19 号)，全面提出了加快发展现代职业教育的指导思想、基本原则、目标任务和重大举措，提出到 2020 年，形成适应发展需求、产教深度融合、中职高职衔接、职业教育与普通教育相互沟通，体现终身教育理念，具有中国特色、世界水平的现代职业教育体系。从 5 个方面提出加快构建现代职业教育体系：一是提出巩固提高中等职业教育发展水平。在保障学生技术技能培养质量的基础上，加强文化基础教育，实现就业有能力、升学有基础。二是创新发展高等职业教育，探索发展本科层次职业教育，建立以职业需求为导向、以实践能力培养为重点、以产学结合为途径的专业学位研究生培养模式。三是引导普通本科高等学校转型发展。引导一批普通本科高等学校向应用技术类型高等学校转型，重点举办本科职业教育。四是完善职业教育人才多样化成长渠道。探索高职多元化考试招生办法，健全中高职贯通培养制度。在激活职业教育办学活力方面，提出引导、支持社会力量兴办职业教育，探索发展股份制、混合所有制职业院校。五是完善现代职业教育治理体系。发挥企业重要办学主体作用，规模以上企业要有机构或人员组织实施职工教育培训、对接职业院校，设立学生实习和教师实践岗位，并对企业参与职业教育提出多项优惠政策；完善现代职业学校制度。职业院校要依法制定章程，完善治理结构，提升治理能力。建立学校、行业、企业、社区等共同参与的学校理事会或董事会。在提高人才培养模式创新方面，提出开展校企联合招生、联合培养的现代学徒制试点；完善支持政策，推进校企一体化育人；适应产业转型升级，建立健全课程衔接体系。此外，该决定还提出从多个方面加强“双师型”教师队伍建设；提高信息化水平；加强国际交流与合作等。关于地方高校转型发展，2015 年 10 月，教育部等三部门印发了《关于引导部分地方普通本科高校向应用型转变的指导意见》（教发〔2015〕7 号），提出确定一批有条件、有意愿的试点高校率先探索应用型(含应用技术大学、学院)发展模式。关于高校转型发展，教育部和国务院两个文件的内涵不同：教育部是从整个高等教育结构调整的角度提出应用型转变的要求；而国务院提出应用技术型高校，是从建立现代职业教育体系的角度提出来的。无论是职业教育还是应用型本科教育，关键都是加强产教融合和校企合作。

中国共产党第十九次全国代表大会(十九大)对新时代我国职业教育工作作出了全新的部署，提出“完善职业教育和培训体系，深化产教融合和校企合作”。为贯彻落实十九大精神，解决高等教育人才培养“两张皮”的现象，促进教育链、人才链与产业链、创新链有机衔接，全面提高教育质量、扩大就业创业、推进经济转型升级、培育经济发展新动能，2017 年 12 月，国务院办公厅印发了《关于深化产教融合的若干意见》（国办发〔2017〕95 号），文件从总体要求、教育和产业统筹融合发展、强化企业重要主体作用、推进产教融合人才培养改革、促进产教供需双向对接，以及完善政策支持体系等 6 个方面，全面规划了新时代产教融合发展战略。产教融合既是提高教育质量的重要抓手，也是构建现代职业教育体系的关键，它统领着现代职业教育体系的建设和教育质量的提高。配合国务院产教融合文件，教育部等六部门出台了《职业学校校企合作促进办法》(教职成〔2018〕1 号)(以下简称《办法》)，两个文件共同形成了落实十九大精神的政策“组合拳”。《办法》通过明确职业学校校企合作的目标、原则、实施主体、合作形式、促进措施和监督检查等，建立起校企合作的基本制度框架。

为了落实 2014 年的国务院文件，2015 年 7 月 27 日，教育部印发了《关于深化职业教育教学改革 全面提高人才培养质量的若干意见》（教职成〔2015〕6 号），标志着我国职业教育进入全面提高质量的新时期。2010 年以来，围绕加强职业教育管理、提高职业教育质量，教育部出台了一系列标准：2013 年 9 月 20 日，教育部颁发了《中等职业学校教师专业标准(试行)》；2014 年 7 月，教育部发布了《职业院校护理专业仪器设备装备规范》(教职成函〔2014〕14 号)等五项教育行业标准；2014 年教育部先后以教职成厅函〔2014〕11 号和教职成厅函〔2014〕48 号文件分别公布了 14 个专业类的 95 个和 16 个专业类的 135 个《中等职业学校专业教学标准(试行)》；2015 年 1 月 10 日，教育部颁发了《中等职业学校校长专业标准》；2016 年 7 月 8 日，教育部办公厅以教职成厅函〔2016〕29 号文件公布了首批 30 个专业(类)的 70 个《职业学校专业(类)顶岗实习标准》。同时，围绕提高教育质量，一系列教育教学管理文件相继出台：2010 年 3 月，教育部印发了《中等职业学校专业目录(2010 年修订)》(教职成〔2010〕4 号)；2011 年 8 月，教育部印发了《关于推进中等和高等职业教育协调发展的指导意见》(教职成〔2011〕9 号)；2011 年 9 月，教育部印发了《关于推进高等职业教育改革创新引领职业教育科学发展的若干意见》(教职成〔2011〕12 号)；2012 年 10 月，教育部等四部委印发了《职业学校兼职教师管理办法》(教师〔2012〕14 号)；2015 年 6 月 23 日，教育部办公厅印发了《关于建立职业院校教学工作诊断与改进制度的通知》(教职成厅〔2015〕2 号)；2015 年 8 月，教育部印发了《职业院校管理水平提升行动计划(2015—2018 年)》(教职成〔2015〕7 号)；2015 年 10 月，教育部印发了新修订的《普通高等学校高等职业教育(专科)专业设置管理办法》和《普通高等学校高等职业教育(专科)专业目录(2015 年)》(教职成〔2015〕10 号)；2015 年 11 月 3 日，教育部印发了《高等职业教育创新发展行动计划(2015—2018 年)》(教职成〔2015〕9 号)；2016 年 4 月，教育部等五部门印发了《职业学校学生实习管理规定》(教职成〔2016〕3 号)；2016 年 5 月，教育部等七部门印发了《职业学校教师企业实践规定(试行)》(教师〔2016〕3 号)。这一系列文件旨在规范职业院校的办学，提高职业教育办学质量。

总之，新中国成立以来，伴随着中国社会从闭关锁国到改革开放，经济体制从计划经济转向市场经济，经济总量由小到大，经济实力由弱变强，产业结构由农变工，工业结构由轻变重，发展方式由粗放到集约，社会形态由传统变现代，我国职业教育在优化中等教育结构、高等教育的本专科教育及本科以上教育结构的过程中，正实现由小到大、由低到高、由单一到多样、由校本单一主体向校企双主体、由产教单向结合向产教深度融合、由政府主导向市场引导的转变，逐步形成与经济社会相适应的现代职业教育体系。

第二章

农村职业教育政策

我国是人口大国、农业大国，农村人口占绝大多数，农村职业教育是我国农村教育和职业教育的重要组成部分，在解决农业、农村、农民问题中具有极其重要的作用。新中国成立以来，我国农村职业教育从发展阶段来看，先后经历了20世纪五六十年代的探索创办时期、80年代中等教育结构调整中的恢复与发展时期、90年代的深化改革时期、21世纪的重点发展时期及转型发展等时期；从发展的规模来看，随着我国工业化和城市化进程的不断提高及农村劳动力的大规模转移，其发展规模在不断缩小；从发展方向来看，从单一的“为农”服务向“为农”和“离农”服务并重，再向“为农”服务发展。

一、试办农业中学阶段

新中国成立之初，中等专业学校和技工学校主要办在城市，服务于城镇居民，在农村并没有建立专门的职业学校。1956年，我国农村完成对小农经济的社会主义改造，《一九五六年到一九六七年全国农业发展纲要(草案)》(即农业“四十条”)提出，从1956年开始，在12年内，由各级农业部门分别负责，为农业生产合作社训练初级和中级技术干部(包括农、林、水利、畜牧、兽医、生产管理和会计等)500万—1000万人，以适应合作经济发展的需要。农村的社会主义建设事业向教育领域提出了培养具有文化科学知识的技术人才和管理干部的迫切要求。由于农村生产力水平提高和基础教育的发展，等待升学的高小、初中毕业生大幅度增加。同时，1958年8月，中央政治局扩大会议正式通过了《中共中央关于在农村建立人民公社问题的决议》。人民公社是进行社会化大生产的单位，需要大量的技术和管理人员，为解决生产管理和学生升学双重压力，1958年3月8日，江苏省海安县双楼乡农民用4天时间创办了海安县双楼乡民办农业中学；同年3月13日，邗江县施桥乡农业中学也宣告成立；同年3月17日，江苏省人民委员会召开了民办农业中学座谈会，时任中宣部部长陆定一同志在《关于农业中学座谈会》的讲话中指出：“动员群众的力量办各种职业学校特别是农业中学，使不能进普通初中的小学毕业生都能升学，是一个好办法”。1958 年 3 月 24 日，教育部在北京召开的第四次全国教育行政会议上提出“大力举办农业中学、工业中学和手工业中学，把高小毕业生培养成有社会主义觉悟，有文化，又有一定生产技能的劳动者”的要求。随后，江苏、浙江、河南、辽宁等省都举办了大量的农业中学，后来扩大到全国。在中共中央的号召下，一年内全国建起了两万多所农业中学或职业中学，招收了 200 多万学生，彻底改变了农村地区没有职业学校的现状，优化了农村教育结构，使大量难以升学的高小毕业生和初中毕业生掌握了一技之长。农业中学最初实行群众办学，农忙劳动，农闲学习，半耕半读，为农业生产服务，并采取“谁读书谁出钱”的原则。当时人民公社实行供给制，吃饭不要钱，无论是否劳动都可以免费吃饭，许多超龄的农民进入农业中学，致使农业中学从原来的群众性质的民办转为社办、县办等公办形式，学生由原来的“谁读书谁出钱”变成免费上学，无形中增加了人民公社的负担，同时也占用了大量的整、半劳动力，加剧了农村劳动力的短缺。1958—1960 年国民经济出现结构性失衡，1961 年国民经济开始调整、整顿，农业中学进行了大力整顿。1961 年 1 月 20 日通过的《中央工作会议关于农村整风整社和若干政策问题的讨论纪要》指出：农业中学应该改为业余学校，或者利用农闲季节，一年学习三个月到五个月。1961 年 2 月，中共中央批转中央文教小组《关于一九六一年和今后一个时期文化教育工作安排的报告》，再次强调“农业中学应该改为业余学校，或者利用农闲季节一年学习三个月到五个月，其余时间回生产队劳动”，各地贯彻中央指示把农业中学改为业余学校，并恢复“谁读书谁出钱”的群众办学形式。至此，中国职业教育遍布城乡，初步形成了中等专业学校、技工学校和农业中学（职业中学）三类中等职业学校教育，构建起我国中等职业教育的基本框架。

二、恢复与确立阶段

十一届三中全会以后，全党工作的重心转移到经济建设上来，虽然教育事业蓬勃发展，但职业教育和普通教育比例严重失衡。在现实中，一方面，大量的中学毕业生参加工农业生产时缺乏必要的职业技能；另一方面，社会经济发展急需的中级技术人才严重短缺，中等教育结构不适应现代化建设的需要。1980 年 10 月，国务院批转教育部、国家劳动总局《关于中等教育结构改革的报告》（国发〔1980〕252 号）中指出：“中等教育结构改革，主要是改革高中阶段的教育”“县以下教育事业应当主要面向农村，为农村的各项建设事业服务。在城乡要提倡各行各业广泛举办职业（技术）学校。可适当将一部分普通高中改办为职业（技术）学校、职业中学、农业中学。经过调整改革，要使各类职业（技术）学校的在校学生数在整个高级中等教育中的比重大大增长”，并对农村职业学校的性质、任务作出了明确规定。为了有效地推动农村职业教育的发展，1982 年 1 月 1 日，中共中央批转《全国农村工作会议纪要》(中央一号文件)："县级以及县以下农村的中学要设置农业课程，有的可以改为农业专科学校"。1983年中央一号文件《当前农村经济政策的若干问题》中指出："必须抓紧改革农村教育……有步骤地增加农业中学和其他职业中学的比重""要对农民进行各种形式的职业技术教育和培训"。1983年5月，中共中央、国务院《关于加强和改革农村学校教育若干问题的通知》(以下简称《通知》)指出：改革农村中等教育结构，发展职业技术教育，是振兴农村经济、加速农业现代化建设的一项战略措施。各地要根据实际需要与可能，统筹规划，通过新增职业高中、普通高中增设职业技术课、普通高中改办等途径来发展职业教育。力争到1990年，农村各类职业技术学校在校学生数达到或略超过普通高中。初中也要增设劳动技术课，农村小学"高年级应适当增加农村应用知识和技能的内容""要重视对没有升学的高中、初中和小学的毕业生的职业技术教育，通过举办农民技术学校、短期培训、专题讲座等，使他们获得一技之长"。此外，对农村职业学校的学制、教学形式、职业技术教育课的比例、招生对象、办学形式、政策支持作了进一步的明确："为推动农村职业技术教育的发展，改办和新办农业、职业中学，开办费由中央和地方财政或有关业务部门给予补助"。总之，《通知》基本上指明了农村职业教育的办学方向与办学形式，对今后我国农村职业教育的发展产生了深远的影响。这些政策的颁布和实施极大地推动了农村职业教育的恢复和发展，初步改变了农村教育单一的结构。但是，随着我国经济体制改革的全面展开，原有教育体制的弊端日益突出，具体表现有：在对教育事业管理权的划分上，政府有关部门对学校管得过死；在教育结构上，职业教育的比例仍然很低；教育思想上，轻视教育、轻视知识、轻视人才的观念依然存在。

三、深化改革与快速发展阶段

1985年5月，中共中央、国务院召开了全国教育工作会议，中共中央发布了《关于教育体制改革的决定》，进一步提出调整中等教育结构，大力发展职业技术教育的方针政策。另外，采取多种措施开始改革僵化的教育体制。此外，1984年我国粮食大丰收，并由长期以来的供不应求首次变为供过于求，农民面临卖粮难的问题。1984年10月，国务院颁布的《关于农民进入集镇落户问题的通知》(国发〔1984〕141号)，打破了多年来不允许农民自由迁徙的禁锢。1985年1月，中共中央、国务院发布的《关于进一步活跃农村经济的十项政策》，拉开了农村经济结构全面调整的序幕，在教育领域提出"鼓励集体或个人办好中小学校，特别是中等职业技术学校和专科学校"。同时，乡镇企业"异军突起"，从1984年开始进入快速发展时期。随着农村经济的发展和经济体制的改革，培养大量初、中级技术人才和管理人才成为广大农村发展生产的迫切要求，农村教育改革与发展进入活跃期，农村成人教育进入制度加快建设期。1982年6月，教育部颁布了《县办农民技术学校暂行办法》(〔82〕教工农字012号)，指出农民技术学校是属于农业(包括林、牧、副、渔、工等)中等专业教育性质的学校，其任务是为农村人民公社、生产大队、生产队培养具有相当于中等农业科学技术水平的人才；招生对象是具有初中毕业以上实际文化程度的社队管理干部、技术员、有一定生产经验的农村青年和农民教育的教师；学生毕业后，国家不包分配。1987年6月，国务院批转《国家教育委员会〈关于改革和发展成人教育的决定〉的通知》(国发〔1987〕59号)中指出："农村成人教育应从农村的实际出发，适应农村经济向专业化、商品化、现代化转变的需要和农民致富的愿望，对不同地区、不同行业、不同对象分别提出不同的培训要求。对农村基层干部、专业技术人员、乡镇企业职工，要有计划地开展岗位培训；对青壮年农民要根据产业结构调整的需要进行周期短、见效快的实用技术培训，并同科学实验、推广技术结合起来"。1987年12月，国家教育委员会、农牧渔业部、财政部联合颁布《乡(镇)农民文化技术学校暂行规定》(〔87〕教成字007号)，此后乡(镇)、村农民文化技术学校获得较快的发展，并涌现出一大批办学指导思想明确、教学设施较好、社会经济效益显著的示范学校。1991年的《国家教育委员会关于大力发展乡(镇)、村农民文化技术学校的意见》(教成〔1991〕7号)中要求："1995年前，除了人口稀少、经济发展水平较低的边远山区和少数民族地区外，全国95%以上的乡(镇)和80%左右的行政村都要举办综合性或其他形式的农民文化技术学校。村一级要充分利用当地的小学举办业余学校、假日学校，或设教学点"。农村成人学校的大力发展，进一步改进和优化了农村教育结构。

与此同时，农村职业学校教育也取得了长足的发展。1987年1月，国务院办公厅转发的《国家教育委员会等部门〈关于全国职业技术教育工作会议情况报告〉的通知》(国办发〔1987〕1号)中指出："发展农村职业技术教育，关键在于领导者的办学思想必须明确。农村的教育应该从办学单纯为了升学转到主要为本地区两个文明建设服务，并适当兼顾向高一级学校输送新生的方向上来"，进一步明确了农村职业教育的办学思想。为了配合科技部1986年开始组织实施的"星火计划"和农业部1987年开始组织实施的"丰收计划"，给两个计划的实施培养农村技术人才，国务院批准国家教育委员会从1988年开始实施"燎原计划"，加大农村教育综合改革力度。1987年初，国家教育委员会决定在河北阳原等三县进行农村教育综合改革实验，随即又确定了116个农村教育综合改革实验县，在全国范围内推动农村教育改革实验活动。国家教育委员会于1989年5月决定建立全国农村教育综合改革实验区，1990年7月国家教育委员会印发了《全国农村教育综合改革实验区工作指导纲要(试行)(1990—2000年)》(教燎〔1990〕002号)，对农村职业教育的办学提出了以下要求。

(1)坚持"三教统筹"和"农科教结合"的原则。坚持基础教育、职业技术教育、成人教育的统筹，实行农科教统筹结合。

(2)逐步建立和完善农村职业教育体系。把普及九年义务教育和发展职业技术教育与成人教育、搞好各类短期技术培训结合起来，逐步建立和完善三教并举、相互沟通、布局合理的农村教育体系。

(3)每个县办好一所骨干和示范性职业学校。要根据当地经济和社会发展的需求，积极发展职业技术教育。每个实验县首先要办好一所起骨干和示范作用的中等职业技术学校，坚持人才培养、科学试验、技术推广、生产示范和经营服务密切结合，发挥上挂(挂靠高校、科研所等拥有较高技术的单位)、横联(与农业、科技等部门和单位密切配合)、下辐射(向乡、村、农户传播致富信息、推广实用技术)的作用。

(4)专业设置应覆盖一、二、三产业。在农村职业技术教育的发展中，要重视办好直接为农、林、牧业服务的专业，特别是与发展粮、棉、油生产有关的专业。同时也要办好为发展乡镇、县办企业，第三产业服务的各类专业。各类专业的规模要根据当地经济结构决定，不能一刀切，要坚持从当地实际需要出发。应在地(市)范围内规划面向第二、三产业和部分农、林、牧类的专业设置。专业教学内容要适当拓宽，以适应农民综合经营、脱贫致富的需要。

(5)要采取多种形式大力发展“三后生”职业技术教育和培训。“三后生”指小学后、初中后、高中后毕业生。在发展农村职业学校教育和学历教育的同时，重视职业培训，尤其是基础教育中没有升学学生的培训。例如，小学五加一(或六加一)，初(高)中三加一。这里所加的一，是指加一段时间的职业技术教育，时间长短要因地因项因人制宜。这类职业技术教育和培训可由普通学校、职业学校与成人学校配合完成。1991 年 10 月，国务院印发了《关于大力发展职业技术教育的决定》(国发〔1991〕55 号)(以下简称《决定》)，标志着我国职业教育发展进入快速发展阶段。《决定》进一步指出：“农村可根据各地的情况，分别采取‘三加一’(即三年初中教育再加一年职业技术教育)、初三分流、四年制渗透职业技术内容或办职业初中等多种形式发展初中阶段的职业技术教育”。为了落实《中国教育改革和发展纲要》及《国务院关于〈中国教育改革和发展纲要〉的实施意见》，结合全国农村教育改革和发展的实际，1995 年 6 月，国家教育委员会制定了《关于深入推进农村教育综合改革的意见》(教策〔1995〕4 号)(以下简称《意见》)，《意见》除进一步强调了坚持“三教统筹”和“农科教结合”的原则外，对农村职业教育的发展提出了分类指导的原则：现阶段温饱问题没有解决、尚不能普及九年义务教育的地区，在小学高年级或小学后，要增加与当地密切相关的实用生产技术和生活知识方面的教学内容。要利用乡村中小学的教育设施，举办“假日学校”或夜校培训农民，加快实用技术的推广。人口较多的县要努力办好一所综合性、起骨干示范作用的职业中学。大多数温饱问题已经解决并向小康水平迈进的地区，重点搞好初中后的分流，大力发展职业教育和成人教育，形成网络。县一级要先办好一所综合性的、职前职后结合的实施多种形式职业教育与成人教育的中等骨干学校(或中心)。少数已经实现或超过小康水平的地区，要创造条件逐步普及高中阶段教育。有条件的地方，要在本地区范围内进行城乡统一规划，充分利用城市的普通高校、成人高校和高等职业学校，为农村培养高层次的技术技能人才。

1992 年，我国提出建立社会主义市场经济体制，国家取消了食品和生活必需品按计划凭票证供应的制度，为农民流动到外地或进城打工创造了条件。邓小平同志南方谈话以后，全国出现开发区热、房地产热，接着带来能源、原材料和基础产业投资的热潮，带动了产业扩张，产业的发展需要大量的劳动力。农村劳动力转移的方式也从 20 世纪 80 年代的“离土不离乡，进厂不进城”转向了“离土又离乡，进厂又进城”。农村劳动力开始大规模地向城市转移，农村职业教育的办学方向从以往的为农、林、牧、渔、副发展服务转为一、二、三产业专业并进。与此带来的是农业职业教育逐渐缩小。1990 年 6 月，国家教育委员会下发《关于动员农林中专和农村职业中学做好科技兴农工作的通知》（教职〔1990〕006 号），指出：农林中专和农村职业中学必须坚持为农村社会主义建设服务的方向；同年 7 月，国家教育委员会印发《全国农村教育综合改革实验区工作指导纲要(试行)(1990—2000 年)》（教燎〔1990〕002 号），对未来 10 年农村教育改革进行了规划，并指出：“在农村职业技术教育的发展中，要重视办好直接为农、林、牧业服务的专业，特别是与发展粮、棉、油生产有关的专业。同时也要办好为发展乡镇、县办企业，第三产业服务的各类专业”，指出了在重视办好农科类专业，适应农村经济发展的同时，也要积极兴办二、三产业专业。1991 年，我国粮食又一次大丰收，出现“谷贱伤农”现象，同时在市场经济的推动下，农业的比较效益进一步下降，中等职业学校（中专和职业高中）农林专业规模开始更大幅度滑坡，与实现农业现代化对农业技术人才的需求很不适应。1995 年 6 月，国家教育委员会印发的《关于深入推进农村教育综合改革的意见》（教策〔1995〕4 号）中指出：进一步调整和优化农村教育结构，坚持“三教统筹”和“农科教结合”，促进“燎原计划”与“星火计划”“丰收计划”的有机结合，使农村教育与农村经济、社会协调发展，使农村劳动者素质有较大提高，为当地建设培养所需要的初、中级专业人才，逐步形成适应现代化建设需要的农村教育体系。1996 年 4 月，国家教育委员会、农业部联合下发的《关于进一步办好农村中等职业学校农业类专业的意见》（教职〔1996〕5 号）中指出：农业职业教育必须坚持面向农业、面向农村、面向农民，为农民致富服务，为发展高产、优质、高效农业服务。1998 年 10 月，中国共产党第十五届中央委员会第三次全体会议通过了《中共中央关于农业和农村工作若干重大问题的决定》，提出了农业和农村跨世纪的发展目标、方针政策和工作任务；同年 12 月，教育部印发的《关于贯彻十五届三中全会精神促进教育为农业和农村工作服务的意见》（教职成〔1998〕1 号）中指出：目前，农村职业教育总体上仍是薄弱环节，要采取更加灵活的方式，努力扩大职业学校招生规模，广泛开展短期职业技术培训，为小学后、初中后、高中后不能升入高一级普通学校的农村青少年和广大农民创造更多的接受职业教育和培训的机会。要努力办好农业类和农村急需的专业，为农村培养大批“过得硬、用得上、留得住”的初、中级技术人才。要努力提高教学质量，办出特色，使毕业生确实掌握致富的一技之长，增强学校自身的活力和吸引力。同时指出：改革开放二十年来农村教育发展的实践证明，农村教育必须坚持为农业和农村工作服务，必须坚持走综合改革的道路，实行农科教结合和基础教育、职业教育、成人教育三教统筹，这是农村教育改革的方向，也是农民脱贫致富的出路。

四、培养培训重点发展阶段

随着我国工业化和城镇化的不断推进，城乡之间的差距不断拉大。1998年10月，中国共产党第十五届中央委员会第三次全体会议通过的《中共中央关于农业和农村工作若干重大问题的决定》中指出：“坚持多予少取，让农民得到更多的实惠”。2002年1月中央召开了农村工作会议，会议强调：增加农民收入，总的指导思想是“多予、少取、放活”。2002年11月，中国共产党第十六次全国代表大会(十六大)报告《全面建设小康社会，开创中国特色社会主义事业新局面》中指出：“统筹城乡经济社会发展，建设现代农业，发展农村经济，增加农民收入，是全面建设小康社会的重大任务”。2003年1月8日，中共中央召开农村工作会议，会议指出：全面建设小康社会，必须统筹城乡经济社会发展，更多地关注农村，关心农民，支持农业，把解决好农业、农村和农民问题作为全党工作的重中之重，放在更加突出的位置，努力开创农业和农村工作的新局面。2004年《政府工作报告》指出：把解决“三农”问题作为政府工作的“重中之重”。2004年9月，中国共产党第十六届中央委员会第四次全体会议(十六届四中全会)提出“两个趋势”的重要论断，并首次完整提出“构建社会主义和谐社会”。2004年12月，中央经济工作会议指出：“我国现在总体上已经到了以工促农、以城带乡的发展阶段”。2005年《政府工作报告》指出：要适应我国经济发展新阶段的要求，实行工业反哺农业、城市支持农村的方针。2005年10月8日，中国共产党第十六届中央委员会第五次全体会议通过的《十一五规划纲要建议》提出：要按照“生产发展、生活宽裕、乡风文明、村容整洁、管理民主”的要求，扎实推进社会主义新农村建设。2005年中央农村工作会议提出：要积极稳妥推进新农村建设，加快改善人居环境，提高农民素质，推动“物的新农村”和“人的新农村”建设齐头并进，意味着我国进入一个“工业反哺农业、城市支持农村，实现工业与农业、城市与农村协调发展”的新阶段。

1999年6月，中共中央、国务院颁发的《关于深化教育改革全面推进素质教育的决定》提出：“调整现有教育体系结构，扩大高中阶段教育和高等教育的规模，拓宽人才成长的道路，减缓升学压力”“积极发展包括普通教育和职业教育在内的高中阶段教育，为初中毕业生提供多种形式的学习机会”。1998 年，中等专业学校实行了招生并轨制度改革，学生完全面向市场就业，改变了学生就读中等专业学校的预期；1999 年，我国高等教育开始大规模扩招，改变了人们上大学的预期，普通高中取得了长足的发展。两个预期的改变，使中等职业教育招生受到了影响，需要拓展招生对象，扩大招生范围。同时，2000 年我国初步实现了“两基”战略目标。基于实际情况，2001 年 5 月，教育部印发了《关于中等职业学校面向农村进城务工人员开展职业教育与培训的通知》(教职成〔2001〕7 号)。2002 年，国务院《关于大力推进职业教育改革与发展的决定》(国发〔2002〕16 号)中提出：“农村和西部地区职业教育是今后一段时期职业教育发展的重点”“国家采取措施，扶持农村地区、西部地区、少数民族地区和贫困地区职业教育的发展，办好一批骨干职业学校。建立县、乡、村三级实用型、开放型的农民文化科技教育培训体系，把职业学校和成人学校办成人力资源开发、技术培训与推广、劳动力转移培训和扶贫开发服务的基地”“加强东部地区和西部地区、大中城市和农村的学校对口支援工作”。

2003 年 9 月，国务院印发了《关于进一步加强农村教育工作的决定》(国发〔2003〕19 号)(以下简称《决定》)，对新时期农村教育工作发展作出了全面部署，重点突出了改革目的、改革内容、改革方向、经费保障、队伍建设等，对农村教育的地位作出了明确规定：农村教育在全面建设小康社会中具有基础性、先导性、全局性的重要作用。农村教育在构建具有中国特色的现代国民教育体系和建设学习型社会中具有十分重要的地位。《决定》对农村职业教育作出了以下几项重大决策：①以就业为导向，大力发展农村职业教育。加强实践教学和就业能力的培养。实行弹性学制，方便学生工学交替、半工半读、城乡分段和职前职后分段完成学业。②以农民培训为重点开展农村成人教育，促进农业增效、农民增收。③加大城市对农村教育的支持和服务，促进城市和农村教育协调发展。2004 年，教育部等七部门联合下发的《关于进一步加强职业教育工作的若干意见》(教职成〔2004〕12 号)中提出：“大力加强农村职业教育，为解决‘三农’问题提供服务”，对农村职业教育发展作出了两个重大决定：一是发挥县级中等职业技术学校或职业教育中心的龙头作用，有效整合并充分利用农村中小学、乡镇成人文化技术学校、农业广播电视学校和农业推广、培训机构资源，大力开展农民实用技术培训；二是开展农村劳动力转移培训，要求要认真实施国务院办公厅批转的农业部等六部门提出的《2003—2010 年全国农民工培训规划》、“农村劳动力转移培训阳光工程”和国务院批转的《2003—2007 年教育振兴行动计划》提出的“农村劳动力转移培训计划”，努力做好农村劳动力转移培训工作。2005 年 10 月国务院颁发的《关于大力发展职业教育的决定》(国发〔2005〕35 号)提出了大力推行工学结合、校企合作的培养模式，把职业教育“为农村劳动力转移服务”和“为社会主义新农村建设服务”作为职业教育“四大服务”的重要内容，把加强县级职教中心建设作为“十一五”期间实施的“四大计划”之一，提出建立职业教育贫困家庭学生助学制度。中央和地方财政要安排经费，资助接受中等职业教育的农村贫困家庭和城镇低收入家庭子女。

此后，2004 年以来，中央一号文件连续 15 年以“三农”为主题，充分体现了“三农”问题的急迫性和重要性。2005 年 12 月 31 日《中共中央 国务院关于推进社会主义新农村建设的若干意见》中提出：提高农民整体素质，培养造就有文化、懂技术、会经营的新型农民。2007 年 10 月，中国共产党第十七次全国代表大会的报告中进一步强调要培育有文化、懂技术、会经营的新型农民，发挥亿万农民建设新农村的主体作用。2007 年中央一号文件《中共中央 国务院关于积极发展现代农业扎实推进社会主义新农村建设的若干意见》中指出：“加快发展农村职业技术教育和农村成人教育，扩大职业教育面向农村的招生规模。加大对大专院校和中等职业学校农林类专业学生的助学力度，有条件的地方可减免种植、养殖专业学生的学费”。2008 年中国共产党第十七届中央委员会第三次全体会议通过的《中共中央关于推进农村改革发展若干重大问题的决定》中指出：“加快普及农村高中阶段教育，重点加快发展农村中等职业教育并逐步实行免费。健全县域职业教育培训网络，加强农民技能培训，广泛培养农村实用人才”。《中共中央 国务院关于 2009 年促进农业稳定发展农民持续增收的若干意见》指出：“加快发展农村中等职业教育，2009 年起对中等职业学校农村家庭经济困难学生和涉农专业学生实行免费”。《国家中长期教育改革和发展规划纲要(2010—2020 年)》中强调：“健全县域职业教育培训网络”，同时指出“加快发展面向农村的职业教育”。2010 年中央一号文件《中共中央 国务院关于加大统筹城乡发展力度进一步夯实农业农村发展基础的若干意见》中指出：“大力发展中等职业教育，继续推进农村中等职业教育免费进程。逐步实施农村新成长劳动力免费劳动预备制培训”。2011 年 10 月，教育部等九部门联合印发了《关于加快发展面向农村的职业教育的意见》，明确界定了“面向农村的职业教育”的内涵，即服务农业、农村、农民的职业教育，包括办在农村的职业教育、农业职业教育和为农村建设培养人才的职业教育与技能培训，其中，“农业”包括农、林、牧、副、渔、水利、粮食及农业社会化服务等涉农产业。

从 2007 年开始，国家开始对农村家庭经济困难的学生实行资助制度。为了落实 2005 年国务院《关于大力发展职业教育的决定》(国发〔2005〕35 号)的精神，2006 年 7 月，财政部、教育部印发了《关于完善中等职业教育贫困家庭学生资助体系的若干意见》(财教〔2006〕74 号)，旨在进一步完善中等职业教育贫困家庭学生助学政策体系，吸引更多的初中毕业生报考中等职业学校，资助贫困家庭学生顺利完成学业，满足国民经济和社会发展对高素质劳动者和技能型人才的需求。2007 年 5 月，国务院印发了《关于建立健全普通本科高校高等职业学校中等职业学校家庭经济困难学生资助政策体系的意见》(国发〔2007〕13 号)，从 2007 年秋季学期开始在全国正式实施中等职业教育国家助学金政策。2009 年，财政部、国家发展改革委员会、教育部、人力资源和社会保障部联合颁布的《关于中等职业学校农村家庭经济困难学生和涉农专业学生免学费工作的意见》(财教〔2009〕442 号)中规定:“从 2009 年秋季学期起，对公办中等职业学校全日制正式学籍一、二、三年级在校生中农村家庭经济困难学生和涉农专业学生逐步免除学费(艺术类相关表演专业学生除外)”，至此，中等职业学校资助体系得到进一步完善。2012 年，财政部、国家发展改革委员会、教育部、人力资源和社会保障部印发的《关于扩大中等职业教育免学费政策范围 进一步完善国家助学金制度的意见》(财教〔2012〕376 号)规定:“从 2012 年秋季学期起，对公办中等职业学校全日制正式学籍一、二、三年级在校生中所有农村(含县镇)学生、城市涉农专业学生和家庭经济困难学生免除学费(艺术类相关表演专业学生除外)”，这将中等职业学校国家助学金资助对象由全日制正式学籍一、二年级在校农村(含县镇)学生和城市家庭经济困难学生，逐步调整为全日制正式学籍一、二年级在校涉农专业学生和非涉农专业家庭经济困难学生。

五、转型发展阶段

《国家中长期人才发展规划纲要(2010—2020 年)》提出，围绕社会主义新农村建设，以提高科技素质、职业技能和经营能力为核心，以农村实用人才带头人和农村生产经营型人才为重点，着力打造服务农村经济社会发展、数量充足的农村实用人才队伍。国务院《全国现代农业发展规划(2011—2015)》(国发〔2012〕4 号)提出，要大力发展农业职业教育，加快技能型人才培养，培育一批种养业能手、农机作业能手、科技带头人等新型农民。2012 年中央一号文件《中共中央 国务院关于加快推进农业科技创新持续增强农产品供给保障能力的若干意见》中指出:“加快中等职业教育免费进程，落实职业技能培训补贴政策，鼓励涉农行业兴办职业教育，努力使每一个农村后备劳动力都掌握一门技能”“大力培育新型职业农民，对未升学的农村高初中毕业生免费提供农业技能培训，对符合条件的农村青年务农创业和农民工返乡创业项目给予补助和贷款支持”，新型职业农民有机地将新型农民和职业农民结合起来，适应了现代农业发展和新农村建设的需要，体现了农民从身份向职业转变、从兼业向专业转变、从传统农业生产方式向现代农业生产经营方式转变的新要求，回答了困扰我国农业发展中的“谁来种地”“如何种地”等问题。2014 年中央一号文件《中共中央 国务院关于全面深化农村改革加快推进农业现代化的若干意见》指出:“落实中等职业教育国家助学政策，紧密结合市场需求，加强农村职业教育和技能培训。支持和规范农村民办教育”。2014 年中共中央办公厅、国务院办公厅印发的《关于引导农村土地经营权有序流转发展农业适度规模经营的意见》中更加明确地指出：建立新型职业农民制度，培育新的种地人。包括实施新型职业农民培育工程，努力构建新型职业农民和农村实用人才培养、认定、扶持体系。2014 年

3月，中共中央、国务院印发的《国家新型城镇化规划(2014—2020年)》中提出：建立健全新型职业化农民教育、培训体系。加强农民工职业技能培训，提高就业创业能力和职业素质，并提出了《农民工职业技能提升计划》。2015年中央一号文件《中共中央 国务院关于加大改革创新力度加快农业现代化建设的若干意见》中指出：“加快发展高中阶段教育，以未能继续升学的初中、高中毕业生为重点，推进中等职业教育和职业技能培训全覆盖，逐步实现免费中等职业教育。积极发展农业职业教育，大力培养新型职业农民”。2016年中央一号文件《中共中央 国务院关于落实发展新理念加快农业现代化实现全面小康目标的若干意见》中指出：“鼓励各地设立农村妇女就业创业基金，加大妇女小额担保贷款实施力度，加强妇女技能培训，支持农村妇女发展家庭手工业。实施新生代农民工职业技能提升计划，开展农村贫困家庭子女、未升学初高中毕业生、农民工、退役军人免费接受职业培训行动”。

2017年中央一号文件《中共中央 国务院关于深入推进农业供给侧结构性改革加快培育农业农村发展新动能的若干意见》中指出：“重点围绕新型职业农民培育、农民工职业技能提升，整合各渠道培训资金资源，建立政府主导、部门协作、统筹安排、产业带动的培训机制。探索政府购买服务等办法，发挥企业培训主体作用，提高农民工技能培训针对性和实效性。优化农业从业者结构，深入推进现代青年农场主、林场主培养计划和新型农业经营主体带头人轮训计划，探索培育农业职业经理人，培养适应现代农业发展需要的新农民。鼓励高等学校、职业院校开设乡村规划建设、乡村住宅设计等相关专业和课程，培养一批专业人才，扶持一批乡村工匠”。2018年中央一号文件《中共中央 国务院关于实施乡村振兴战略的意见》，按照十九大提出的决胜全面建成小康社会、分两个阶段实现第二个百年奋斗目标的战略作出了安排，即“到2020年，乡村振兴取得重要进展，制度框架和政策体系基本形成”“到2035年，乡村振兴取得决定性进展，农业农村现代化基本实现”“到2050年，乡村全面振兴，农业强、农村美、农民富全面实现”。这些目标对农村职业教育提出了新的更高的要求。

为了落实国务院文件的精神，农村职业教育重点开展了以下三个方面的工作。

(一)培育新型职业农民

2014年3月，教育部办公厅和农业部办公厅联合印发了《中等职业学校新型职业农民培养方案试行》(教职成厅〔2014〕1号)，标志着新型职业农民的培养进入了实施阶段。2016年和2017年农业部办公厅、财政部办公厅连续两年印发了《关于做好新型职业农民培育工作的通知》，学员完成学业获得国家承认的中等职业教育学历，由学校颁发中等职业学校毕业证书。毕业证书上标明“新型职业农民中等职业教育”字样和所学专业。2017年1月，农业部印发了《“十三五”全国新型职业农民培育发展规划》，提出到2020年全国新型职业农民总量超过2000万人的发展目标，也就是说必须在 4 年内新培育职业农民 700 多万人；同年 5 月，农业部公布了首批 100 个全国新型职业农民培育示范基地。按照农业部规划，力争到 2020 年全国性示范基地总数将达到 1000 个，登记入库基地达到 1 万个以上，初步形成一个基地网络。新型职业农民培育基地网络是教育培训的重要载体，按照农业部《全国新型职业农民培育示范基地管理办法》的要求，培育基地一要适应不同类型新型职业农民培育需求，二要逐步构建功能互补的基地体系，三要能够实现线上线下的融合发展。

（二）教育精准扶贫

早在 20 世纪 90 年代，国家就开始实施职业技能培训扶贫工作，1995 年中国人口福利基金会等单位组织实施的“幸福工程——救助贫困母亲行动”，帮助贫困母亲“治穷、治愚、治病”。《中华人民共和国职业教育法》“总则”中明确指出：“国家采取措施，帮助妇女接受职业教育，组织失业人员接受各种形式的职业教育，扶持残疾人职业教育的发展”。1996 年，中华全国妇女联合会（全国妇联）与农业部共同实施了“千万农家女、百项新技术”推广培训计划。此后，1999 年农业部、财政部、中国共产主义青年团中央委员会组织实施了“跨世纪青年农民科技培训工程”；2000 年由全国妇联等六部门组织实施了“巾帼科技致富工程”，全国妇联实施了“建西部美好家园行动”；2003 年国务院扶贫开发领导小组组织实施了“雨露计划”，国务院办公厅转发农业部等部门《2003—2010 年全国农民工培训规划的通知》（国办发〔2003〕79 号）；2004 年农业部等六部门组织实施了“农村劳动力转移培训阳光工程”，教育部发布了《关于印发〈农村劳动力转移培训计划〉的通知》（教职成〔2004〕1 号）；2010 年国务院办公厅发布了《关于进一步做好农民工培训工作的指导意见》（国办发〔2010〕11 号）；2011 年中共中央、国务院印发了《中国农村扶贫开发纲要（2011—2020 年）》；2013 年国务院办公厅转发了教育部等七部门联合制定的《关于实施教育扶贫工程的意见》（国办发〔2013〕86 号）；2014 年 5 月，国务院《关于加快发展现代职业教育的决定》（国发〔2014〕19 号）中指出，加大对农村和贫困地区职业教育的支持力度；2015 年 11 月，中共中央、国务院《关于打赢脱贫攻坚战的决定》把教育扶贫作为“五个一批”之一。为进一步落实好中央关于打赢脱贫攻坚战的决策部署，发挥职业教育在实施“五个一批”工程中的重要作用，教育部与国务院扶贫办联合印发了《职业教育东西协作行动计划（2016—2020 年）》（教职成厅〔2017〕3 号），2017 年教育部办公厅、国务院扶贫办综合司印发了《贯彻落实〈职业教育东西协作行动计划（2016—2020 年）〉实施方案》（教职成厅〔2017〕3 号）。滇西（云南省内昆明以西的地区）是教育部的定点扶贫地区，2017 年教育部办公厅的《关于印发〈职业教育东西协作行动计划滇西实施方案（2017—2020 年）〉的通知》（教职成厅〔2017〕4 号），搭建了上海、天津、江苏、浙江 4 省（市）和东部 10 个职教集团对口帮扶滇西 10 州市职业教育发展的平台。与此同时，各省份也积极开展教育扶贫工作，例如，安徽省人民政府办公厅的《关于教育扶贫的实施意见》（皖政办〔2016〕11号），广东省人民委员会、省人民政府的《关于新时期精准扶贫精准脱贫三年攻坚的实施意见》（粤发〔2016〕13号），甘肃省教育厅、省扶贫办联合出台的《关于精准扶贫教育支持计划的实施方案》等。

（三）服务乡村振兴战略

十九大作出了实施乡村振兴战略的重大战略部署，2017年12月29日，中央召开了农村工作会议，会议强调，走中国特色社会主义乡村振兴道路，必须重塑城乡关系，走城乡融合发展之路。要坚持以工补农、以城带乡……优先发展农村教育事业，促进农村劳动力转移就业和农民增收……让符合条件的农业转移人口在城市落户定居，推动新型工业化、信息化、城镇化、农业现代化同步发展，加快形成工农互促、城乡互补、全面融合、共同繁荣的新型工农城乡关系。2018年1月2日，中共中央、国务院颁发的《关于实施乡村振兴战略的意见》中指出："实施乡村振兴战略，必须破解人才瓶颈制约。要把人力资本开发放在首要位置，畅通智力、技术、管理下乡通道，造就更多乡土人才，聚天下人才而用之"。从多个方面提出加强职业教育和培训服务乡村振兴战略：①大力培育新型职业农民。实施新型职业农民培育工程。支持新型职业农民通过弹性学制参加中高等农业职业教育。创新培训机制，支持农民专业合作社、专业技术协会、龙头企业等主体承担培训；②培养培训乡村振兴的各类级技能人才。支持地方高等学校、职业院校综合利用教育培训资源，灵活设置专业（方向），创新人才培养模式，为乡村振兴培养专业化人才。扶持培养一批农业职业经理人、经纪人、乡村工匠、文化能人、非遗传承人等；③按照城乡融合发展的要求，建立城乡、区域、校地之间人才培养合作与交流机制。全面建立城市职业院校教师定期服务乡村职业教育和培训机制；④激发贫困人口内生动力。把扶贫同扶志、扶智结合起来，把产业扶贫和技能扶贫结合起来，提升贫困群众发展生产和务工经商的基本技能，实现可持续稳固脱贫；⑤健全覆盖城乡的公共就业服务体系，大规模开展职业技能培训，促进农民工多渠道转移就业，提高就业质量。

我国农村职业教育的发展可以分为经济体制改革前的创办试验期与经济体制改革后的恢复发展和改革发展时期。体制改革前由于急于求成等原因，农村职业教育发展最后以失败告终，但也给人们留下了一些值得反思的空间。体制改革后，随着农村经济体制改革的不断深入和农村经济日常活跃，农村职业教育发展在20世纪八九十年代取得了长足的发展，随着农村二、三产业的发展和农村剩余劳动力的转移，农村职业教育的功能定位从80年代初期的服务农业，转向服务一、二、三产业。但进入21世纪以来，农村职业教育在逐渐弱化和萎缩，主要原因是随着工业化和城镇化进程的不断推进，大批青壮年农民流向城镇，农村出现了村庄空心化、人口老龄化、农业副业化等问题。农村社会发生了重大变迁，人口结构老弱妇幼化，出现了大量留守儿童，农村学校集中化、学生实行住宿制，农村家庭教育和基础教育在弱化，农村成人文化教育体系不健全，传统的三教统筹缺失了基础。近年来，随着社会主义新农村建设和农业现代化的推进，土地经营权的流转和集中，农村出现了新型职业农民。总之，教育是一种人的活动，人口是教育的基础，而职业教育与经济社会发展又紧密结合，随着乡村振兴战略的全面实施，农村职业教育必将进一步加强，形成与农村人口和经济社会发展相匹配的农村职业教育和培训网络。

第三章

现代职业教育体系

现代职业教育体系是现代教育体系的重要组成部分，既有其独立性，也对现代教育体系有很大的依存性，现代教育体系不改革，现代职业教育体系建设就步履艰难，加强现代教育的顶层设计是建立现代职业教育体系的基础。当然，现代教育体系的建设也依赖于现代职业教育体系的建设水平。体系建设是一个长期的、历史的过程，我国现代职业教育体系建设的历程，首先，是调整中等教育结构，大力发展中等职业教育，中等职业教育是现代职业教育体系的基础；其次，在市场经济体制的推动下，高等职业教育取得了长足的发展，高等职业教育在体系建设中具有引领作用；最后，在中、高等职业教育协同发展过程中，加强职业教育和其他教育、中等和高等职业教育之间的衔接与沟通。为了满足新时期全面建设小康社会和教育现代化的需要，现代职业教育体系建设步伐加快了，不仅在办学层次上提出开展中等职业教育、专科职业教育和本科职业教育，而且在体系内部沟通上加快中高职衔接，加快高等职业教育考试招生制度改革；在对外沟通上，加强与普通教育、继续教育的沟通，建立人才成长“立交桥”，满足受教育者多样化的教育需求，满足社会对多样化人才的需求。现代职业教育体系的形成需要相关制度作保障，产教融合和校企合作制度是基础，考试招生制度改革是关键，劳动就业制度是保障。

一、完善中等职业教育体系

新中国成立之初，面对大量群众文化水平较低的国情，我国重点普及了文化教育，职业教育所占比例较低，且主要是中等层次的，包括中等专业学校和技工学校，加之发展经历曲折，造成了中等教育结构单一化，与国民经济的发展需要严重脱节。根据统计资料，1977 年我国普通高中毕业生 726.1 万人，中专毕业生 18.1 万人，技工学校毕业生 12 万人，后两类仅占高中阶段毕业生总数的 4%。[①]十一届三中全会后，

① 杨明. 应试与素质：中国中等教育 60 年[M]. 杭州：浙江大学出版社，2009

全党工作的重心转移到经济建设上来，出现了社会需求与人才培养的巨大矛盾。一方面，普通高中毕业生除少数升入大学外，每年有数百万人需要劳动就业，但又没有任何专业知识和技能；另一方面，随着经济社会的快速发展，各行各业急需技术力量和人才。正如1980年8月17日中共中央《关于转发全国劳动就业会议文件的通知》中指出："目前，我国高中毕业生升大学的只有百分之四左右。必须积极地逐步地把一部分普通中学改为职业学校。今后企业单位增人，应以经过职业训练的毕业生为重点。要把职业教育作为教育体系的重要组成部分，逐步建立职业教育网，包括中等专业学校、技工学校、业余学校、函授学校、电视学校以及各种职业训练班"。为了满足社会对技能型人才的急需，1980年10月7日，国务院批转教育部、国家劳动总局的《关于中等教育结构改革的报告》(国发〔1980〕252 号)中明确指出："职业技术教育是我国社会主义教育制度的重要组成部分"，提出"根据大力发展职业技术教育的要求，我国广大青少年一般应从中学阶段开始分流：初中毕业生一部分升入普通高中，一部分接受高中阶段的职业技术教育；高中毕业生一部分升入普通大学，一部分接受高等职业技术教育。在小学毕业后接受过初中阶段的职业技术教育的，可以就业，也可以升学。凡是没有升入普通高中、普通大学和职业技术学校的学生，可以经过短期职业技术培训，然后就业"。同时，对办学体制也作出了明确规定："实行普通教育与职业、技术教育并举，全日制学校与半工半读学校、业余学校并举，国家办学与业务部门、厂矿企业、人民公社办学并举的方针，县以下教育事业应当主要面向农村，为农村和各项建设事业服务。在城乡要提倡各行各业广泛办职业(技术)学校"。该文件比较全面系统地规定了构建我国现代职业教育体系的方针、措施和途径，但在实际落实过程中，主要是围绕中等职业教育体系进行构建的。

在大力发展中等职业学校教育的同时，我国积极开展成人中等职业教育，使职业教育从以往的以学历教育为主转向学历和非学历教育并重。为落实中共中央宣传部、中共中央组织部《关于加强干部教育工作的意见》的要求，1980年8月30日，教育部、国家计划委员会、财政部印发了《关于高等学校、中等专业学校举办干部专修科和干部培训班暂行办法的通知》(〔80〕教计字 257 号)，开展干部培训；1981年2月20日，中共中央、国务院作出了《关于加强职工教育工作的决定》(中发〔1981〕8号)，采取多种措施加强职工的职业教育；1982年9月9日，国务院批转教育部《关于举办职工中等专业学校的试行办法》(国发〔1982〕119 号)，在企业职工中开始开展成人中等职业教育学历教育；1982年6月9日，教育部颁发了《县办农民技术学校暂行办法》(〔82〕教工农字 012 号)，为农村基层培养具有相当于中等农业科学技术水平的人才。为了有效地推动中等教育结构的改革，1983年5月6日，中共中央、国务院颁发了《关于加强和改革农村学校教育若干问题的通知》；同月9日，教育部、劳动人事部、财政部、国家计划委员会颁发了《关于改革城市中等教育结构、发展职业技术教育的意见》，两个文件进一步明确了改革城乡中等教育结构、发展职业技术教育的方向、途径和要求，提出了改革的近期目标，即力争到1990年，使各类职业技术学校在校生与普通高中在校生的比例大体相当。

1985年，我国召开了经济体制改革以来的第一次全国教育工作会议，5月27日中共中央颁发了《关于加快教育体制改革的决定》，进一步明确提出："调整中等教育结构，大力发展职业教育"，并明确提出："发展职业技术教育要以中等职业技术教育为重点，发挥中等专业学校的骨干作用，同时积极发展高等职业技术院校，优先对口招收中等职业技术学校毕业生以及有本专业实践经验、成绩合格的在职人员入学，逐步建立起一个从初级到高级、行业配套、结构合理又能与普通教育相互沟通的职业技术教育体系"，第一次以中央文件的形式提出建立职业技术教育体系。

针对职业技术教育的部门多、涉及面广，许多问题需要在部门之间进行协调的需要，我国从体制上构建了多部门共同参与的职业教育管理体系。1986年5月30日，国家教育委员会下发了《关于建立职业技术教育委员会的通知》(教职字〔1986〕009号)，成立了由国家教育委员会、国家计划委员会、国家经济发展委员会、财政部、劳动人事部等十多个部委组成的职业技术教育委员会，来协调各部委、各有关部门和省、自治区、直辖市及计划单列市的职业技术教育工作。为了加强职业教育与行业、企业的联系，1986年6月23日，国家教育委员会、国家发展计划委员会、国家经济发展委员会联合颁发了《关于经济部门和教育部门加强合作促进就业前职工职业技术教育发展的意见》(教职字〔1986〕011号)，指出："为了使各级职业技术学校毕业生能够熟悉生产过程，具有较强的实践动手能力，对口的企业应积极接纳师生下厂进行生产实习和实践""可以进行厂校合作培训制度的试点，即：企业要依靠自己的技术力量和生产装备，负责对学生进行严格的技能训练；同时，学校要依靠自己的教学力量，负责对学生进行必要的文化及基础理论教学，厂校共同负责考核"，开始探索校企合作培养人才模式，从校企合作的体制上来构建职业技术教育体系。

1991年，国务院召开改革开放以来第二次全国职业教育工作会议，国务院颁发了《大力发展职业技术教育的决定》(国发〔1991〕55号)，这次会议总体上是对改革开放以来我国中等及其以下职业教育的总结，实现高中阶段职普教育1∶1的目标，提出了进一步大力发展中等职业教育的方针政策，对高等职业教育很少提及。并明确指出：经过十多年的发展，我国已"初步建立起有中国特色的，从初级到高级、行业配套、结构合理、形式多样，又能与其他教育相互沟通、协调发展的职业技术教育体系的基本框架"，标志着我国初步形成了以中等职业教育为主体的职业教育体系。

二、加强高等职业教育体系建设

新中国成立后，我国削弱专科层次的教育，大力发展本科阶段高等教育。在计划经济体制下，大、中专毕业生就业由国家计划分配，是供给主导的教育，这样的教育不能有效反映企业和社会的需求。随着有计划商品经济的发展，尤其是我国确立建立社会主义市场经济体制以来，企业不再是政府的附属，而是成为市场主体，完全按照市场需求进行自主经营、自我发展，建立现代企业制度。改革开放以后，外资企业、中外合作企业大量涌入，社会生产水平不断提高，社会对专科层次(高技能)人才的需求开始凸显。

我国高等职业教育是从传统教育体制中的成人教育起步的，并从外围逐渐走向中心。1978 年 2 月，国务院批准建立中央广播电视大学和 28 个省、自治区、直辖市的广播电视大学；1980 年，教育部根据地方经济和社会发展对一线人才的迫切需求，批准成立了金陵职业大学等 13 所职业大学，采取“收费、走读，不包分配、择优推荐”的办学形式；1980 年 9 月，国务院批转《教育部〈关于大力发展高等学校函授教育和夜大学的意见〉的通知》(国发〔1980〕228 号)；1981 年 1 月，国务院批转《教育部〈关于高等教育自学考试试行办法的报告〉》(国发〔1981〕8 号)；1982 年，中华人民共和国第五届全国人民代表大会第五次全体会议提出：“要试办一批花钱省，见效快，可收学费，学生尽可能走读，毕业生择优录用的专科学校和职业大学”；1983 年，全国高等教育会议提出了“着重加快高等专科教育发展”的方针，从此一大批行业举办的高等专科学校和地方中心城市创办的职业大学应运而生，并显示了勃勃生机；[①]1985 年中共中央《关于教育体制改革的决定》中提出：“积极发展高等职业技术院校”。但由于受传统观念的影响，在实际执行过程中仍然强调的是专科层次的教育，而非高等职业教育。从 20 世纪 80 年代开始，国家在调整中等教育结构的同时，高等教育结构也在逐渐进行本、专科层次和学科结构的调整。调整主要是从两个方面进行：一是延伸或拓展高等教育的办学功能，如 1983 年 2 月，农牧渔业部和教育部联合下发的《关于 1983 年全国高、中等农业院校招生工作的通知》中指出：目前农业专科生与本科生的比例为 1∶10，这与农村形势的发展和农村教育改革的需要很不适应，农业、农垦、水产院校应积极创办知识面宽、应用性强的二年制专科(如农学、农经、牧医、渔业等专业)，参加统考，主要面向农村、垦区、渔区招生。二是依托优质中等专业学校举办专科教育。1984 年 4 月，教育部发出的《印发试行关于高等工程教育层次、规格和学习年限调整改革问题的几点意见的通知》(教高工字〔1984〕第 010 号)中明确提出五年制高等专业学制。1985 年 7 月，

① 徐挺. 我国高职高专教育二十年发展阶段初探[J]. 宁波高等专科学校学报，2000，9：90-93

国家教育委员会印发了《关于同意试办三所五年制技术专科学校的通知》(教计字〔1985〕83号),依托上海机电学院等三所中专学校开始试办五年制专科。1990年在广州召开了全面研究高等专科教育工作的第一次全国性会议,1991年1月,国家教育委员会印发了《〈关于加强普通高等专科教育工作的意见〉的通知》(教高〔1991〕3号)。在一系列政策的指引下,我国专科教育的规模逐步得以扩大。

1992年,我国提出建立社会主义市场经济体制,高等职业教育的发展提上议事日程。1993年3月,国务院颁发了《中国教育改革和发展纲要》(中发〔1993〕3号),进一步明确提出"要大力加强和发展地区性的专科教育"的方针。1994年6月,第二次全国教育工作会议召开,会议明确提出"通过现有的职业大学、部分高等专科学校和独立设置的成人高校改革办学模式,调整培养目标来发展高等职业教育。仍不满足时,经批准利用少数具备条件的重点中等专业学校改制或举办高职班等方式作为补充来发展高等职业教育"的基本方针,即所谓的"三改一补"。与此同时,扩大了五年制高职的试点范围,1994年10月国家教育委员会下发了《关于在成都航空工业学校等10所中等专业学校试办五年制高职班的通知》(教职〔1994〕11号),确定了成都航空工业学校、广州民航学校等10所学校自1994年起在30个班(1200人)内组织实施以初中毕业生为起点的五年制高等职业教育。[①] 1995年7月,国家教育委员会下发了《关于加强在中等专业学校举办专科程度小学教师班和高等职业技术班试点工作管理的通知》(教计〔1995〕132号),该文件指出,1991年和1994年,国家教育委员会先后批准了23个省、部所属的65所中等师范学校和10个省、部所属的10所重点中等专业学校进行专科程度小学教师和高等职业教育班试点工作,也就是说除了试点高等职业教育班外,还试点专科师范教育。同时,文件要求各地方不得自行开展试点工作,可见国家对试点工作还是非常慎重的。1996年,国家颁布了《中华人民共和国职业教育法》,确立了职业教育的法律地位,明确规定"国家根据不同地区的经济发展水平和教育普及程度,实施以初中后为重点的不同阶段的教育分流,建立、健全职业学校教育与职业培训并举,并与其他教育相互沟通、协调发展的职业教育体系",并提出"高等职业学校教育根据需要和条件由高等职业学校实施,或者由普通高等学校实施。其他学校按照教育行政部门的统筹规划,可以实施同层次的职业学校教育"的方针,提出了高等职业教育可由高等学校实施的规定,拓展了我国高等教育发展的空间。但总的来看,受传统观念和体制的影响,高职教育仍处于缓慢发展阶段。

1998年,国务院机构进行改革,撤销国家教育委员会,成立教育部。新组建的教育部进一步加强了对高职的发展,提出了"三多一改"[②]发展高职的方针,并拨

① 本刊记者. 新发展新动向——记高职班试点工作座谈会[J]. 中国职业技术教育,1994,(12):43

② 所谓"三多一改"的方针,就是多渠道、多规格、多模式发展高职,重点是教学改革,真正办出高职特色

出了 11 万个招生指标，在 20 个省(自治区、直辖市)用于发展高职，高职开始了大发展时期。尤其是 1999 年我国开始实施高等教育大众化战略，把发展高职作为大众化的重要内容。1999 年 6 月，中共中央、国务院颁布的《关于深化教育改革全面推进素质教育的决定》中提出：要大力发展高等职业教育……现有的职业大学、独立设置的成人高校和部分高等专科学校要通过改革、改组和改制，逐步调整为职业技术学院(或职业学院)。支持本科高等学校举办或与企业合作举办职业技术学院(或职业学院)。省、自治区、直辖市人民政府在对当地教育资源的统筹下，可以举办综合性、社区性的职业技术学院(或职业学院)。构建了多元举办高等职业教育的体制，从此高等职业教育走向快速发展的轨道。教育部于 1999 年 11 月在北京召开了全国第一次高职高专教学工作会议。2000 年 1 月，教育部颁布了《关于加强高职高专教育人才培养工作的意见》(教高〔2000〕2 号)，标志着我国高职高专教育进入规模化、正规化和规范化发展阶段。至此，我国职业教育体系从 20 世纪 80 年代的以中等职业教育为主体的发展阶段，进入了中等和高等职业教育并驾齐驱的新的历史时期。

三、中、高等职业教育的衔接与沟通

最早提出中高职衔接的是 1985 年《中共中央关于教育体制改革的决定》，文件提出："积极发展高等职业技术院校，优先对口招收中等职业技术学校毕业生以及有本专业实践经验、成绩合格的在职人员"。而现实中最早开展衔接的是职业技术师范院校。为了适应调整中等教育结构，大力发展职业教育对职教师资的要求，我国从 20 世纪 80 年代开始在普通高等院校中设立职教师资班、专业或系，兴办独立设置的职业技术师范院校，但由于当时大学生数量少，而社会需求大，教师待遇相对较低，培养的职教师资大部分"下不去、留不住"。为此，1987 年 3 月 24 日，国家教育委员会印发的《普通高等学校招收少数职业技术学校应届毕业生的暂行规定》(〔87〕教学字 012 号)中指出："为适应职业技术教育迅速发展的需要，加速培养中等职业技术学校专业课和实习指导教师，在国家核定培养职业技术师资的招生计划中，安排从中等职业技术学校招收少数优秀应届毕业生升入普通高等学校学习，毕业后分配到中等职业技术学校任教"，从此拉开了我国中等职业教育与高等教育衔接的序幕，也使职业技术师范教育生源来源多样化。

我国职业高中毕业生从一开始国家就不包分配，经过十多年的快速发展，高中阶段职普教育比例达到 1∶1 目标的实现，有效地缓解了社会上人才短缺的现状。为了满足中职学生进一步升学的愿望和加快招生制度改革，1991 年 1 月，国家教育委员会下发的《关于高考改革有关问题的通知》(教学〔1991〕6 号)中指出："中专、技校、职业高中的毕业生，工作满两年者，经所在单位批准，可直接参加高考。但职业高中的应届毕业生应按 5%左右推荐(具体办法另定),直接报考高等院校”。1991 年 4 月 4 日,国家教育委员会针对职业高中高考问题专门下发的《关于推荐应届职业高中毕业生参加高考有关问题的通知》(教学〔1991〕13 号)中指出:“在开始实施高考改革的省,实行推荐少量应届职业高中毕业生不经会考,直接参加高考的办法,推荐数控制在当年毕业生总数的 5%以内”,将职业高中应届毕业生纳入高考对象,加大了职业教育与高等教育的沟通与衔接,从制度上改变了职业教育是一种“断头教育”的现状。

为落实《中华人民共和国职业教育法》和 1993 年《中国教育改革和发展纲要》的要求,1994 年 7 月,国务院发布的《关于〈中国教育改革和发展纲要〉的实施意见》中提出“有计划地实行小学后、初中后、高中后三级分流,大力发展职业教育,逐步形成初等、中等、高等职业教育和普通教育共同发展、相互衔接、比例合理的教育系列”的要求;1997 年 5 月,国家教育委员会下发了《关于招收应届中等职业学校毕业生举办高等职业教育试点工作的通知》(教学〔1997〕9 号),决定从 1997 年开始在北京、上海、河北等 10 个省(直辖市)开展高等职业院校招收中等职业学校应届毕业生的试点工作,招生对象为“三校”(职业高中、中等专业学校、技工学校)毕业生,举办专科层次的高职教育,学制两年,并对招生考试方式作了明确的规定,形成了中、高等职业教育衔接的制度框架。为了突出高等职业教育办学的市场化要求,1999 年 1 月,教育部、国家计划委员会出台了《关于印发〈试行按新的管理模式和运行机制举办高等职业教育实施意见〉的通知》(教发〔1999〕2 号),我国开始兴办新高职(指按新的运行机制举办的高职),新高职进一步延续了中高职衔接政策,该文件指出:新高职“可招收少量的中等职业学校应届毕业生”。

1999 年 6 月,中共中央、国务院颁布的《关于深化教育改革全面推进素质教育的决定》中指出:“职业技术学院(或职业学院)可采取多种方式招收普通高中毕业生和中等职业学校毕业生。职业技术学院(或职业学院)毕业生经过一定选拔程序可以进入本科高等学校继续学习”。至此,中央文件明确提出中职毕业生可以升高职,高职毕业生可以升本科,中等与高等职业教育、职业教育与高等教育衔接的立交桥框架初步建立。2002 年 3 月,教育部颁发了《关于进一步办好五年制高等职业技术教育的几点意见》(教职成〔2002〕2 号)以加强对五年制高职的指导,文件指出五年制高职以独立设置的职业技术学院为主要办学主体,并规定:“独立设置的职业技术学院及有关高等学校也可以根据社会对五年制高职人才的需求,在自身条件满足不了办学需求的情况下,可利用优质的中等职业教育资源进行五年制高职前三年的教育教学工作,但后两年高职教育阶段必须在高等学校举办”。五年制高职从以往的一体化衔接也走向了分阶段衔接。由于高技能人才完善了社会人才结构,受到社会的广泛欢迎,为了满足社会对高技能人才的需求,2002 年国务院颁发的《关于大力推进职业教育改革与发展的决定》(国发〔2002〕16 号)中指出:要“扩大中等职业学校毕业生进入高等学校尤其是进入高等职业学校继续学习的比例，适当提高高等职业学校专科毕业生接受本科教育的比例。适度发展初中后五年制高等职业教育”，并且“高等职业学校可单独组织对口招生考试，优先招收中等职业学校优秀毕业生”。针对近些年来中等职业教育发展处于低谷的情况，提出扩大招收中等职业学校和高等职业学校毕业生的比例，并提出了“对口招生”的招生制度改革措施。

从以上的分析不难看出，我国中高职衔接是从适应社会需求、解决教育内部矛盾起步，在国家建立社会主义市场经济体制的背景下取得了快速发展。至此，经过20多年的发展，我国中等职业教育与高等职业教育(高等教育)衔接和沟通的渠道初步形成，但还存在沟通渠道单一、体制不完善、机制不健全、发展不稳定等问题。1999年我国开始实施高等教育大众化，但由于高等教育资源不足，因此通过升格或合并把中等职业教育资源转化为高等教育资源，中、高等职业院校出现了升格热。为此，2004年9月，教育部等七部门联合下发的《关于进一步加强职业教育工作的若干意见》(教职成〔2004〕12号)中指出：“中等职业学校不再升格为高等职业院校或并入高等学校，专科层次的职业院校不再升格为本科院校”。2004年，国家提出了职业教育“以就业为导向，以服务为宗旨”的办学方针，而现实中中、高等职业学校学生热衷于升学。为此，2007年6月，教育部下发的《关于进一步做好高等学校各类招生管理工作的通知》(教发〔2007〕13号)中进一步明确指出：普通专升本招生计划按不超过当年应届普通高职(专科)毕业生5%的比例安排……五年制高职招生计划(招收初中毕业生)按不超过当年普通高职(专科)招生计划5%的比例安排……高校对口招收中职毕业生计划按不超过当年应届中职毕业生5%的比例安排。中、高等职业教育衔接进入一个有计划发展阶段，在一定程度上制约了中高职衔接。

2005年10月，国务院颁布的《关于大力发展职业教育的决定》(国发〔2005〕35号)，标志着我国职业教育进入了一个新的发展阶段，人才培养从以往的学科本位向能力本位过渡，培养模式从学校本位向工学结合、校企合作模式转变，因此，该文件对我国现代职业教育体系进行了重新规划：进一步建立和完善适应社会主义市场经济体制，满足人民群众终身学习需要，与市场需求和劳动就业紧密结合，校企合作、工学结合，结构合理、形式多样，灵活开放、自主发展，有中国特色的现代职业教育体系。

四、全面建立现代职业教育体系

我国职业教育体系的形成，首先，是在20世纪80年代大力充实和发展中等职业教育，为我国现代职业教育体系建设奠定了坚实的基础；其次，是在世纪之交，在市场经济体制和高等教育大众化的推动下，我国高等职业教育取得了长足的发展，中等职业教育和高等职业教育招生人数分别占到了高中阶段教育和高等教育的“半壁江山”。在中、高等职业教育快速发展的过程中，中等与高等职业教育，以及与其他教育也形成了一定的沟通渠道和机制，满足了部分学生接受高一级教育的需求。中、高等职业教育虽然形成了规模，但由于办学条件不足、教育质量不高，职业教育内部及与其他教育沟通和协调的机制还不健全，发展存在很大的不稳定性，需要进一步加强和完善。同时，经过20多年的发展，我国大、中型企业建立了现代企业制度，对人才的需求提出了更新、更高的要求。自2008年国际金融危机爆发以来，国家提出产业结构转型升级的战略，客观上要求企业加强技术进步，加大技术改造和产品创新力度。目前高等教育培养的人才难以满足企业的要求，迫切要求改革高等教育本科教育结构。

2010年《国家中长期教育改革和发展规划纲要(2010—2020年)》，对职业教育提出：“到2020年，形成适应经济发展方式转变和产业结构调整要求、体现终身教育理念、中等和高等职业教育协调发展的现代职业教育体系，满足人民群众接受职业教育的需求，满足经济社会对高素质劳动者和技能型人才的需要”。对高等教育提出：“适应国家和区域经济社会发展需要，建立动态调整机制，不断优化高等教育结构”“重点扩大应用型、复合型、技能型人才培养规模”“促进高校办出特色。建立高校分类体系，实行分类管理”。此后，党和国家对发展职业教育提出了一系列政策。十八大提出“加快发展现代职业教育”“加强职业技能培训，提升劳动者就业创业能力，增强就业稳定性”，十八届三中全会提出要“加快现代职业教育体系建设，深化产教融合、校企合作，培养高素质劳动者和技能型人才”。

为了落实党和国家的重大决策，2014年5月，国务院颁发的《关于加快发展现代职业教育的决定》(国发〔2014〕19号)(以下简称《决定》)中提出：“到2020年，形成适应发展需求、产教深度融合、中职高职衔接、职业教育与普通教育相互沟通，体现终身教育理念，具有中国特色、世界水平的现代职业教育体系”。为了加快建立现代职业教育体系，《决定》对体系中各层次教育进行了明确定位：①巩固提高中等职业教育发展水平，发挥中等职业教育在发展现代职业教育中的基础性作用；②高等职业教育要创新发展，探索发展本科层次职业教育，发挥高等职业教育在优化高等教育结构中的重要作用；③建立高等学校分类体系，引导一批普通本科高等学校向应用技术类型高等学校转型，重点举办本科职业教育。同时，在体系内部建立了技术技能人才上升的通道：完善职业教育人才多样化成长渠道。健全“文化素质+职业技能”、单独招生、综合评价招生和技能拔尖人才免试等考试招生办法，为学生接受不同层次高等职业教育提供多种机会。在学前教育、护理、健康服务、社区服务等领域，健全对初中毕业生实行中、高职贯通培养的考试招生办法。适度提高专科高等职业院校招收中等职业学校毕业生的比例、本科高等学校招收职业院校毕业生的比例。逐步扩大高等职业院校招收有实践经历人员的比例。对职业教育与其他教育的相互关系也提出了明确要求：加强职业教育与普通教育沟通，为学生多样化选择、多路径成才搭建“立交桥”；有条件的普通高中要适当增加职业技术教育内容。同时，提出了体系建设的一系列保障措施。支持社会力量办学，发展股份所有制、混合所有制职业院校，创新办学体制机制等；健全企业参与和行业指导、评价制度；完善现代学校制度，推动人才培养模式创新，建立健全课程衔接体系，加强“双师型”队伍建设，提高信息化水平，加强国际交流与合作等。为贯彻落实《决定》的精神，教育部、国家发展改革委员会、财政部、人力资源和社会保障部、农业部、国务院扶贫办公室组织编制了《现代职业教育体系建设规划(2014—2020 年)》，对现代职业教育体系进行了全面规划。

总之，当前职业教育进入了一个新阶段，需要构建由中等职业教育、专科高等职业教育、应用技术类高等教育、专业硕士甚至专业博士组成的现代职业教育体系，形成适应经济发展方式转变，促进产业结构转型升级，多主体参与、多元共建、多层次发展的产教融合、校企合作的体制机制。十九大提出要“完善职业教育和培训体系，深化产教融合、校企合作”。把职业教育与培训作为一个体系来构建，构建职前职后、培养培训一体化、校企双主体协同育人的现代职业教育体系成为必然。国际经验表明，随着教育的普及化，学历教育已趋于饱和，继续教育和终身教育成为教育增长的空间；企业资本构成的提高和生产工艺的复杂化，对技术技能人才的知识、能力和素质的要求不断提高，使现代技术技能人力资源开发从传统的学校和企业双轨运行，发展为以现代学徒制为标志的产教高度融合，教育与培训的交集越来越大。学校职业教育越来越多地采取“双元制”(整个培训过程在工厂、企业和国家的职业学校进行)、实习和顶岗培训等多种实训模式，以往单一的企业培训也加强了与职业学校的合作，提高受训者的理论知识水平，学校职业教育与企业培训制度开始朝着“一体化”的方向改革。[①]必须打通职业教育和培训之间的樊篱，完善职业教育和培训体系。职业教育与培训的交集是工作场所学习，无论是中、高等职业教育，还是应用型本科人才培养，都需要加强与企业的合作，实行工学结合，利用企业工作场所教育资源来增强人才培养的应用性、实践性和针对性。2017 年 12 月，国务院办公厅印发了《关于深化产教融合的若干意见》(国办发〔2017〕95 号)，2018 年 2 月，教育部等六部门联合印发了《职业学校校企合作促进办法》(教职成〔2018〕1 号)，与国务院办公厅文件共同落实了十九大提出的“产教融合、校企合作”的要求，为现代职业教育体系建设提出了坚实的制度基础。

完善现代职业教育和培训体系建设，产教融合是关键，校企合作是桥梁，职前职后一体化是基础，重视继续职业教育是方向，与其他教育沟通是深化改革的重点，完善相关制度是根本保障，只有这样才能建立起适应经济发展方式转变和产业结构调整要求、体现终身教育理念、中等和高等职业教育协调发展的现代职业教育体系。

① 曹晔. 职业教育与企业培训亟须“一体化”顶层设计[N]. 中国教育报，2016-12-13

第四章

产教结合制度

教育与生产劳动和社会实践相结合，是党的教育方针的重要内容，是马克思主义教育思想的重要组成部分，对职业教育的改革与发展尤为重要。在各级各类教育中，职业教育是与生产劳动和社会实践关系最为紧密、联系最为密切的一类教育。新中国成立以来，党和国家非常重视职业教育与产业的结合，尽管“产教结合”的形式在不同时期有所不同，但始终是我国发展职业教育的重要制度之一。总的来看，我国职业教育产教结合先后经历了学校办厂、厂办学校，校办工厂、以厂养校，产教结合、校企合作，校企合作、工学结合，产教融合、职普同构 5 个发展阶段。

一、学校办厂、厂办学校

新中国成立后，对以前的中等职业教育进行了整顿、改造，建立了与新中国社会主义制度相适应的中等技术教育，新发展了技工教育。在整顿和改造过程中：一是发扬了革命根据地的办学经验；二是吸收了旧中国职业教育的有益做法。1952 年初，政务院颁布的《关于整顿和发展中等技术教育的指示》中指出：“学校必须与有关的工厂、矿山、农场等建立密切的联系”。1953 年，高等教育部印发的《关于中等专业学校设置专业的原则的通知》进一步指出：“各校所设专业，应以学校附近有专业性质相似的工厂、厂矿和其他企业机关为依据”，可见，当时就明确规定办职业学校必须依托企业办学。1952 年 8 月，教育部颁发的《中等技术学校暂行实施办法》中提出：“中等技术学校的课程，包括普通课（公共必修普通课和分类必修普通课）、技术课（基础技术课和专业技术课）与实验、实习（校内教学实习和校外生产实习）”。为落实好教学实习和生产实习，1954 年 9 月 26 日，中央人民政府、政务院《关于改进中等专业教育的决定》中规定：“生产实习应在与学校固定联系的企业中进行。在厂矿企业中进行生产实习，应由中央业务部门负责筹划，学校的教师负责教学，由厂矿企业指派专家负责生产技术的指导。为了进行生产教学，农业学校应附设教学实习农场，中央人民政府卫生部应保证其所属学校在当地条件较好的医院进行实习”，明确了学校和企业在教学实习和生产实习中的有机联系和各自的职责。1954 年 7 月，高等教育部分别制定了《高等学校与中等技术学校学生生产实习暂行规程》

《中等工业学校在教学实习工厂内进行教学实习的办法的通知》和《发布中等农业、林业学校教学实习条例的通知》等，指出：工科类学校教学实习必须在教学实习工厂或具备条件的企业中进行；农、林学校教学实习必须在农场、牧场、林场(森林苗圃)、实习工厂、附属兽医院中进行；毕业设计(论文)要选择好对象和材料。中央各有关业务部门都对生产实习、教学实习和毕业实习采取相应措施，指定一些企业作为学校的协作厂，规定和安排厂与校的协作任务。可见，职业学校实习都有固定的工厂。需要指出的是，当时我国国民经济实行高度集中的计划经济体制，企业是政府的附属，办学体制是政府统一管理和各部门配合，因此，可以指定一些企业作为学校的实习工厂。

1958年，我国教育权力下放，充分调动多方力量办学，以解决办学经费、办学场所不足的问题。具体体现在两个方面：一是改变办学体制，实行两种教育制度和半工半读制度；二是各行各业办教育，学校办工厂、工厂办学校，自给自足。前者是落实后者的具体措施。1958年4月、6月，中共中央分两段召开教育工作会议，总结1949年以来的教育工作，讨论教育方针、教育改革等问题，会议确定了党的教育工作方针：教育为无产阶级政治服务，教育与生产劳动相结合。为实现这一方针，教育工作必须由党来领导，并提出了教育事业发展措施。1958年9月19日，中共中央、国务院发出的《关于教育工作的指示》中指出：在一切学校中，必须把生产劳动列为正式课程。今后的方向是学校办工厂和农场。同时提出多主体、多形式办学，即“国家办学与厂矿、企业、农业合作社办学并举；全日制与半工半读业余学校并举”。可见，当时学校办工厂、工厂办学校是职业教育产教结合最为重要的形式。但是，1958—1960年我国国民经济出现严重失调，从1961年开始开展为期三年的调整。在调整过程中半工半读学校大量消失。经过调整、整顿，1964年国民经济全面好转，半工半读又被提上议事议程。1964年11月17日，中共中央作出《关于发展半工(耕)半读教育制度问题的批示》，选定一部分学校试办半工半读学校。总之，“学校办厂、厂办学校”成为这一时期职业教育发展的主要形式。

1966—1976年，职业教育遭到严重破坏，技工学校变为工厂，中等专业学校数量大幅度减少，农业中学几乎消失。

二、校办工厂、以厂养校

十一届三中全会以来，我国进入了一个改革开放的新的历史时期，职业教育也进入一个快速发展的新阶段。1980年10月7日，国务院批转的教育部、国家劳动总局《关于中等教育结构改革的报告》(国发〔1980〕252号)中重申了1958年提出的“全日制学校与半工半读学校、业余学校并举，国家办学与业务部门、厂矿企业、人民公社办学并举”的方针。同时指出“各地还可以利用一些适合办学的关停的工厂厂房及设备举办职业(技术)学校或作为学校的实习场所”。1980年10月8日，国务院批转教育部的《全国中等专业教育工作会议纪要的通知》(国发〔1980〕258号)中指出：“要加强实验室、实习工厂(农场)、图书资料室的建设，努力充实和更新设备，要提倡学校自制仪器设备”。1983年5月，中共中央、国务院《关于加强和改革农村学校教育若干问题的通知》中指出：“农村学校所需的劳动基地、实验场地，由县、社负责解决。职业技术教育所需的仪器设备、图书资料等，办学的各有关部门应切实予以解决”。1986年11月，劳动人事部、国家教育委员会《关于颁发技工学校工作条例的通知》(劳人培〔1986〕22号)中指出：“学生的生产(业务)实习，应尽可能结合生产(业务工作)进行。可以在校办工厂实习，也可以下厂(车间、工地、店堂)实习。生产(业务)实习教学的内容，应包括基本功训练和综合课题训练”。1989年5月，劳动部《关于技工学校深化改革的意见》(劳培字〔1989〕20号)中指出：“必须建立实习工厂(场)的学校，已经建立的进一步充实和完善办学条件；尚未建立的要限期建立起来，并争取在一九九五年达到每个学生在上生产实习课时都有一个工位。难以建立实习工厂(场)的学校要有必要的实验和模拟设施，结合现场教学(如承包工程、承包工位、顶岗轮训等)，加强对学生操作技能的训练”。

此外，也要重视企业职业教育。1986年6月，国家教育委员会等三部委联合下发的《关于经济部门和教育部门加强合作促进就业前职工技术教育发展的意见》(〔86〕教职字011号)中指出：“国内外的实践经验表明，经济部门和教育部门加强合作，是促进职业技术教育发展的重要途径”“为了使各级职业技术学校毕业生能够熟悉生产过程，具有较强的实践动手能力，对口的企业应积极接纳师生下厂进行生产实习和实践。可先在有条件的企业试点，取得经验后，逐步推广”，并要求“各地经委与教委共同帮助本地区企业与各类职业技术学校对口建立必要的协作联系，积极探索发展职业技术教育的新路子。可以进行厂校合作培训制度的试点”。1989年9月25日，国家教育委员会《关于在一百个企业进行教育综合改革实验的通知》(〔89〕教城字001号)，遴选100家较先进的大、中型骨干企业，通过综合改革、实验，要进一步提高企业领导对企业教育重要地位和作用的认识，切实加强企业教育工作；明确企业教育的指导思想、办学模式、工作重点，进而优化企业教育结构。通过综合改革、实验，要逐步建立符合我国大、中型企业实际的企业教育发展的政策和管理体制。

十一届三中全会以来，经济体制改革和对外开放的步伐加快，极大地解放了社会生产力，人民群众需求快速增长，但整个国民经济仍实行有计划的商品经济，许多物资仍处于短缺状态，校办企业仍有比较好的生存空间。同时，职业教育发展规模和质量不能满足人民群众接受职业教育的需求，迫切需要解决经费问题来扩大办学规模，提高办学质量，“依托专业办产业、办好产业促专业”成为解决这一问题的重要途径，“发展校办产业、以产养校”成为这一时期产教结合的重要形式。

三、产教结合、校企合作

进入20世纪90年代后，国家开始建立社会主义市场经济体制，政企分开，国有企业开始转制，逐步成为自主经营、自负盈亏、自我发展、自我约束的经营主体，政府对企业管理难以采用行政命令和行政手段，职业教育与企业的关系也必将变化，必须按照市场经济平等协商、互利共赢的原则来构建合作关系。因此，1991年国务院颁布的《关于大力发展职业技术教育的决定》(国发〔1991〕55号)指出：“各类职业技术学校和培训中心，应根据教学需要和所具备的条件，积极发展校办产业，办好生产实习基地，提倡产教结合”，首次提出职业教育的“产教结合”概念。1993年3月，中共中央、国务院印发的《中国教育改革与发展纲要》(中发〔1993〕3号)中指出：“各级各类职业技术学校都要主动地适应当地建设和社会主义市场经济的需要。要在政府的指导下，提倡联合办学，走产教结合的路子，更多地利用贷款发展校办产业，增强学校自我发展的能力，逐步做到以厂(场)养校”，进一步明确了职业(技术)学校要走产教结合的道路。1993年9月29日，劳动部颁发的《关于深化技工学校教育改革的决定》(劳部发〔1993〕255号)中指出：“鼓励企业、事业单位、社会团体、民主党派和个人开办技工学校，提倡办学条件好的学校同未办校的企业、事业单位联合办学”。1994年7月，国务院印发了《关于〈中国教育改革和发展纲要〉的实施意见》(国发〔1994〕39号)也对此作了有关表述。1995年5月，国家教育委员会印发的《关于普通中等专业教育(不含中师)改革与发展的意见》(教职〔1995〕9号)中提出：鼓励和支持行业、企业等社会力量与学校联合办学。1995年9月1日实施的《中华人民共和国教育法》对企事业组织、社会团体及其他社会组织参与中等职业学校的建设与管理，为学生的实习提供支持作出规定，规定职业学校、职业培训机构实施职业教育应当实行产教结合，为本地区经济建设服务，与企业密切联系，培养实用人才和熟练劳动者。以法律的形式明确了产教结合的地位，产教结合有了法律依据。1999年1月13日，国务院批转《教育部〈面向21世纪教育振兴行动计划〉的通知》(国发〔1999〕4号)中进一步强调“职业教育和成人教育要走产教结合的道路”。1999年6月13日，中共中央、国务院印发的《关于深化教育改革全面推进素质教育的决定》中指出：“教育与生产劳动相结合是培养全面发展人才的重要途径。各级各类学校要从实际出发，加强和改进对学生的生产劳动和实践教育，使其接触自然、了解社会，培养热爱劳动的习惯和艰苦奋斗的精神”“职业学校要实行产教结合，鼓励学生在实践中掌握职业技能”。

2002年8月，国务院颁布的《关于大力推进职业教育改革与发展的决定》(国发〔2002〕16号)提出：“企业要和职业学校加强合作，实行多种形式联合办学，开展‘订单’培训，并积极为职业学校提供兼职教师、实习场所和设备，也可在职业学校建立研究开发机构和实验中心。有条件的大型企业可以单独举办或与高等学校联合举办职业技术学院。中小企业应依托职业学校和职业培训机构进行职工培训和后备职工培养”。2004 年 4 月，教育部颁布的《关于以就业为导向深化高等职业教育改革的若干意见》（教高〔2004〕1 号）中提出：“产学研结合是高等职业教育发展的必由之路，要积极探索校企全程合作进行人才培养的途径和方式”。2004 年 9 月，教育部等七部门下发的《关于进一步加强职业教育工作的若干意见》（教职成〔2004〕12 号）中提出：“推动产教结合，加强校企合作，积极开展‘订单式’培养”，在产教结合的基础上提出了校企合作。

总之，为了适应市场经济体制改革，企业逐渐成为独立的法人和市场经济主体，计划经济体制下政企不分、依靠行政命令等计划手段维系的学校和企业关系不复存在，取而代之的是建立在平等互利基础上的校企合作关系。尤其是 1998 年国务院机构改革，把大量的部门或行业办的中、高等职业学校下放到地方，迫使产业和教育、学校和企业的隶属关系一去不复返，需要重新构建新型关系，“产教必须结合，校企必须合作”成为职业教育发展的必然。

四、校企合作、工学结合

2005 年 8 月 1 日，教育部在天津召开职业教育工学结合座谈会，会议提出加快推进职业教育人才培养模式的根本性转变，即由传统的以学校和课程为中心向工学结合、半工半读转变。其中，校企合作是基础和前提，校企合作是实行工学结合、半工半读人才培养模式的体制保障，要进一步加强校企合作，促进职业教育人才培养模式的根本性转变。2005 年 10 月，国务院印发的《关于大力发展职业教育的决定》（国发〔2005〕35 号）强调发展职业教育要大力推行工学结合、校企合作的培养模式，逐步建立和完善半工半读制度。为落实国务院文件精神，2006 年 3 月，教育部印发的《职业院校试行工学结合、半工半读的意见》（教职成〔2006〕4 号）中指出：要“进一步加强校企合作，加快推进职业教育人才培养模式的根本性转变。职业院校要紧紧依靠行业企业办学，进一步扩展和密切与行业企业的联系，加强教育与生产劳动和社会生产实践相结合，加快推进职业教育培养模式由传统的以学校和课程为中心向工学结合、校企合作转变”。2006 年 6 月 11 日，中共中央办公厅、国务院办公厅联合印发了《关于进一步加强高技能人才工作的意见》（中办发〔2006〕15 号），规定职业院校应结合实际与合作企业共同制定实习方案和培养计划；同年 11 月 16 日，教育部印发的《关于全面提高高等职业教育教学质量的若干意见》（教高〔2006〕16 号）中提出“大力推行工学结合，突出实践能力培养，改革人才培养模式”“校企合作，加强实训、实习基地建设”“要紧密联系行业企业，厂校合作，不断改善实训、实习基地条件”。2008 年 12 月印发的《教育部关于进一步深化中等职业教育教学改革的若干意见》（教职成〔2008〕8 号）中提出："要加强校企合作，充分利用企业的资源优势，校企共建实训基地"，同时建议职业学校推行以学分制为核心的教学制度改革，鼓励工学交替，允许学生分阶段完成学业。2009 年 1 月，《教育部关于制定中等职业学校教学计划的原则意见》（教职成〔2009〕2 号）中提出职业学校要与实习单位共同制定学生的实习计划和评价标准。

2010 年 7 月，《国家中长期教育改革和发展规划纲要(2010—2020 年)》(以下简称《纲要》)，明确了新时期职业教育的发展方向、目标任务和政策措施。《纲要》指出推进职业教育的教学改革要从服务经济、促进就业出发，在人才培养模式上开展工学结合、校企合作、顶岗实习。鼓励制定和完善促进校企合作办学的规程，推进校企合作制度化，从而调动企业参与的积极性，同时还提出"校企一体化办学"的设想；同年 11 月 27 日，教育部实施了《中等职业教育改革创新行动计划(2010—2012 年)》（教职成〔2010〕13 号），明确指出"坚持育人为本，以教产合作、校企一体和工学结合为改革方向""着力推进教育与产业、学校与企业、专业设置与职业岗位、课程教材与职业标准、教学过程与生产过程的深度对接，不断增强中等职业教育服务经济社会发展的针对性和实效性"。2011 年 6 月，教育部出台的《关于充分发挥行业指导作用推进职业教育改革发展的意见》（教职成〔2011〕6 号）中明确了行业指导职业教育的重要性、职责、工作重点和目标。2011 年 8 月，教育部《关于推进中等和高等职业教育协调发展的指导意见》(教职成〔2011〕9 号)中指出："推进产教合作对接，强化行业指导作用""发挥职教集团作用，促进校企深度合作"，旨在将职业学校的专业发展与区域经济建设相联系，实现不同区域和层次的职业教育协调发展；同年 9 月 29 日，教育部《关于推进高等职业教育改革创新引领职业教育科学发展的若干意见》（教职成〔2011〕12 号）中提出深化工学结合、校企合作、顶岗实习的人才培养模式改革。要与行业(企业)共同制订专业人才培养方案，校企合作共同开发专业课程和教学资源，校企共同完成教学任务等，探索建立"校中厂""厂中校"，校企联合组织实训。

除上述国家层面的政策外，落实《纲要》提出的"制定促进校企合作办学法规，推进校企合作制度化"的要求，一些地方政府相继出台了促进校企合作的政策法规。最具代表性的为 2009 年 3 月 1 日开始实施的国内首部校企合作地方性法规《宁波市职业教育校企合作促进条例》（以下简称《条例》），并出台了与之相应的实施办法，《条例》对政府、学校和企业的职责、权利、义务都作了明确规定，校企合作有了法规性的保障。2011 年，《北京市交通行业职业教育校企合作暂行办法》作为国内第一部行业性校企合作规章，由北京市教育委员会、北京市交通委员会联合制定下发。2012 年 4 月 18 日，河南省人民代表大会审议通过了《河南省职业教育校企合作促进办法(试行)》，这是首个省级校企合作促进办法，以政府规章的形式对校企合作的相关事项作了规定。截至 2015 年底，开封、沈阳、杭州、广州、吉林等市的校企合作条例(或促进办法)相继产生，湖南、江西、宁夏、广西、山东、山西、上海等省(自治区、直辖市)的相关规定陆续出台，推动校企合作制度化成为共识。

这一时期，我国国有企业经过20世纪90年代中后期以来的改制、改组，建立起了现代企业制度，许多民营企业完成了资本原始积累，发展成为现代企业，加强人力资本开发成为加快现代企业发展的重要内容。同时，职业教育产教结合的办学理念也需要在实践中进一步落实。另外，2002年东南沿海地区出现了“民工荒”和“技工荒”，意味着劳动力市场上技能型人才不能满足现实需求，迫切要求大力发展职业教育。扩大职业教育规模必须解决教育资源不足的问题，因此需实行校企合作、工学结合、半工半读，中等职业学校学生最后一年到企业实践，把解决教育资源不足和企业用工需求有效地结合起来，实现了双赢，这就是2005年国家在短期内提出“校企合作、工学结合”的根本原因。从此以后，校企合作、工学结合成为职业教育的基本教学制度。

五、产教融合、职普同构

2013年1月26日，教育部印发的《关于2013年深化教育领域综合改革的意见》(教改〔2013〕1号)中提出“完善职业教育产教融合制度”；同年11月15日，中共中央《关于全面深化改革若干重大问题的决定》中提出：“加快现代职业教育体系建设，深化产教融合、校企合作，培养高素质劳动者和技能型人才”。2014年4月26日，应用技术大学(学院)联盟在驻马店召开首届产教融合发展战略国际论坛，开创“驻马店论坛”，形成“驻马店共识”，本次会议以建设中国特色应用技术大学为主题，围绕重建地方政府与地方高校新型关系、行业企业在产教融合中的重要作用、地方本科院校转型发展、中国特色大学建设路径等11个重点、热点问题进行了深入交流和讨论。2014年6月3日，中国人民政治协商会议全国委员会召开了“深化产教融合、校企合作，加快现代职业教育体系建设”专题协商会。

2014年5月2日，国务院颁发的《关于加快发展现代职业教育的决定》(国发〔2014〕19号)对产教融合提出了多方面的要求。在“指导原则”中提出：产教融合、特色办学。同步规划职业教育与经济社会发展，协调推进人力资源开发与技术进步，推动教育教学改革与产业转型升级衔接配套。突出职业院校办学特色，强化校企协同育人。在“目标任务”中进一步指出：到2020年，形成适应发展需求、产教深度融合、中高职衔接、职业教育与普通教育相互沟通，体现终身教育理念，具有中国特色、世界水平的现代职业教育体系。在“激活学校办学活力”部分进一步提出：健全企业参与制度。研究制定促进校企合作办学有关的法规和激励政策，深化产教融合，鼓励行业和企业举办或参与举办职业教育，发挥企业重要办学主体作用。2015年10月，国务院印发的《统筹推进世界一流大学和一流学科建设总体方案》(国发〔2015〕64 号）中强调："深化产教融合，将一流大学和一流学科建设与推动经济社会发展紧密结合，着力提高高校对产业转型升级的贡献率"。2016 年 3 月，中共中央印发的《关于深化人才发展体制机制改革的意见》（中发〔2016〕9 号）中进一步明确要求："建立产教融合、校企合作的技术技能人才培养模式""创新技术技能人才教育培训模式，促进企业和职业院校成为技术技能人才培养的'双主体'，开展校企联合培养试点"。可见，产教融合从职业教育延伸到以职业教育、高等教育为重点的整个教育体系，产教融合不仅适用于应用型高校，也适用于研究型大学。2017 年 12 月 5 日，国务院办公厅印发了《关于深化产教融合的若干意见》（国办发〔2017〕95 号），从整个国家人力资源开发和教育综合改革的高度指出："深化产教融合，促进教育链、人才链与产业链、创新链有机衔接，是当前推进人力资源供给侧结构性改革的迫切要求，对新形势下全面提高教育质量、扩大就业创业、推进经济转型升级、培育经济发展新动能具有重要意义"，并指出"深化产教融合的主要目标是，逐步提高行业企业参与办学程度，健全多元化办学体制，全面推行校企协同育人，用 10 年左右时间，教育和产业统筹融合、良性互动的发展格局总体形成，需求导向的人才培养模式健全完善，人才教育供给与产业需求重大结构性矛盾基本解决，职业教育、高等教育对经济发展和产业升级的贡献显著增强"。

2014 年 6 月 16 日，教育部、国家发展改革委员会、财政部等六部委联合印发了《现代职业教育体系建设规划(2014—2020 年)》（教发〔2014〕6 号），其中对于建立现代教育体系、实现教育现代化目标的第一步就是："2015 年，初步形成现代职业教育体系框架""产教融合、校企合作的体制基本建立，现代职业院校制度基本形成，职业教育服务国家发展战略的能力进一步提升，职业教育吸引力进一步增强"。2015 年 7 月，教育部印发的《关于深入推进职业教育集团化办学的意见》（教职成〔2015〕4 号）提出支持职业教育集团化办学，进而推动校企合作。2015 年 7 月 27 日，教育部印发的《关于深化职业教育教学改革 全面提高人才培养质量的若干意见》（教职成〔2015〕6 号）中将企业在校企合作中的作用上升至主体地位，鼓励企业参与人才培养的全过程；同年 10 月 21 日，教育部、国家发展改革委员会、财政部联合印发的《关于引导部分地方普通本科高校向应用型转变的指导意见》（教发〔2015〕7 号）中要求地方高校的发展坚持以需求为导向，服务地方经济的发展，"深化产教融合、校企合作，促进高校科学定位、特色发展"；同年 11 月 3 日，教育部印发的《高等职业教育创新发展行动计划(2015—2018 年)》（教职成〔2015〕9 号）中提出要继续深化校企合作，推动专科高等职业院校与当地企业合作办学、合作育人、合作发展，鼓励校企共建以现代学徒制为培养特色的学院。

我国高等教育从 1999 年扩招以来，招生规模从 1998 年的 108 万人扩大到 2016 年的 749 多万人，高校毕业生的就业问题越来越成为当前就业工作的首要问题。同时，2008 年国际金融危机爆发以来，我国经济从高速发展转变成高质量发展，产业转型升级成为当前经济工作的重心，高校如何支持区域经济发展也被提上议事日程。在这一背景下，2014 年国务院提出地方高校转型发展、培养应用技术人才的命题，而应用型人才的培养离不开工作场所教育，产教深度融合、校企合作必然从职业教育走向高等教育。

六、产教结合政策演变趋势

新中国成立以来，伴随着职业教育和经济社会的发展，我国职业教育产教结合大致经历了双主体办学、校办工厂(农场)、产教结合、校企合作、产教融合 5 个阶段：校企双主体办学是基于解决学校办学经费和企业技术技能人才严重不足而建立的；校办工厂既是计划经济体制下学校封闭办学、自我发展、自我完善的一种延续，也是国有企业转制难以参与办学的客观现实的反映；产教结合是发展市场经济的产物，要求企业和学校从计划经济体制下依靠行政手段的结合迈向平等互利的合作；校企合作既是世界职业教育普遍遵循的规律，也是中国职业教育走向成熟的标志；产教融合既是产业转型升级的要求，也是技术复杂化、岗位综合化、生产智能化的结果。总之，不同历史时期，产教结合的形式多种多样，但都是教育与生产劳动相结合、培养应用型人才的客观要求。产教结合形式的多样化和多变化，反映了产教结合丰富的内涵。但就发展现状来看，目前的产教结合制度还存在着结合层次较浅、缺乏法律保障、缺少监督机制、企业参与度不高等问题。为此，政府还需在加大政策引导的同时建立相应的监督体系、完善相关法律法规，从而保障产教结合的有效进行。从国内外职业教育产教结合的发展变化趋势来看，职业教育的产教结合将由简单的合作上升为深度的融合，由政策的宏观引导走向法律的强制保障，进而建立相应的评价监督体系。同时，其合作形式也会继续朝着更加多样化、多元化的方向发展。

(一)由简单结合走向深度融合

虽然国务院办公厅出台了《关于深化产教融合的若干意见》(国办发〔2017〕95 号)，教育部六部门联合印发了《职业学校校企合作促进办法》(教职成〔2018〕1 号)，但这些文件落到实处还有一个过程。由于多方面的原因，目前我国职业院校和企业间的结合可以说仍处于一种浅层次合作状态，其基本形式都是企业为准毕业生提供一个实习岗位，企业还没有充分发挥其重要办学主体的作用。“产教融合”是较“产学结合”更高一层的形态，是表达产业与学校关系更加紧密且共在一个平台上相互影响的形式。[①]“融合”不是一般意义上的“合作”，而是指通过相互支持、相互渗

① 王丹中. 基点• 形态• 本质：产教融合的内涵分析[J]. 职教论坛，2014，35：79-82

透，最终达到一种互通互融、你中有我、我中有你的和谐状态。近年来提出的“集团化办学”“现代学徒制”等是对产教结合内涵的丰富，同时也是“融合”的一种表现形式。政府在这一过程中要做的则是加大政策支持的力度，引导产教双方由简单的“结合”走向深度“融合”，甚至也可以作为多元办学主体的一方参与其中。

（二）从职业教育迈入高等教育

长期以来，产教结合多指职业教育领域，高等教育一般提及的是产学研结合。产教结合可分为宏观、中观和微观三个层次，即产业与教育相结合，学校人才培养与行业企业需求相结合，学校教育教学活动过程与实际生产经营过程相结合。而产学研结合即产业、学校、科研机构相互配合，发挥各自优势，形成强大的研究、开发、生产一体化的先进系统，并在运行过程中体现出综合优势。国务院提出深化产教融合不仅指职业教育，也包括高等教育，高等教育要“引导高校将企业生产一线实际需求作为工程技术研究选题的重要来源”“健全高等学校与行业骨干企业、中小微创业型企业紧密协同的创新生态系统”。产教融合不仅仅是一个教育问题，也是一个经济问题。国务院办公厅印发的《关于深化产教融合的若干意见》（国办发〔2017〕95 号）指出：“将产教融合作为促进经济社会协调发展的重要举措，融入经济转型升级各环节，贯穿人才开发全过程，形成政府企业学校行业社会协同推进的工作格局”。

（三）从单一形式走向多元办学

在多年的实践中，为适应政治文化、经济社会、体制政策的变化，我国职业教育产教结合的表现形式不同。总的来看，传统的计划经济体制下，职业教育产教结合的形式比较单一，20 世纪 50 年代依托企业建学校，六七十年代学校办工厂、工厂办学校，八九十年代的校办工厂，依托专业办产业，办好产业促专业，形成“产教结合、产教并举、以教促产、以产养教”的良性循环，创造了良好的产学结合的氛围，这些都是在生产力水平低下的背景下，借助计划经济体制的行政力量或手段发展职业教育产教结合的有效形式。进入 90 年代后期以来，随着社会主义市场经济体制的逐步建立和完善，在市场力量的推动下，我国产教结合的形式表现得更为多样，例如，订单培养、冠名培养，工学交替，双岗置换、顶岗实习，引厂入校、厂中校、校中厂、前校后厂、前店后校、校企联合建实训基地等形式，尤其是集团化办学、现代学徒制使产教结合发展为高级形态。可见，随着职业教育改革与发展的不断深入，“产教结合”的形式将更加灵活、多样发展。探索灵活、多样的办学形式是促进职业教育产教从双方的平面结合迈向深度融合的重要举措。

（四）从政策引导走向法制保障

新中国成立以来，尤其是进入 21 世纪以来，国家出台了一系列促进职业教育产教结合的政策。但由于职业教育与职业世界是两个不同的领域，职业学校突出公益性，而企业强调营利性，把两个属性不同的事物有效地结合起来，需要强制性的制度作保障。[①]目前国家出台的调节教育和产业之间关系的唯一法律法规是《中华人民共和国职业教育法》，但由于其颁布的时间早，且是初次制定，只是从宏观层面对企业和学校开展合作作了一些倡议性的规定，缺乏可操作性。正如一些学者所意识到的，现行的《中华人民共和国职业教育法》描述过于笼统，刚性的约束太少，倡导性的建议太多，导致一些法律关系主体不履行义务也不必承担责任，最终使法律条文成为一纸空文。[②]而像德国、日本等一些职业教育较为发达的国家，在这方面都有严格的法律措施，对于参与主体法律上的责、权、利都作了明确具体的规定。在全面实施“依法治国”大背景下，把校企合作、产教融合纳入法律法规层面，通过从中央到地方的具体立法来明确产教融合中各个参与主体的法律地位，并建立相应的评价和监督体系，从而约束校企双方的行为、保障合作制度的长效进行，是未来产教融合政策发展的必然趋势，也是当前国家和各地方政府努力的方向。

① 曹晔，刘宏杰. 职业教育校企合作的利益分享机制及保障措施[J]. 职业技术教育，2016，(13)：19-23

② 程方平. 《职业教育法》十年再思考[J]. 教育与职业，2006，19：20-21

第五章

职业教育管理体制

教育管理体制是一个国家在一定的政治、经济和文化制度基础上建立起来的对教育事业进行组织管理的各项制度的总和。教育管理体制是整个教育体制得以构成和运行的保障，它对学校教育管理体制改革和发展的方向、速度、规模有直接的影响。它涉及教育系统的机构设置、职责范围、隶属关系、权力划分和运行机制等方面，其外延包括以教育领导体制、办学体制和投资体制为核心的一系列教育制度。新中国成立以来，我国经济体制经历了高度集中的计划经济、有计划的商品经济和社会主义市场经济三次变革，我国中等职业教育管理体制随之也进行了变革与调整。我国职业教育管理体制的改革发展大致可以分为三个发展时期：在 1949—1976 年的计划经济体制下，形成了“条块结合，以块为主”的计划管理格局；在 1978—1992 年计划经济和商品经济两种经济体制并存的条件下，管理体制体现了集权与分权相结合的特点；1992 年以来，随着我国社会主义市场经济体制的确立，中等职业教育管理体制逐步形成了国家、部门、地方三级管理的格局，并逐渐转向以地方为主的管理体制。

一、计划经济体制下的管理体制

(一) 教育管理体制

新中国成立初期，伴随着国民经济的恢复和重建，我国教育事业开始整顿和提高，对以前的学校进行接收、接管和改造，建立健全各项管理制度，新中国的社会主义教育管理体制也逐渐得以初步确立。新中国成立后至 1957 年，我国职业教育行政管理体制的特点为高度集中与统一。在中央与地方的关系方面，主要以中央集中且直接管理为主；在政府与学校的关系上，主要是以行政管理手段为主。这种权力高度集中的管理体制有利于教育的宏观规划和调控，便于有计划地发展适应社会经济发展需要的教育事业。为配合工业化建设和计划经济体制的要求，1952 年 3 月 31 日，政务院颁布了《关于整顿和发展中等技术教育的指示》，规定中等技术教育必须由各级人民政府的教育部门和有关业务部门，以及各主要厂矿、企业和农场分工合作，要求中央和地方、教育和有关部门实行分级分工管理。1952年，我国开始编制的第一个五年计划是以工业尤其是重工业的建设为重点。配合国家的工业化建设，中等技术教育的调整以工业性质的学校和专业为重点，强化工业性质的学校在管理体制上的集中和全国布局的统一，实行高度集中管理。原由地方主办的工业性质的中等技术学校大都调整改为中央直接主办，特别是与重工业相关的专业和学校。[①]1954年9月，中央人民政府、政务院《关于改进中等专业教育的决定》第四项规定：在中央高等教育部统一领导下，各类中等专业学校均归中央各有关业务部门主管。农业和医药学校在农业部和卫生部的统一领导下，由省级相关部门直接管理。地方所属工业学校暂由各省市有关部门领导。高等教育部负责统一指导全国中等专业教育工作，职责包括审查事业发展问题、综合招生计划、毕业办法、教学计划、教学大纲、教科书、各项规章制度等。关于党的工作，不论中央部属中等专业学校还是省、市所属中等专业学校，均由地方党组织统一领导。与此同时，劳动部门根据生产发展需要培养技术工人的要求，对以原有训练失业人员就业为主的技工培训班、技工学校进行调整，积极发展以培养中等技术工人为目标的技工学校。至此，我国形成了一直延续至今的中专、技校教育制度。

中国共产党第八次全国代表大会以后，为了适应国民经济跨越式发展的需要，国家开始调整中央与地方的关系。在中央统一领导下，适当扩大地方权力，调动地方的积极性，成为党和国家领导政治、经济、行政管理等方面的指导思想之一，并且也贯彻到职业教育管理领域。1958年4月，中共中央颁布了《关于高等学校和中等技术学校下放问题的意见》，当年省内中央各部所属中专学校，下放给各省领导。1958年8月，中共中央、国务院又发布了《关于教育事业管理权下放问题的意见》，其提出今后的教育事业必须改变过去以“条条”为主的管理体制，调整中央与地方的管理权限，加强地方对教育事业的领导管理；规定职业中学、一般中等专业学校和各类学校的设置和发展，无论是公办还是民办学校，由地方自行决定。以上这两个文件的基本精神就是中等职业学校包括技工学校要下放给地方管理，中央教育部门和各业务部门主要负责研究和贯彻党的教育方针，综合平衡国家教育发展规划，加强业务指导。1958年9月，中共中央、国务院颁发的《关于教育工作的指示》又进一步重申了这一精神，指出：为了在教育工作中既能发挥中央人民政府各部门的积极性，又能发挥地方的积极性，全部的小学、中学和大部分的高等学校、中等专业学校、技工学校，已经下放给省、自治区、直辖市管理；仍属中央各部的中等专业学校和技工学校，也应当由各部下放给各部所直接领导的厂矿、企业、农场管理。

为了实施“半工半读”教育制度，1964年初，根据国务院《关于技工学校综合管理工作由劳动部门划归教育部门的通知》精神，技工学校的综合管理工作移交给

① 杨上游. 我国创建中等专业教育的实践[J]. 武汉电力职业技术学院学报，2006，(2)：34-39

教育部门负责，技工学校逐步改为半工(农)半读学校，促进了半工(农)半读学校的迅速发展。这一阶段，国家贯彻普通教育与职业教育并举的方针，但是管理体制并没有理顺，农业中学、职业中学与半工(农)半读学校都是由市、县教育部门直接管理，在原有“条条”管理的基础上又加大了“块块”管理，条块分割的局面由此形成。

总的来看，1958 年以前，随着教育管理权限的下放，我国的中等职业教育管理体制形成了“条块结合，以块为主”的管理格局，这种管理体制模式在计划经济时代的中等职业教育发展中发挥了重要作用，为我国社会主义现代化建设培养了大批较高素质的管理人才和技术人才。

(二)行政管理机构的变革

1949 年，《中国人民政治协商会议共同纲领》提出改革旧的教育制度，包括改革教育行政制度。1949 年 10 月 19 日，中央人民政府政务院文化教育委员会成立(1954 年改为国务院第二办公室)，其职责是“指导文化部、教育部、卫生部、科学院、新闻总署和出版总署的工作”。中共中央负责教育管理的机构是宣传部。1949 年 11 月 1 日，中央人民政府教育部宣告成立，教育部设立中等教育司。由此形成了中共中央宣传部直接指导，教育部具体管理教育工作的新中国初期的中央教育行政体制。

1952 年 3 月 31 日，政务院发布的《关于整顿和发展中等技术教育的指示》中提出:“为加强对中等技术学校的领导，应由中央、大行政区及省(市)人民政府教育部门与各级有关业务部门指定人员分别组织各级中等技术教育委员会，负责研讨和解决各项有关中等技术教育的重大问题”。1952 年 8 月 30 日，教育部颁布了《各级中等技术教育委员会暂行组织条例》，规定全国中等技术教育委员会由教育部会同重工业部等 24 个部、署、行、总社等有关单位代表组成。大行政区和省、自治区、直辖市也成立由人民政府教育部门与同级有关业务部门指定人员组成的中等技术教育委员会，各级中等技术教育委员会负责研讨和解决各项有关中等技术教育的重大问题。1952 年 11 月，中央人民政策委员会第 19 次会议通过决议：成立高等教育部。高等教育部设立了中等技术教育司专门管理职业教育工作，地方各级各类中等专业学校由各级人民政府教育部门与各有关业务部门分工领导。中央各类中等专业学校均归中央各级有关业务部门主管。为了加强对技工教育的统一管理，加速技工学校的发展，1953 年政务院决定由劳动部门对全国技工学校进行综合管理。其职责是：制定有关技工学校的方针、政策和规章制度；组织编写教材，审定教学计划、教学大纲；培训师资；组织交流工作经验等。

1958 年 2 月 11 日，中华人民共和国第一届全国人民代表大会第五次会议通过了《关于调整国务院所属组织机构的决定》，指出将高等教育部和教育部合并为教育部。教育部设有中等专业教育司和师范司，分别综合管理全国的全日制中等专业学校和中等师范教育工作。全国技工学校的综合管理工作与学徒制工作仍由劳动部负责。1958 年 6 月 10 日，中共中央决定成立文教小组，直属中央政治局和书记处。1963 年 6 月，经国务院批准，教育部设职业教育司，负责综合管理全国城市、乡村职业学校的教育工作。1963 年 12 月 6 日，周恩来同志在国务院第 137 次全体会议上宣布，将教育部分为高等教育部和教育部。职业教育司撤销，其一部分干部组建教育部半工半读办公室，并准备以此为基础成立第二教育部；另一部分工作人员则并入高等教育部中等专业教育司，管理全日制的中等专业学校和职业学校。

1964 年，党中央提出试行两种教育制度后，4 月 2 日，国务院决定将技工学校的综合管理工作由劳动部划归教育部主管。为了统一与加强对半工半读学校的领导，加速建立两种教育制度，减少部门工作上的不必要重复，1964 年 10 月 16 日，经国务院第二办公室批准，将设在高等教育部的中等专业教育司的工作和机构连同干部统一划归教育部管理，并与教育部职业教育司合并，仍称为中等专业司，一直延续至 1982 年，此后教育部改中等专业教育司为职业技术教育司。1964 年秋，教育部成立半工半读教育办公室。至此，我国中等职业教育形成了统一领导、分级管理的教育行政管理体制。1966 年 7 月 23 日，中央同意中央宣传部的建议，又将高等教育部和教育部合并成立教育部。

与此同时，我国也建立了地方各级教育行政管理机构，且随着国家机构的调整，地方各级教育行政机构也在不断调整。1985 年，中共中央颁发《关于教育体制改革的决定》后，国家成立国家教育委员会，省、市、县教育行政部门相继改为教育委员会。有的地方县级仍设教育局或文化教育局，但权限有所扩大。乡级教育行政机构设置不一，有的设专职教育助理，有的设文教干事，有的设教育委员会，大多数设文教办公室。1998 年，随着国务院机构改革，国家教育委员会改为教育部，地方各级教育行政部门也进行了调整，除直辖市仍为教育委员会外，各省、自治区改为教育厅，地级市和各县改为教育局。

新中国成立以来，我国教育行政制度经历了分设、合并、撤销、恢复等多次调整和改革，逐步形成了中央教育部—省（自治区、直辖市）教育厅（或局、处）—县（市、市辖区）教育局（文化教育局或教育科、股）—乡（镇）文教办公室的 4 级管理体制，在教育改革和发展中发挥着重要作用。

二、有计划商品经济下的管理体制

十一届三中全会以来，随着党和国家工作重点的转移和改革开放政策的实施，我国中等职业教育及其管理体制跨入了一个新的历史阶段。

（一）全面恢复与调整阶段

1977 年 12 月 15 日，教育部、国家劳动总局上报国务院《关于全国技工学校计划、管理工作划归国家劳动总局的请示报告》，国务院领导作出批示，后经国家计划委员会、教育部、国家劳动总局研究，一致同意将技工学校的计划、管理工作由教育部划归国家劳动总局和地方劳动部门领导。1978 年 2 月 11 日，教育部、国家劳动总局发出《关于全国技工学校综合管理工作由教育部划归国家劳动总局的通知》(〔78〕教计字 096 号)。时隔仅 14 年，技工学校的综合管理工作，又归国家劳动总局主管，教育部给予协助。1978 年 11 月，教育部转发了国务院批准的《关于改变部分中等专业学校领导体制的报告》,报告中规定国务院的各部委要陆续从地方收回一些中等专业学校，以加强中央各部委对中等职业教育的领导。1979 年，中央部属学校都收归各部委管理。1980 年 11 月，教育部颁布的《关于全日制中等专业学校领导管理体制的暂行规定》(〔80〕教专字 012 号)中规定："在党中央和国务院的统一领导下，发挥中央和地方、业务部门和教育部门的积极性，对中等专业学校实行分工分级，按系统归口的管理制度""中等专业学校按照领导关系，分为国务院部属学校和地方学校。国务院部委所属中等专业学校，由有关部委直接领导；或由有关部委和省、市、自治区双重领导，以部委为主；或由部委与直属一级企业、事业单位分工管理。省、市、自治区所属中等专业学校，由省、市、自治区领导，有关业务部门主管；面向地(市)的中等专业学校，实行省和地(市)两级业务主管部门分工管理"。1982 年 8 月 12 日，教育部将原来的中等专业教育司改设为职业技术教育司，从而对全国的中等专业学校(其中不包含中师)、职业中学和农业中学开始进行综合管理，全国职业教育事业又走向了统一管理和全面指导的道路。因此，在这一时期，全国的教育系统呈现出逐步恢复中央统一领导、中央和地方两级管理的管理体制。

(二)改革与发展阶段

1984 年 10 月 20 日，中国共产党第十二届中央委员会第三次全体会议(十二届三中全会)通过了中共中央《关于经济体制改革的决定》，第一次明确提出：社会主义经济"是在公有制基础上的有计划的商品经济"。随着社会主义有计划商品经济的发展，国家逐步形成计划经济与市场调节有机结合的调控模式，运用计划调节和市场调节的双重功能，对社会经济运行进行调控。经济领域的变革对职业教育的影响是不可避免的,与经济发展紧密相连的职业教育管理体制改革逐渐提上了议事日程。1985 年 5 月，改革开放后的第一次全国教育工作会议召开，讨论了教育体制改革的问题；同年 5 月 27 日，中共中央发布了《关于教育体制改革的决定》，该文件认为："在宏观管理改革方面，要简政放权，扩大学校的自主权；中等职业教育主要由地方来负责""为了加强党和政府对教育工作的领导，成立国家教育委员会"；同年 5 月 30 日，国家教育委员会《关于印发〈建立职业技术教育委员会〉的通知》(〔86〕教职字 009 号)，提出职业技术教育委员会由国家教育委员会、国家计划委员会等 10 个部委指派有关司局级负责人组成，该委员会作为国家的教育行政部门的一个协商、咨询机构，负责协调各部委、各有关部门和省(自治区、直辖市)及计划单列市的职业技术教育工作，并对涉及部门之间的有关职业教育工作的重大问题进行磋商或提出建议、意见、方案；同年6月，中华人民共和国第六届全国人民代表大会常务委员会第十一次会议决定成立国家教育委员会，同时撤销教育部。

1986年7月，第一次全国职业技术教育工作会议召开，会上提出了职业教育逐步形成既便于地方统筹又能调动各业务部门的积极性，使学校拥有较大自主权的管理体制。这一思路虽然正确，但是对于地方统筹究竟由哪一级统筹、如何统筹、统筹的内容是什么等问题却没有提出明确的意见。1987年1月，国务院办公厅转发《国家教育委员会等部门〈关于全国职业技术教育工作会议情况报告〉的通知》(国办发〔1987〕1号)，该文件指出："为了加强统筹规划，减少盲目性，提高投资效益，必须大力改革对职业技术教育的领导和管理，逐步形成一个既便于进行地方统筹协调，也能调动各业务部门的积极性，学校又有较大自主权限的管理体制。国家教育委员会在国务院的领导下，从宏观上统筹管理全国职业技术教育事业，并协同计划、经济、财政、劳动人事各部门分工管理有关职业技术教育的各项工作。技工学校、就业培训中心和学徒培训工作，在国家教育委员会的统筹指导下，仍由劳动人事部门管理。在地方，除必须实行垂直管理的行业以外，职业技术教育的规划、计划、布局、学校设置、人才合理使用等，应以地方政府为主进行统筹领导。面向城市的，一般实行省和中心城市两级统筹；面向农村的，在省、自治区、直辖市和地(市)领导下，由县负责统筹。中央和地方各有关部门应当尊重各级政府的统筹，支持地方进行有关的改革试验，同时按照专业对口的原则，从业务上给地方以指导和服务。地方政府在实行统筹时，要尊重学校主管部门的权限，充分考虑主管部门的指导性建议，照顾各部门的需要"。该文件明确了各级地方政府统筹的范围，也指明了地方政府与各业务部门的关系。1988年4月，中华人民共和国第七届全国人民代表大会第一次会议通过了国务院机构改革方案。此次改革首次提出了"转变政府职能是机构改革的关键"这一命题。政府的经济管理部门要从直接管理为主转变为间接管理为主，强化宏观管理职能，淡化微观管理职能。1991年10月，国务院颁发的《关于大力发展职业技术教育的决定》(国发〔1991〕55号)指出："各级政府及中央与地方的各有关部门要对职业技术教育分工负责"，宏观管理由国家教育委员会负责，并进一步明确："发展职业技术教育主要责任在地方，关键在市、县"。这一决定实质上已经确立了市地政府在职业教育管理体系中的重心地位，提出了在中央统一方针政策指导下建立市地统筹的职业教育管理体制的大体框架，并对市地统筹的内容范围、上级各有关部门与市地统筹的关系作了原则性的规定。

(三)有计划商品经济体制下的管理体制

这一时期，我国中等职业教育管理体制形成了中央、省、市、县4级管理，以地方为主，分工负责，职责明确的管理体制。中等专业学校在教育部门综合管理下，按系统由各业务部门分级归口举办；技工学校由劳动部门综合管理，分由国家行业部门、地方各级劳动部门、厂矿企业举办；职业高中由地方各级教育部门直接管理与举办。中等以下职业技术教育的主体以地方为主进行管理。这种管理格局一直沿袭到20世纪90年代末。

三、市场经济体制下的管理体制

1993年11月，中国共产党第十四届中央委员会第三次全体会议通过了《关于建立社会主义市场经济体制若干问题的决定》，确定了建立社会主义市场经济体制的框架。中等职业教育管理体制适应社会主义市场经济体制的要求，进一步完善职业教育行政管理体制的同时，教育主管部门简政放权，逐步加大地方教育主管部门行政管理权和学校的办学自主权。

1993—1994年，中共中央、国务院颁发《中国教育改革和发展纲要》(中发〔1993〕3号)及《国务院关于〈中国教育改革和发展纲要〉的实施意见》，提出："改变政府包揽办学的格局，逐步建立以政府办学为主体、社会各界共同办学的体制""中等及中等以下教育，由地方政府在中央大政方针的指导下，实行统筹和管理。国家颁发基本学制、课程设置和课程标准、学校人员编制标准、教师资格和教职工基本工资标准等规定，省、自治区、直辖市政府有权确定本地区的学制、年度招生规模，确定教学计划，选用教材和审定省编教材，确定教师职务限额和工资水平等。省以下各级政府的权限，由省、自治区、直辖市政府确定"，进一步明确了我国中等职业教育的管理体制和各级政府管理权限。

为了适应建立社会主义市场经济体制的要求，1995年5月国家教育委员会《关于普通中等专业教育(不含中师)改革与发展的意见》(教职〔1995〕9号)中指出：中等专业学校的管理体制改革"要由对学校的直接行政管理，转变为运用立法、政策导向、拨款、评估督导、信息服务和必要的行政手段来进行宏观调控，逐步建立起政府宏观管理，社会广泛参与，学校自主办学的新体制和运行机制"，并进一步明确："中等专业教育实行分级管理，分工负责，条块结合、地方统筹的管理体制。地方政府对中等专业教育的改革与发展负有主要责任，教育行政部门要加强对中等专业学校的统筹管理""改革中等专业学校的办学体制，分别实行：地方为主、部门(行业)为辅；部门(行业)为主、地方为辅；企业为主，政府支持等多种办学体制。在主要依靠部门(行业)、企业办学的同时，积极推动部门(行业)与地方，部门(行业)间、企业间、学校间的联合办学"。1996年，我国颁布的《中华人民共和国职业教育法》中指出："国务院教育行政部门、劳动行政部门和其他有关部门在国务院规定的职责范围内，分别负责有关的职业教育工作。县级以上地方各级人民政府应当加强对本行政区域内职业教育工作的领导、统筹协调和督导评估”。1999 年 6 月，中共中央、国务院《关于深化教育改革全面推进素质教育的决定》中指出：“进一步解放思想、转变观念，积极鼓励和支持社会力量以多种形式办学，满足人民群众日益增长的教育需求，形成以政府办学为主体、公办学校和民办学校共同发展的格局”。

(一)职业教育管理体制改革

1998 年 3 月 10 日，中华人民共和国第九届全国人民代表大会第一次会议审议通过了关于国务院机构改革方案的决定。不再保留的部委有 15 个，新组建 4 个部委，3 个部委更名。改革后除国务院办公厅外，国务院组成部门由原有的 40 个减少到 29 个。在此次机构改革中，国务院将国家教育委员会又更名为教育部。教育部实施了部门整合与人员调整，集合原有的职业技术教育司、成人教育司和城市与农村教育综合改革办公室，组建职业教育与成人教育司，主管全国普通及成人中等职业学历教育、成人文化技术教育事业和农村、城市及企业教育综合改革工作。同年，将成人中等专业学校纳入中等职业教育范畴，这样中等职业教育由职业高中、技工学校、中等专业学校、成人中等专业学校 4 类组成。

国务院机构改革中，原机械工业部、煤炭工业部、冶金工业部、化学工业部、国内贸易部、中国轻工总会、中国纺织总会、国家建筑材料工业局、中国有色金属工业总公司九个部门改组或组建为国家经济贸易委员会(国家经贸委)管理的九个国家局。1998 年 7 月 1 日，国务院印发了《关于调整撤并部门所属学校管理体制的决定》，国务院决定对这些部门所属的中等专业学校和技工学校管理体制进行调整，划转地方管理；同年 7 月 3 日，国务院办公厅批转了教育部、国家经贸委、国家计划委员会、财政部《关于调整撤并部门所属学校管理体制的实施意见》(国办发〔1998〕103 号)；同年 7 月 24 日，劳动和社会保障部办公厅下发了《关于做好原机械工业部等九部门所属技工学校管理体制调整工作的通知》(劳社厅发〔1998〕6 号)，共调整了 172 所技工学校。

1999 年，国务院《关于调整五个军工总公司所属学校管理体制的决定》(国发〔1999〕3 号)规定，对原中国航空工业总公司、中国航天工业总公司、中国兵器工业总公司、中国船舶工业总公司、中国核工业总公司 5 个军工总公司所属的 98 所中等专业学校、232 所技工学校的管理体制进行调整；同年 3 月，国务院办公厅转发的教育部等四部门《关于调整五个军工总公司所属学校管理体制实施意见的通知》(国办发〔1999〕24 号)中指出：中等专业学校、技工学校仍由原单位举办，教育业务归口地方政府教育行政部门管理(技工学校归口地方政府劳动部门管理)；同年 5 月 14 日，劳动和社会保障部下发了《关于做好五个军工总公司所属技工学校管理体制调整工作的通知》等文件来落实调整工作。

为深化教育管理体制改革，提高教育质量和办学效益，推动国务院部门进一步转变职能，促进教育更好地为经济和社会发展服务，1999 年，国务院作出了《关于进一步调整国务院部门(单位)所属学校管理体制和布局结构的决定》(国发〔1999〕26 号)，该文件指出：在近几年调整一些部门所属学校的管理体制取得明显成效的基础上，进一步调整国务院部委、直属机构、办事机构、直属事业单位、国有银行及中央管理的企业等单位(以下简称部门和单位)所属学校的管理体制和布局结构。规定："除教育部以及外交部、国防科工委、国家民委、公安部、安全部、海关总署、民航总局、体育总局、侨办、中科院、地震局等部门和单位继续管理其所属学校外，国务院部门和单位不再直接管理学校""除继续管理学校的部门和单位外，国务院其他部门和单位所属成人高等学校、中等专业学校和技工学校等划归地方管理。其中，原属于下属企业或事业单位举办的，可由这些单位继续举办，但其教育行政管理职能移交地方"。2000 年 2 月 12 日，国务院办公厅转发了教育部等部门的《关于调整国务院部门(单位)所属学校管理体制和布局结构实施意见的通知》(国办发〔2000〕11 号)；同年 2 月 23 日，教育部、劳动和社会保障部发出《关于在调整国务院部门(单位)所属学校管理体制工作中做好技工学校划转工作的通知》(教发〔2000〕17 号)来加以落实，将 49 个国务院部门(单位)所属的 198 所中等专业学校、193 所技工学校转为地方管理。

为了落实好国务院调整国务院部门(单位)所属学校的工作，1999 年 9 月 9 日，教育部颁布了《关于调整中等职业学校布局结构的意见》(教职成〔1999〕3 号)，提出"改变'条块分割'的中等职业学校布局结构，建立起在当地政府统筹规划下，适应区域经济和社会发展需要的中等职业学校布局结构"，并指出"改变分散办学、重复办学，资源配置不合理，办学效益低的状况，通过'合并、共建、联办、划转'等调整形式，进行资源重组，建设好一批规模大、水平高、有特色的骨干示范性学校"。这次中等职业学校布局的调整，要求打破行业与地方、行业与行业之间的界限，淡化隶属关系，加强了地方政府对职业教育的统筹。

经过国务院部门(单位)所属学校管理体制和布局结构的调整，我国传统的条块分割的管理体制得以改变，中等职业学校绝大部分归地方管理，高等职业教育的管理权限也下放到地方。1999 年 6 月 13 日，中共中央、国务院发布的《关于深化教育改革全面推进素质教育的决定》中指出："经国务院授权，把发展高等职业教育和大部分高等专科教育的权力以及责任交给省级人民政府，省级人民政府依法管理职业技术学院(或职业学院)和高等专科学校。高等职业教育(包括高等专科学校)的招生计划改由省级人民政府制定，其招生考试事宜由省级人民政府自行确定"。为落实国务院决定，2000 年 1 月，国务院办公厅下发了《关于国务院授权省、自治区、直辖市人民政府批准设立高等职业学校有关问题的通知》(国办发〔2000〕3 号)；同年 5 月，教育部印发了《关于申请国务院授权省、自治区、直辖市人民政府审批设立高等职业学校有关问题的通知》(教发〔2000〕19号)，要求各省份审批设立高等职业学校需履行必要的申请报批程序。2002年，国务院印发的《关于大力推进职业教育改革与发展的决定》(国发〔2002〕16 号)中指出："推进职业教育管理体制改革，建立并逐步完善在国务院领导下，分级管理、地方为主、政府统筹、社会参与的职业教育管理体制"，确立了21世纪我国职业教育的管理体制，明确了各级政府和主管部门的分工与职责："在国务院领导下，建立职业教育工作部际联席会议制度，研究解决职业教育工作中的重大问题。国务院教育行政部门负责职业教育工作的统筹规划、综合协调、宏观管理，劳动保障部门和其他有关部门在各自职责范围内，负责职业教育的有关工作""发展职业教育的主要责任在地方""强化市(地)级人民政府在统筹职业教育发展方面的责任"。至此，我国初步建立起分级管理、分工负责、条块结合、地方为主的职业教育宏观管理体制。《国家中长期教育改革和发展规划纲要(2010—2020 年)》中指出："以转变政府职能和简政放权为重点，深化教育管理体制改革，提高公共教育服务水平。明确各级政府责任，规范学校办学行为，促进管办评分离，形成政事分开、权责明确、统筹协调、规范有序的教育管理体制"。为了落实管办评分离，2012年10月，国务院以第624号令颁布了《教育督导条例》，指出国务院教育督导机构和县级以上地方人民政府负责教育督导的机构在本级人民政府领导下独立行使督导职能。2014年，国务院印发的《关于加快发展现代职业教育的决定》(国发〔2014〕19号)中进一步指出要完善分级管理、地方为主、政府统筹、社会参与的管理体制。其进一步明确了中央和地方政府职责：国务院相关部门要有效运用总体规划、政策引导等手段及税收金融、财政转移支付等杠杆，加强对职业教育发展的统筹协调和分类指导；地方政府要切实承担主要责任，结合本地实际推进职业教育改革发展，探索解决职业教育发展的难点问题。2017年9月24日，中共中央办公厅、国务院办公厅印发的《关于深化教育体制机制改革的意见》中指出："坚持放管服相结合。深化简政放权、放管结合、优化服务改革，把该放的权力坚决放下去，把该管的事项切实管住管好，加强事中事后监管，构建政府、学校、社会之间的新型关系"。

(二)深化办学体制改革

随着社会主义市场经济体制的建立和不断完善，迫切要求加大职业教育办学体制改革的力度，努力构建多元办学体制。1991年10月，《国务院关于大力发展职业技术教育的决定》(国发〔1991〕55 号)指出："我国职业技术教育必须采取大家来办的方针，要在各级政府的统筹下，发展行业、企事业单位办学和各方面联合办学，鼓励民主党派、社会团体和个人办学；要充分发挥企业在培养技术工人方面的优势和力量。要发展电视、广播和函授职业技术教育"。1993年3月，中共中央、国务院颁发的《中国教育改革和发展纲要》指出："各级政府要高度重视，统筹规划，贯彻积极发展的方针，充分调动各部门、企事业单位和社会各界的积极性，形成全社会兴办多种形式、多层次职业技术教育的局面”。1999 年 6 月 13 日，中共中央、国务院发布的《关于深化教育改革全面推进素质教育的决定》指出：“积极鼓励和支持社会力量以多种形式办学，满足人民群众日益增长的教育需求，形成以政府办学为主体、公办学校和民办学校共同发展的格局”。2002 年，国务院《关于大力推进职业教育改革与发展的决定》(国发〔2002〕16 号)中指出：“深化职业教育办学体制改革，形成政府主导、依靠企业、充分发挥行业作用、社会力量积极参与的多元办学格局”。2004 年 9 月，教育部等七部门下发的《关于进一步加强职业教育工作的若干意见》(教职成〔2004〕12 号)中指出：要深化公办职业院校体制改革，积极推进公办职业院校运行机制创新，真正形成面向社会、面向市场自主办学的实体。鼓励公办职业院校大胆引进竞争机制，推动公办职业院校重组和整合，探索与企事业单位、社会团体、民办职业学校及个人合作的方式，实行多元投资并举的办学体制。2005 年 10 月，国务院《关于大力发展职业教育的决定》(国发〔2005〕35 号)中指出，“十一五”期间，继续完善“政府主导、依靠企业、充分发挥行业作用、社会力量积极参与，公办与民办共同发展”的多元办学格局。推动公办职业学校办学体制改革与创新，探索以公有制为主导、产权明晰、多种所有制并存的办学体制。推动公办职业学校资源整合和重组，走规模化、集团化、连锁化办学的路子。《国家中长期教育改革和发展规划纲要(2010—2020 年)》(以下简称《教育规划纲要》)指出：“建立健全政府主导、行业指导、企业参与的办学机制，制定促进校企合作办学法规，推进校企合作制度化。鼓励行业组织、企业举办职业学校，鼓励委托职业学校进行职工培训”。为了落实《教育规划纲要》的要求，2011 年 6 月，教育部印发了《关于充分发挥行业指导作用推进职业教育改革发展的意见》(教职成〔2011〕6 号)，行业主管部门和行业组织要履行实施职业教育的职责，全面参与教育教学各个环节，充分发挥行业职业教育教学指导委员会的作用。2014 年 5 月，国务院颁发的《关于加快发展现代职业教育的决定》(国发〔2014〕19 号)中指出：“创新民办职业教育办学模式，积极支持各类办学主体通过独资、合资、合作等多种形式举办民办职业教育；探索发展股份制、混合所有制职业院校，允许以资本、知识、技术、管理等要素参与办学并享有相应权利”“研究制定促进校企合作办学有关法规和激励政策，深化产教融合，鼓励行业和企业举办或参与举办职业教育，发挥企业重要办学主体作用”。2017 年 9 月 24 日，中共中央办公厅、国务院办公厅印发的《关于深化教育体制机制改革的意见》中指出，职业教育要“健全行业企业参与办学的体制机制和支持政策，支持行业企业参与人才培养全过程，促进职业教育与经济社会需求对接。充分发挥行业主管部门的指导、评价和服务作用，支持行业组织推进校企合作、发布人才需求信息、参与教育教学、开展人才质量评价。明确企事业单位承担学生社会实践和实习实训的职责义务和鼓励政策”。

为了贯彻落实十九大精神，2017 年 12 月 5 日，国务院印发了《关于深化产教融合的若干意见》，站在整个国家人力资源开发和教育综合改革的高度充分认识了深化产教融合的重要性，并对未来十年深化产教融合的目标作出了规划，即发挥企业重要办学主体的作用，行业企业深度参与办学，形成多元化的办学体制，建立校企协同育人的办学机制，推动教育和产业融合发展、教育供给与产业需求协调发展，健全完善需求导向的人才培养模式，基本形成职业教育、高等教育支持产业升级和经济发展良性互动的格局。2018 年 2 月 5 日，教育部等六部门印发了《职业学校校企合作促进办法》（教职成〔2018〕1 号），明确了校企合作是指中、高等职业学校和企业在实施职业教育过程中通过共同育人、合作研究、共建机构、共享资源等方式实施的合作活动；提出了要建立校企主导、政府推动、行业指导、学校企业双主体实施的合作机制；规定了校企合作的组织形式、主体资质、合作形式、各方权责、协议内容、过程管理等内容。

为了有效协调中等职业教育和高等职业教育的管理工作，建立现代职业教育体系，2011 年，教育部把原隶属于高等教育司的高职高专处划归职业教育与成人教育司，理顺了中、高等职业教育管理体制。一些地方政府也加大了职业教育管理体制改革的力度，积极探索新形势下的管理体制。2009 年，新乡市被河南省确定为全省职业教育体制机制改革试验点。为加快推进全市职业教育体制改革，新乡市在全省率先进行了职业教育资源整合和职业教育园区建设，于 2011 年成立职业教育局，统筹规划全市的职业教育工作。山东省建立了市级统筹管理本行政区域内职业教育的管理体制，各市统筹管理市属和县(市、区)属的中等职业教育、中等成人教育和高等职业教育、高等成人教育，以及辖区内民办高等教育，确保职业教育经费的来源稳定和各类教育的健康发展。为强化市级统筹管理职业教育的力度，省教育厅除学生转学外，将学校设置、招生计划安排和招生、学籍管理、专业设置等审核、审批权限下放到各市教育主管部门，省教育厅对职业教育主要是制定有关政策，进行宏观指导和检查督导。

纵观 60 多年来我国职业教育管理体制改革的历程不难发现，它基本上是沿着以下三个走向展开的。

(1) 从高重心向低重心的转移。通过权限下放，改变过去整个国家的教育活动的管理权都高度集中于中央政府和中央教育行政管理部门的状况，给予地方政府和学校自身更多的管理权和自主权。地方政府无论是在学校的建设、专业的设置和调整，还是在课程、教材、教学大纲与教学计划的审定，以及各种教育经费的拨付与使用等中，都有了较大的管理权限。

(2) 从原有体制内向体制外转移。改变了过去政府包揽办学的格局，逐步建立以政府办学为主体，社会各界共同参与办学的体制。

(3) 教育供给与需求之间基本重合向相对分离转变。职业教育从计划经济体制下政府既是供给者也是需求者，走向了政府主导，行业、企业和民办力量共同参与的多元化供给主体，在满足国家经济社会发展和多种经济成分需要的同时，教育需求越来越考虑受教育者的个人需求，也形成了多元化的需求主体。经过多年的改革发展，我国初步建立了适应社会主义市场经济体制的管理体制，但仍存在一些亟待解决的问题。例如，在教育管理权限下放的同时，如何加强中央政府和地方政府对职业教育的宏观调控和建立有效的宏观调控机制，如何使政府办学和企业办学等这两类具有不同资源基础的学校协调起来，并使社会主义的教育方针和各种原则、政策得以全面贯彻等，都需要在今后的改革与发展中加以解决。

第六章

中高职衔接制度

我国中高职衔接起步于20世纪50年代的技工师范教育，发展于80年代中期，先后经历了中等职业教育与高等职业技术师范教育、中专试办五年制高职、中等职业教育与高等教育、中等职业教育与高等职业教育、技工三类院校内部衔接等阶段。进入21世纪，随着高等教育分类考试招生制度的实施，加快建立与普通高校考试分离，重点探索“知识+技能”考试评价办法的高等职业教育考试招生制度，高等职业教育招生考试初步形成了五年一贯制、对口升学、单独招生、高技能人才免试入学、综合评价等形式，更加丰富了中高职衔接的内涵，形成了“五年一贯制”、“三、二分段制”、中职与本科“3+4”贯通衔接、高职与本科“3+2”贯通衔接、五年制高职与本科“5+2”贯通衔接等方式。完善中高职衔接制度，必须按照促进技术技能人才成长、完善现代职业教育体系的要求来加大改革创新力度。

一、新中国中高职衔接历程

(一)中高职衔接的历史起点

新中国成立后，为适应加快建立现代工业体系的需要，我国学习苏联经验办起了技工学校，随着技工学校的数量不断增多，解决教师数量不足、质量不高的问题被提上议事日程，劳动部门着手从技工学校中选择优秀毕业生开展新教师培养，开启了我国中高职衔接的历史。1959年4月在北京召开的全国技工学校工作会议总结报告中指出：“为了满足技工学校不断提高与发展的需要，必须大力培养新教师和提高现有教师的水平，在技工学校较多的地区，应该争取选择条件较好的技工学校附设师资培训班，招收技工学校的优秀毕业生再经过二年或三年的培养，使他们成为一批新生长的教师”。[①]1959年10月2日，劳动部党组给时任副总理的李先念同志的请示报告中提出要建立培养技工学校师资的师范学校。劳动部党组在报告中提到拟于1960年内开办三所为技工学校培养师资的师范学校，此后，国务院批准了劳动部

① 邢予洪. 全国技工学校工作会议上的总结报告[J]. 劳动，1959，10：13

党组的报告，并建立了4所技工教育师范学校。这4所学校分别设在天津、上海、沈阳、开封，后更名为技工教育师范学院，为专科层次，由劳动部主管。①1960年，时任劳动部副部长的刘亚雄同志在郑州举行的全国技工培训工作现场会议上的总结发言中指出：凡是已经有技工学校50所以上和今年计划发展到50所以上的省、自治区、直辖市，应该筹办一、两所师资学校或训练班，积极培养教师。②从实践来看，当时技工学校较集中的省、市建立了技工师范学校。各地也积极建立技工师范学校培养师资。例如，旅大市(现大连市)劳动局为了帮助本市技工学校解决师资问题，在大连机车车辆厂的协助下，办起了一所技工师范学校，培养具有社会主义觉悟，掌握系统的技术理论知识和四级工以上操作技能的技工学校教师……全校共有学生 185 名，他们都是从技工学校应届毕业生中选出来的优秀学生。设置专业和文化等两个班，暂定学习一年，要求专业班的学生毕业后，既能担任实习教师，又能担任技术理论课教师；要求文化班的学生毕业后，能担任主要文化课教师。③

(二)中高职衔接的探索试验期

十一届三中全会以来，我国职业教育开始恢复发展，并在20世纪80年代开始在调整中等教育结构中得以快速发展。当时作为技工学校管理部门的国家劳动总局，为适应技工学校快速发展的要求，开始恢复技工师范学院。1978年10月13日，国家劳动总局向国家计划委员会呈报了《关于恢复四所技工师范学院问题的报告》(〔78〕劳培字28号)，建议在天津、山东、河南、吉林恢复4所技工教育师范学院；1979年1月10日，国家计划委员会、教育部向国务院呈报《关于增设四所技工师范学院的请示报告》(计劳〔1979〕09号)文件，国家劳动总局和教育部于1979年2月26日下发了《关于增设四所技工师范学院的通知》(〔79〕劳总培字7号、〔79〕教计字51号)，及时批准建校。该通知批准的拟增设的4所学校是：天津技工师范学院(院址在天津市)、吉林技工师范学院(院址在长春市)、河南技工师范学院(院址在郑州市)和山东技工师范学院(院址在济南)。④作为国家劳动总局管理的天津职业技术师范学院(现天津职业技术师范大学)恢复历史传统，经国家批准，1984年开始从技工学校招收掌握一定技能的优秀毕业生上大学，使中高职衔接得以进一步恢复发展。⑤1984年，安徽省单独划拨164名指标招收职业中学的学生，除考语文、政治、数学外，分工科、农科、财政加试了专业课，单独录取，保证了招生质量，受到招

① 孟庆国，曹晔，杨大伟. 中国职业技术师范教育史[M]. 北京：教育科学出版社，2016
② 刘亚雄. 积极发展和办好技工学校——劳动部刘亚雄副部长在全国技工培训工作现场会议上的总结发言[J]. 劳动，1960，7：5
③ 李德享. 旅大市技工师范学校开学[J]. 劳动，1960，16：7
④ 孟庆国，曹晔，杨大伟. 中国职业技术师范教育史[M]. 北京：教育科学出版社，2016
⑤ 王宪成. 21世纪高等工科职业技术师范学院办学模式初探[J]. 中国培训，1995，9：24

生学校、职业中学的欢迎。[1]这种模式在不延长学制，不增加太多投入的情况下就能培养既能讲授专业理论课又有一定技能的中等职业学校教师。毕业生技能主要依靠入学前学生已掌握的技能。由于这种模式具有投资小、见效快、质量高的特点，毕业生受到用人单位的普遍欢迎，受到了国家的重视。

我国中职与高职衔接始于 20 世纪 80 年代中期。1985 年中共中央颁发的《关于教育体制改革的决定》中明确指出："高等职业技术院校要优先对口招收中等职业技术学校毕业生以及有专业实践经验、成绩合格的在职人员入学，逐步建立起一个从初级到高级、行业配套、结构合理又能与普通教育相互沟通的职业技术教育体系"。1953 年，我国学习苏联的经验，在高等教育院校调整中大幅度压缩专科学校，直到 1983 年中央决定大力发展专科学校。[2]1983 年 4 月，国务院批转《教育部、国家计委关于加速发展高等教育的报告的通知》(国发〔1983〕76 号)中指出："要在扩大高等教育规模的过程中，根据国家四化建设的需要，调整改革高等教育内部结构，增加专科和短线专业的比例""中等专业学校一般不宜改为高等专科学校，但中等专业学校连续招有大专班学生，质量又确有保证的，可以继续办好大专班"。1983 年 11 月，教育部高等教育二司在杭州召开了"高等工程教育层次、规格、学制研讨会"，会上介绍了新中国成立后在苏州办的招收初中毕业生、学制五年的苏南工业专科学校的办学特点及毕业生在 80 年代初的工作情况。[3]1984 年 4 月，国家教育委员会印发的《关于高等工程教育层次、规格和学习年限调整改革问题的几点意见》(〔84〕教高二字 010 号文件)中指出："办学方式灵活多样，可以办高等专科工程学校、短期职业大学、或由普通高等工科学校办专科，还可以试办从初中毕业生招生，学习年限五年"，明确了五年制的高等专科学制。1985 年 7 月，国家教育委员会印发了《关于同意试办三所五年制技术专科学校的通知》(教计字〔1985〕83 号)，依托上海机电学校等三所中专学校试办五年制高职。1994 年 10 月和 1996 年 6 月国家教育委员会又两次批准 18 所重点中专及邢台职业技术学院，共 22 所学校试办五年制高职教育，开设 66 个专业。同时，针对职业技术师范教育发展的需要，1987 年 3 月 24 日，国家教育委员会印发的《普通高等学校招收少数职业技术学校应届毕业生的暂行规定》(〔87〕教学字 012 号)中指出："为适应职业技术教育迅速发展的需要，加速培养中等职业技术学校专业课和实习指导教师，在国家核定培养职业技术师资的招生计划中，安排从中等职业技术学校招收少数优秀应届毕业生升入普通高等学校学习，毕业后分配到中等职业技术学校任教""普通高等学校举办的中等专业学校专业课师资班，招收中等专业学校应届毕业生，采取中专校保送、招生学校复审的

① 明克诚. 大力发展职业技术教育 建立职业技术教育体系[J]. 安徽教育学院学报(社会科学版)，1985，1：1-6

② 曹晔，盛子强. 当代农村职业技术教育体系研究[M]. 保定：河北大学出版社，2013

③ 杨仲雄. 关于初中后五年制高等职业教育的由来与特色[J]. 中等医学教育，1998，9：2-3

办法”。浙江农村技术师范专科学校于 1985 年开始从职业中学招收了保送生 30 名。1986 年将原来的保送制度改为“地方推荐+学校考试”的制度，学校考试分为笔试和面试，笔试包括文化课(政治、语文、数学)和专业课两部分，面试主要考察考生从事职教工作的志愿和作为教师的基本素质等。①湖南农学院自 1988 年开始，在校的职业技术师范本科生都是从职业高中应届毕业生中采取推荐、专业对口考试、地市对口择优录取的。②

当时，我国职业技术师范教育主要有三种形式：独立设置的职业技术师范院校，在普通高等院校或高等师范院校设置职业技术师范系(院)，在普通高等院校或高等师范院校设置专业、班。三种形式均普遍开展中职与职业技术师范院校衔接教育，且衔接的规模比较大，有的还实行跨省招生。例如，天津职业技术师范学院从 1987 年在安徽省开展单独招生，仅 1997 年以来，安徽省就共有 123 名技校毕业生考取天津职业技术师范学院本科专业，56 名考上了专科专业，成为安徽省技工学校师资的后备力量。毕业的学生回到省内后，凭借扎实的理论基础和熟练的专业技能，成为教学骨干和优秀的管理干部。③

由于当时我国职业技术师范院校办学条件普遍较差，选择中等职业学校毕业生生源可以缓解实习实训条件不足的矛盾。同时，当时我国高等院校毕业生数量与社会需求之间存在着较大差距，毕业生在各行各业的就业都非常好，毕业生就业的期望值普遍较高，人们不愿意读师范院校去当中学老师，更不愿意当中等职业学校的老师，尤其是农村职业高中老师。因此，对口升学一方面满足了中等职业学校学生进一步升学的愿望，另一方面这部分学生对职业学校有感情，能够实现“招得进来、分得下去、留得住”的培养目标，尤其是对农村职业高中专业课教师队伍的建设，特别是充实稳定老、少、边、穷地区职业中学师资队伍起到了重要的作用。例如，安徽职业技术师范学院(现安徽科技学院)在 1985—1994 年从农村职业中学中共招收对口生 1400 多人，为农村职中培养了一大批“留得住，用得上”的职教师资，有力地缓解了安徽省发展农村职业教育面临的师资短缺问题。④

这一时期，中高职衔接围绕两条线展开：一条线是职业技术师范院校招收“三校生”培养职教师资，解决职教师资实践能力不强、毕业生难以到基层开展教育教学工作的问题；另一条线是中等职业学校试办五年制高等职业学校，丰富了专科高等职业教育的培养途径。

---

① 王行松. 从职业中学来到职业中学去[J]. 浙江农村技术师专学报，1990，2：15

② 王融初，姜湫清，游泳娥. 农业院校办好职业技术师范教育的初步实践[J]. 高等师范教育研究，1993，3：46

③ 华光. 开辟新的人才通道 培养一体化师资队伍——天津职业技术师范学院在我省单独招生工作的思考[J]. 现代技能开发，2000，1：4

④ 方世权，方晓明. 深化教育改革，探索职技高师办学途径[J]. 安徽农业技术师范学院学报，1996，10：3

(三)中高职衔接快速发展时期

1991 年 1 月，国家教育委员会印发的《关于高考改革有关问题的通知》(教学〔1991〕6 号)中指出："中专、技校、职业高中的毕业生，工作满两年者，经所在单位批准，可直接参加高考。但职业高中的应届毕业生应按 5%左右推荐(具体办法另定)，直接报考高等院校"。1991 年 4 月，国家教育委员会对职业高中学生参加高考作出了明确规定，印发了《关于推荐应届职业高中毕业生参加高考有关问题的通知》(教学〔1991〕13 号)，允许推荐部分应届职业高中毕业生报考普通高等学校，并规定："在开始实施高考改革的省，实行推荐少量应届职业高中毕业生不经会考，直接参加高考的办法，推荐数控制在当年毕业生总数的 5%以内"。此后，各地加大了改革试点的力度。以北京市为例，1993—1997 年对口招生仅 2424 人，而 1996—1997 年就从"三类学校"优秀毕业生中通过"3+2"考试对口招生 1458 人，专业扩大到 55 个。1986 年，江苏省开始在十几所高校试办职业教育师资班，招生规模不过 300 人；进入 20 世纪 90 年代逐渐扩大规模，1994 年 16 所高校参加了招生试点，招生人数增加到 1675 人；1997 年 24 所高校参加试点，招生人数增加到 5100 人。[①]这一举措，使我国中高等职业教育衔接从 80 年代的中等职业教育与高等职业技术师范教育的衔接，进一步发展为中等职业教育与包括高等职业教育在内的高等教育的衔接。

如前所述，早在 1985 年，国家就开展了以中专为依托试点办高等职业教育，先期试点的 4 所中专学校培养的近千名毕业生在现代化的生产岗位上以其娴熟的技艺、较强的动手能力和适应性，受到用人单位的赞誉。为贯彻 1993 年全国教育工作会议提出的关于"积极发展高等职业教育"的方针和推动高职的改革与发展，国家教育委员会于 1994 年 10 月下发了《关于在成都航空工业学校等 10 所中等专业学校试办五年制高职班的通知》(教职〔1994〕11 号)。该通知确定了成都航空工业学校、广州民航学校等 10 所学校自 1994 年起在 30 个班(1200 人)内组织实施以初中毕业生为起点的五年制高等职业教育。[②]1994 年 11 月 8 日—10 日，国家教育委员会职业教育司在北京组织召开了"国家教委高职班试点工作座谈会"。截至 1997 年，国家教育委员会批准举办的五年制高职学校已有 22 所，招生人数为 5630 人，在校生人数为 13 978 人。

为了贯彻《中华人民共和国职业教育法》和《中国教育改革和发展纲要》提出的"逐步形成初等、中等、高等，普通教育和职业教育共同发展、相互衔接、比例合理的教育体系"的要求，探索中高职的有效衔接，1994 年 7 月，国务院印发的《关于〈中国教育改革和发展纲要〉的实施意见》中提出："对所有接受职业学校教育的

① 汤生玲，曹晔. 职业教育若干问题的理论和实践研究[M]. 长春：吉林科学技术出版社，2003

② 本刊记者. 新发展新动向——记高职班试点工作座谈会[J]. 中国职业技术教育，1994，12：43

学生，应根据本人的条件和可能，给予多种形式的继续学习深造的机会”。1997 年，国家教育委员会下发了《关于招收应届中等职业学校毕业生举办高等职业教育试点工作的通知》（教学〔1997〕9 号），决定从 1997 年开始在北京、上海、河北等 10 个省（直辖市）开展高等职业学校招收中等职业学校应届毕业生的试点。招生对象为“三校”毕业生，举办专科层次的高等职业学校，学制两年，并对招生考试方式作了明确的规定。考试内容分为文化课和专业综合课，职业技能作为考核内容。文化课考三门，其中两门为语文、数学，另一门由省级招生部门确定。专业综合课考试内容和职业技能考核内容由招生的学校在省级招生部门统一指导下确定。与报考专业相关的职业技能证书、职业资格证书经省级招生部门认可，可作为通过职业技能考核的依据，形成了“3+X”的考试形式。文化课考试成绩和专业综合课考试成绩按 1∶1 的比例计入总分。职业技能考核的成绩必须达到规定的标准。推荐学生总数与招生总数的比例一般为 3∶1。招生规模限制在普通高等学校招生计划数的 3%。这一举措，实现了真正意义上的中高职衔接。

为了积极探索以多种形式、多种途径和多种机制来加快高等职业教育的发展，1999 年 1 月 13 日，《国务院批转教育部〈面向 21 世纪教育振兴行动计划〉的通知》（国发〔1999〕4 号）提出了“要逐步研究建立普通高等教育与职业技术教育之间的立交桥，允许职业技术院校的毕业生经过考试接受高一级学历教育”，为此，要“加快发展高等职业教育的步伐，探索多种招生办法，中等职业学校毕业生中有一定比例（近期 3%左右）可进入高等职业学校学习”。1999 年 1 月，教育部等部门印发了《试行按新的管理模式和运行机制举办高等职业教育的实施意见》（教发〔1999〕2 号）（下文简称《意见》），我国开始兴办新高职，新高职进一步延续了中高职衔接政策。该《意见》指出：新高职“可招收少量的中等职业学校应届毕业生”“对招收相关或相近专业的少量的中等职业学校应届毕业生，其文化课和职业技能水平应由省级招生部门单独组织考试，并确定具体的录取标准”。1999 年 6 月，中共中央、国务院颁布的《关于深化教育改革全面推进素质教育的决定》中再次强调提出“职业技术学院（或职业学院）可采取多种方式招收普通高中毕业生和中等职业学校毕业生”。1999 年，我国高等教育首次大规模扩大招生，春、秋两季高等学校共扩招 45 万人，其中划拨新高等职业教育的招生指标为 22 万人。由于导向作用，新增的高职招生指标主要用于招收普通高中毕业生，对口招生数限定在省属院校招生数的 3%。对此，社会各界强烈呼吁要迅速扩大对口招生规模，改变高职生源以普通高中毕业生为主的局面。2000 年 5 月，教育部高等教育司在《关于加强五年制高等职业教育管理工作的通知》（教高司〔2000〕34 号）中，对五年制高职正式作出了界定并明确了培养目标。2001 年 8 月，教育部办公厅下发了《关于在部分有条件的中等职业学校做好综合课程教育试验工作的意见》（教职成厅〔2001〕2 号），提出在有条件的中等职业学校实施综合课程，旨在为中职生进入高职学习奠定坚实的文化基础。2002 年

8月，国务院颁发的《关于大力推进职业教育改革与发展的决定》(国发〔2002〕16号)中指出："扩大中等职业学校毕业生进入高等学校尤其是进入高等职业学校继续学习的比例，适当增加高等职业教育专科毕业生接受本科教育的比例。适度发展初中后五年制高等职业教育"，并且"高等职业学校可单独组织对口招生考试，优先招收中等职业学校优秀毕业生"。2002年3月，教育部印发的《关于进一步办好五年制高等职业技术教育的几点意见》(教职成〔2002〕2号)中强调，五年制高等职业教育以独立设置的高职学校为主体，有条件的中等职业学校可以与高职学校合作办学，承担前三年的教育教学任务。在一系列政策的指导下，高等职业学校对口招生的比例逐年增加。浙江省2001年高职院校的对口招生数由2000年的1.1万名增加到2.1万名，使升入高职院校的中职毕业生约占全省中职毕业生总数的12%；2002年在5.6万高职招生计划中，安排面向中职对口招生的计划为2.9万名。2001年，四川省对口高职生1.09万人，对口高职生占全省专科招生总数的16%。[①]

这一时期，在进一步探索五年制高职的基础上，随着高等职业教育的快速发展，高职对口招收中等职业学校优秀毕业生成为扩大高职招生规模、实现中高职衔接的主要形式，五年制高职也从五年一贯制发展为中、高职分段培养，实现了中、高职的有机衔接。

(四)中高职衔接有计划发展时期

在高等教育大规模扩招过程中，为了尽快达到高等教育大众化15%入学率的目标，各地把一些优质的中等职业学校升格为高职院校，或者合并到高等院校来扩大高等教育资源。据教育部粗略估计，升格或合并的中等职业学校有2000多所。同时，一些办学历史较长的高职高专院校也积极筹备专科升本科工作。据粗略估计，1998—2003年，全国共有114所专科类院校升格为本科院校。为了保持各级各类教育按比例协调发展，稳定职业教育发展规模，更好地实现以就业为导向的办学方针，2004年9月，教育部等七部门联合下发的《关于进一步加强职业教育工作的若干意见》(教职成〔2004〕12号)中指出："中等职业学校不再升格为高等职业院校或并入高等学校，专科层次的职业院校不再升格为本科院校"。2005年10月，国务院颁发的《关于大力发展职业教育的决定》(国发〔2005〕35号)中提出了职业教育"以就业为指导，以服务为宗旨"的办学方针，同时国民经济的快速发展需要大量的技能型和高技能型人才，出现了"民工荒"和"技工荒"，而现实中人们热衷于中职升高职、专科(高职)升本科，极大地占用了教育资源，不利于使更多的人能够接受高等教育和实现高等教育大众化的目标。2006年1月，教育部和国家发展和改革委员会《关于编报2006年普通高等教育分学校分专业招生计划的通知》(教发函〔2006〕

① 汤生玲，曹晔. 职业教育若干问题的理论和实践研究[M]. 长春：吉林科学技术出版社，2003

4 号）中指出“从今年起，各地普通专升本教育的招生规模要严格控制在当年省属高校高职（专科）应届毕业生的 5%以内”。2007 年 6 月，教育部下发的《关于进一步做好高等学校各类招生管理工作的通知》（教发〔2007〕13 号）中进一步明确指出：“普通专升本招生计划按不超过当年应届普通高职（专科）毕业生 5%的比例安排……五年制高职招生计划（招收初中毕业生）按不超过当年普通高职（专科）招生计划 5%的比例安排……高校对口招收中职毕业生计划不超过当年应届中职毕业生 5%的比例安排。”三个“5%”的“天花板”使中高职衔接从以往的积极鼓励变为有计划发展。

国家的这一限制也使现实中产生了一些新的中高职衔接模式。由于普通高校大规模扩招，极大地影响了中等职业教育的生源，使得中等职业教育生源有较大幅度减少，极大地影响了中等职业教育的健康发展。为了增强中等职业教育的吸引力，一些地区开展了中等职业教育与成人高等教育衔接，即中等职业学校的毕业生与高校合作，作为高校成人教育的函授点，中职学生在接受全日制教育的同时再接受函授教育，通过学习考试取得函授专科学历，在一定程度上拉动了中等职业教育的发展，形成了全日制中等职业教育与成人高等教育的衔接。

当然，这一时期在已有模式的基础上，积极探索单独招生等形式。2006 年 11 月，教育部、财政部颁发的《关于实施国家示范性高等职业院校建设计划 加快高等职业教育改革与发展的意见》（教高〔2006〕14 号）中规定：“各地要制定相关政策，优先安排招生录取批次，鼓励开展单独招生试点，保证生源质量”。“十一五”期间，国家 100 所示范性高职院校先后有 73 所试行单独招生，招生形式普遍采取“3+X”考试方式。一些省市也积极探索了其他形式。例如，广东省从 2009 年开展“中高职衔接培养高技能人才”自主招生试点工作。当然，现实中还有其他形式。例如，天津市为了推动技能大赛工作，2005 年相继出台了《关于天津市中等职业学校市级技能竞赛获奖学生免试升入高职院校学习的意见》（津教委职〔2005〕41 号）和《关于天津市高等职业院校技能竞赛获奖学生免试升入本科高校学习的意见》（津教委专〔2005〕6 号）等文件，技能大赛获奖选手可免试进入高职高专和本科院校等。

总之，经过多年的探索，我国中职升入高职可通过对口升学考试、“3+X”单独测试、五年一贯制、职业资格证书和技能竞赛成绩免试等多种形式，部分地区还试行免试推优、注册入学等办法，有效地推动了中高职衔接制度的发展。但总的来看，目前中高职衔接还是初步的，还有许多制约因素影响中高职衔接，集中表现在以下几个方面：① 中、高职分工不明确，各自的培养目标定位不准，人才培养层次上特色不鲜明；② 中、高职发展缺乏统筹规划，中、高职专业和课程不衔接，给中高职衔接带来了一定的难度；③ 高职院校同时招收两类生源，两类生源缺乏补习教育，技能和文化基础不一样，给高职教学带来了一定的难度；④ 我国职业资格证书种类单一，制约着中、高职的有效衔接等，需要进一步加大改革创新力度。

(五)中高职衔接多路径拓展时期

2010年《国家中长期教育改革和发展规划纲要(2010—2020年)》的颁布实施，标志着我国职业教育进入了一个新的历史发展时期。该文件提出“到2020年，形成……中等和高等职业教育协调发展的现代职业教育体系”“鼓励毕业生在职继续学习，完善职业学校毕业生直接升学制度，拓宽毕业生继续学习渠道”。为适应建立现代职业教育体系的需要，逐步放开了中高职衔接比例的限制。2010年11月，教育部印发的《中等职业教育改革创新行动计划(2010—2012年)》(教职成〔2010〕13号)中指出：要“构建中等职业学校学生成长发展的立交桥”“完善职业学校毕业生直接升学制度，拓宽毕业生继续学习通道，扩大中等职业学校毕业生升入高等职业学校继续学习的比例”。2011年8月，教育部印发的《关于推进中等和高等职业教育协调发展的指导意见》(教职成〔2011〕9号)中指出：“改革招生考试制度，拓宽人才成长途径。根据社会人才需求和技能型人才成长规律，完善职业学校毕业生直接升学和继续学习制度，推广‘知识+技能’的考试考察方式。探索中等和高等职业教育贯通的人才培养模式，研究确定优先发展的区域、学校和专业，规范初中后五年制高等职业教育。研究制定在实践岗位有突出贡献的技能型人才直接进入高等职业学校学习的办法。搭建终身学习‘立交桥’，为职业教育毕业生在职继续学习提供条件”，从终生教育的角度提出进一步完善中高职衔接制度。为此，各地加大了改革试验的力度。例如，江苏省出台的《江苏省中长期教育改革和发展规划纲要(2010—2020年)》中提出：“2011年起试行中等职业学校毕业生注册进入高等职业院校和高级技校、技师学院学习的制度”。2010年浙江省规定中职毕业生升高职的比例将扩大，由原来的5%提高到15%。

2013年11月召开的中国共产党第十八届中央常委会第三次全体会议(十八届三中全会)提出：“推进考试招生制度改革，探索招生和考试相对分离、学生考试多次选择、学校依法自主招生、专业机构组织实施、政府宏观管理、社会参与监督的运行机制，从根本上解决一考定终身的弊端”“加快推进职业院校分类招考或注册入学”。2014年，《国务院关于深化考试招生制度改革的实施意见》(国发〔2014〕35号)中指出：“加快推进高职院校分类考试，高职院校考试招生与普通高校相对分开，实行‘文化素质+职业技能’评价方式。中职学校毕业生报考高职院校，参加文化基础与职业技能相结合的测试”。并提出了改革的时间表，即2014年启动考试招生制度改革试点，2017年全面推进，到2020年基本建立中国特色现代教育考试招生制度。2014年5月，国务院《关于加快发展现代职业教育的决定》(国发〔2014〕19号)中指出：“推进中等和高等职业教育紧密衔接”“健全‘文化素质+职业技能’、单独招生、综合评价招生和技能拔尖人才免试等考试招生办法，为学生接受不同层次高等职业教育提供多种机会……适度提高专科高等职业院校招收中等职业学校毕业生的比例、本科高等学校招收职业院校毕业生的比例”。教育部门积极落实了党和国家的文件精神，2013 年 4 月，教育部印发的《关于积极推进高等职业教育考试招生制度改革的指导意见》（教学〔2013〕3 号）中指出：逐步与普通高校本科考试分离，重点探索“知识+技能”的考试评价办法，并提出了 5 种中职升高职招生考试模式：一是国家示范性、省级示范性高等职业学校和现代学徒制试点学校等的单独考试招生办法；二是农林、水利、地矿等行业特色鲜明且社会急需专业的综合评价招生办法；三是面向中职毕业生对口升学考试招生办法；四是面向初中应届毕业生的三二分段制和五年一贯制的中高职贯通招生办法；五是在教育部门组织或为主组织的技能大赛获奖的技能拔尖人才免试招生办法。这些招生考试办法的实施极大地拓宽了中高职衔接的渠道。

各省在国家政策的指导下，积极开展中高职衔接试点工作。例如，2010 年 3 月，广东省教育厅、省招生委员会发布了《关于 2010 年高等职业院校面向中等职业技术学校开展对口自主招生试点工作的通知》（粤教职函〔2010〕32 号）及《关于做好 2010 年广东省职业院校三二分段中高职衔接招生试点工作的通知》（粤教职函〔2010〕63 号），主要内容是：2010 年广东省将在顺德职业技术学院等 15 所高职院校，面向中职应届毕业生及相关社会人员开展对口自主招生试点工作；同时，广东省还计划在顺德职业技术学院等 15 所高职院校，开展三二分段中高职衔接招生试点工作，试行中高职连读。

二、中高职衔接模式

国内外实践证明，现代职业教育体系建设要加强不同层级教育的相互衔接，为技术技能人才成长搭建平台，以应对经济发展方式转变、产业结构调整和社会发展的需要。中高职衔接是指按照建设现代职业教育体系的要求，推动中等和高等职业教育协调发展，系统培养适应社会经济发展需要的技能型特别是高端技能型人才。国家教育规划纲要颁布实施后，2011 年，教育部出台了《关于推进中等和高等职业教育协调发展的指导意见》，各地加大了中高职衔接的试点工作，积极探讨多种形式的衔接制度。总的来看，主要有以下 6 种模式。

（一）五年一贯制培养模式

五年一贯制高职教育是中等职业教育和高等职业教育实行分段一体化的人才培养模式，具有“职业性、技术性、实践性”和“起步早、时间长、可塑性大”等特点。由于五年一贯制高职教育是初中后起点的职业教育，学生年龄小、可塑性强，加之在校学习时间长等因素，有利于系统、全面地进行职业意识、职业道德和职业能力的培养。入学早期在学习公共文化课程的同时融入专业课程学习，也有利于职业养成教育。五年一贯制的办学形式有两种类型：一种是高职办中职班，实行五年一体化培养；另一种是中、高职分校实施，但联合招生、联合培养、分段实施。虽然两种类型的办学主体不同，但二者的性质和结果是一样的。

（二）“3+3”衔接贯通培养模式

“3+3”衔接贯通培养模式是指初中毕业生在中职学校学习三年后，部分或全部转入合作的高职院校继续深造三年，毕业后享受与三年制普通高职毕业生同等待遇的一种中高职衔接的高职教育培养模式。目前，各省（市）积极探索中高职贯通式培养模式，但各省（市）出台的政策也有一定的差异。例如，江苏省规定参加“3+3”联合分段培养的中等职业学校必须是省级示范校；南京市政府规定，到2020年，60%的中职校学生升入高职院校就读，其中10%的学生接受应用型公办本科教育。

（三）“3+4”衔接贯通培养模式

“3+4”衔接贯通培养模式指中职学习三年后，经考核测试进入对应的本科学校学习4年，7年学习期间，由参与试点的本科学校和中等职业学校统筹建立文化基础、专业理论和专业技能课程衔接贯通的教学体系，来系统培养本科层次应用型人才的一种分段培养模式。对于参与试点的中等职业学校，一些省还提出了明确的要求。例如，江苏省规定参加“3+4”培养的中等职业学校必须是国家级示范校。

（四）“2+3+2”“3+2+2”七年一贯制培养模式

“2+3+2”“3+2+2”七年一贯制培养模式是把普通高中、高职与本科贯通联合培养的模式。“2+3+2”联合培养模式，第一个“2”是指前两年学习高中阶段课程，之后三年学习高职院校课程，最后两年到国外本科应用技术学院或国内本科高校学习，学生最后可以获得国外或者国内的本科文凭。“3+2+2”联合培养模式，前三年在中等职业学校接受基础文化课和专业基础课程教育，中间两年在高职院校接受两年高等职业教育，后两年接受本科专业教育。上述两种模式实际上是五年制专科高职与本科衔接模式的两种特殊形式。这种模式是由北京电子科技职业学院、北京财贸职业学校等院校探索出来的。

（五）专科高职与本科衔接贯通培养

“3+2”专接本人才培养模式是指经过三年高职阶段学习，具备中、高级技能证书的优秀高职毕业生，再到本科高校学习两年，按专业单独编班、进行两年的本科基础知识、职业技能的提升，培养本科层次应用技术人才的一种培养模式。这种模式最早是广东技术师范学院通过“3+2”培养“本科+技师”职教师资的一种培养模式。2009年，在广东省教育厅的大力支持下，学校选取了机械设计制造及其自动化、电气工程及其自动化、计算机科学与技术、装潢设计与工艺教育4个专业，率先在国内开展高职起点“3+2”专接本职教师资人才培养模式综合改革，培养中职学校急需的、教学实践能力突出的拥有技师职业资格证书的专业师资。[①]当然，上述广东省的高职与本科衔接最初也实行专升本考试，现在已改为高职与本科衔接培养，即实行院校之间的专业对接，不参加全省统一考试。

（六）技工院校衔接培养模式

技工院校经过多年的发展，形成了技工学校、高级技工学校、技师学院三个层次，三个层次的院校形成了衔接培养的模式。2016年12月，人力资源和社会保障部颁发的《技工教育“十三五”规划》（人社部发〔2016〕121号）中规定了三类学校三个招生对象的培养学制，即“技工院校招收初中毕业生，培养中级工、高级工、预备技师的学制教育期限分别为3年、5年、6年。高级技工学校、技师学院招收高中毕业生，培养高级工、预备技师的学制教育期限分别为3年、4年。高级技工学校、技师学院招收对口专业中等职业学校（包括技工学校）达到中级技能水平学生，培养高级工、预备技师的学制教育期限分别为2年、3年。技师学院招收达到高级技能水平学生，培养预备技师、技师的学制教育期限分别不少于1年、2年”，可见技工院校三个层级形成了相互衔接、贯通培养的体制机制。

不难看出，我国中高职衔接从20世纪80年代中期开始已有30多年的历史，是伴随着职业教育改革与发展，以及职业教育结构不断优化的结果，是适应产业转型升级、满足技术技能人才成长、建立现代职业教育体系的客观要求。要充分认识中等职业教育和高等职业教育的功能和定位，明确各自的人才培养目标，中高职衔接才不会变成升学导向的一种教育。只有准确定位各自的培养目标，严格区分二者人才培养的差异，中、高职才有了衔接的基础和必要。要按照建立现代职业教育体系的要求，加大改革创新的力度，我国必将建立起中等职业教育与高等职业教育，以及与其他教育相互沟通和衔接的人才成长立交桥，促进人人皆可成才、人人尽展风采的局面，使职业教育真正成为面向人人、面向全社会的教育。

① 孟庆国，曹晔. 中国特色高技能人才培养体系与模式研究[J]. 职教论坛，2016，13：64-69

第七章

现代学徒制度

新中国成立以来，我国学徒制从新中国成立初期的兴盛到改革开放后的逐渐衰落再到近些年的大力推行，经历了三个阶段的变迁。体制改革前后的一起一落，其实质是对两种经济体制和两种劳动就业制度的反映，也再现了两个时期职业教育存在形态的不同。在新中国成立初期高度集中统一的计划经济体制下，劳动就业实行“先就业、后培训”政策，加上熟练技术工人的严重短缺，企业学徒制成为培养技术工人的主要途径。经济体制改革后，我国经济体制从传统的计划经济体制发展为有计划的商品经济，再到建立社会主义市场经济体制。经济体制的改革必然要求改革劳动就业制度，实行了“先培训、后就业”制度。“先就业、后培训”主要依托企业来进行职业教育，当时职业学校培养的人才根本满足不了国民经济恢复重建对技术工人的需求；“先培训、后就业”主要是依托职业学校和培训机构来实施职业教育，调整中等教育结构，大力发展职业教育既是这一制度的产物，也为这一制度提供了保证。加上“谁受益、谁办学”的体制机制，20 世纪 90 年代国有企业减员增效和国务院机构改革，使企业学徒制逐渐淡出了人们的视线，取而代之的是职业学校和社会培训机构的一枝独秀。然而，职业教育是一种依托工作场所的技能教育，随着产教融合、校企合作、工学结合培养模式的不断推进，要求企业也成为重要的办学主体，校企双主体育人必然要求职业教育回归企业，企业承担好工作场所教育，与学校联合开展现代学徒制。当然，这一愿景的实现并非一帆风顺，需要加强实践，创新模式，破解体制机制的束缚，更需要国家法律层面的制度。

一、新中国成立后的学徒制

新中国成立后，我国是在薄弱的基础上开展社会主义建设，而社会主义建设必须解决好人才问题。由于学徒制主要利用现有的生产设备和企业的师傅开展培训，不需要增加新的设备和人员编制；学徒制与企业岗位紧密结合，在岗培训，边学边干，学用完全一致，人才培养具有短平快的特点；学徒随到随学，不受时间限制，而且具有容量大、涉及专业工种面广等优点。新中国成立后，国民经济恢复重建需要大量的技术工人，当时的教育主要是普及基础教育，职业学校的数量较少，在继承传统学徒制有益成分的基础上，通过完善相关制度，形成了社会主义性质的学徒制。新中国学徒制随着我国劳动就业制度的变化而变化。在经济体制改革前，我国在计划经济体制下实行“先就业、后培训”的劳动就业制度，招工与招生、用人和培训有机结合，极大地调动了企业参与培训的积极性，有效地促进了学徒制的发展；经济体制改革后，国家逐步实行“先培训、后就业”“先招生、后招工”的劳动就业制度，尤其是社会主义市场经济体制的建立，企业成为面向市场的法人主体，企业用工市场化，职业院校的大力发展改善了劳动力市场供给结构，传统学徒制逐渐被职业院校教育和社会培训机构所取代。

(一)新中国学徒制的兴起

新中国刚成立时，百废待兴，有大量的失业工人。据统计，1949 年城市失业人数达到 400 万人，相当于 1949 年底全国在职职工人数的一半。[①]失业工人需要加强转岗培训，以使他们尽快走上工作岗位。为贯彻失业救济以专业训练为主的方针，政府委托某些企业或私营工商业开展失业工人的学徒培训，并规定了学习期间的生活费、工伤、医疗等方面的合法权益，对学习期限和学后待遇也有了明确的规定。[②]同时，国民经济恢复重建，也需要加强职工教育和培训，1950 年 6 月 1 日，政务院颁布的《关于开展职工业余教育的指示》中指出：“为了进一步提高职工技术水平，适应工业生产发展中对技术工人的需要，现在各工厂企业应斟酌情形有计划地进行技术教育”。该文件提出了三方面的要求：①动员工厂、企业中的技术员工，担负起为国家培养技术工人的光荣任务，自愿地担任技术教员；②进行技术教育的方式，可按不同的要求与条件，采用技术训练班、技术研究班或订立师徒合同等形式；③定期举行考试，成绩优良者，提升其技术等级，并发给教者一定的奖金或报酬(在私营企业中，可在劳资集体合同中予以规定或由劳资协商会议决定)。从培训主体、培训形式、签订师徒培训合同、建立师傅奖励机制、加强学徒技术考核等多个方面初步构建起新中国学徒制的基本框架，拉开了新中国学徒制的序幕。

1952 年，我国开始实行第一个五年计划，国民经济开始实行计划经济体制。1952—1966 年，在苏联的援助下，我国完成了 156 项大型建设项目，这些项目与我国自力完成的 1000 余个限额以上建设项目相配套，使中国大地上空前地矗立起崭新的工业体系，建立了中国工业化的初步基础。这意味着在这一过程中要增加和补充大量的技术工人，而现有的技术力量与发展中的需要相差得很远。为此，采取了多种措施培养技术工人。以原冶金部为例，新中国成立后的 10 年来，培训工作采取了冶金部组织培训和各地组织培训、老企业代培和新企业自行培训、现场的以师带徒

① 《中共党史导读》编写组. 中共党史导读(下册)[M]. 北京：中国广播电视出版社，1991

② 毕结礼，王琳. 我国学徒制的历史沿革与创新[J]. 中国培训，2012，(4)：8-11

培训和训练班培训、领导组织学习与发动老工人自办业余技术学校等相结合的办法。[①]这一时期将学徒培训作为国家培养熟练工人的主要方式，并制定了具体规定。各部门把招工与招生结合起来，吸收了大批的学徒(练习生)，开展学徒制教育，来培养技术工人，但培养的人才数量仍难以满足经济建设的需要，结果出现了急功近利的行为，缩短了学徒学习期限。学习期限多为三个月、半年或一年，少数是一年半或两年。为了增加对学徒的吸引力，提高了学徒津贴待遇标准，学徒出师后的工资，一般是三级，至少是二级，经过两至三年后即可升为四、五级。[②]以江苏省部分国营厂矿企业为例，一级学徒是 24 元，二级 27 元，三级 31 元，四级 37 元；地方工业一级学徒是 18 元，二级 21 元，三级 24 元，四级 28 元。1957 年工资改革后，不管学徒学习期限长短，一律按技术标准和徒工技术水平评定等级。[③]学习期限的缩短，使学徒难以系统地学习和掌握技术，学徒期满转为技术工人后，技术水平低，不能很好地胜任工作，而待遇却偏高，有的甚至比师傅还高，结果出现了“徒弟不肯学、师傅不愿教”等问题。为了解决这一问题，1957 年，国务院印发的《关于学徒(练习生)是否按期转为正式工人问题的通知》中要求延长学习期限一年至一年半。具体延长时间，由各企业、事业单位根据这一原则与所学技术的繁简程度及生产需要情况自行确定。1957 年 6 月，中华人民共和国第一届全国人民代表大会第四次会议的《政府工作报告》中一针见血地指出了当时学徒制存在的一些弊端：“学徒的学习期限太短、待遇太高、学习期满后升级太快、升级考试制度不合理，容易造成青年工人忽视生产实践经验，甚至在一部分青年工人中间滋长骄傲自满情绪”。并提出：“对于解放前的学徒制度，它的封建性的陋规是应该否定的。但是，关于学徒的期限、学习的内容、学徒待遇及酬师制度等方面，有许多好的经验，我们应该慎重地加以研究和吸取”。基于此，1957 年 11 月 16 日，经全国人民代表大会常务委员会原则批准，国务院颁布了《关于国营、公私合营、合作社营、个体经营的企业和事业单位的学徒的学习期限和生活补贴的暂行规定》，规定学徒学习年限一般是三年，最低两年。同时规定：学徒转为正式工人、职员后，第一年的工资参照所在单位生产工人和职员的最低工资标准执行。这一规定彻底解决了以往学徒期限短而待遇高的问题。此后，各产业主管部门或地方政府制定了贯彻国务院这个规定的实施细则，对专业(工种)划分、学徒期限、培训目标、训练形式，以及转正定级、考试办法等都作了具体规定。依据该规定，1958 年 4 月 23 日，劳动和社会保障部印发了《对于制定〈国务院关于国营、公私合营、合作社营、个体经营的企业和事业单位的学徒学习期限和生活补贴的暂行规定实施细则〉中若干问题的意见》。同时，地方政府也

---

① 王斐. 冶金企业十年来的学徒培训工作[J]. 劳动，1959，20：27-28

② 毕结礼，王琳. 我国学徒制的历史沿革与创新. 中国培训，2012，4：8-11

③ 季解. 谈谈学徒(练习生)的学习期限和津贴待遇问题[J]. 劳动，1957，12：12

出台了贯彻国务院文件的实施办法。例如，同年 6 月，天津市人民委员会制定了贯彻国务院这个规定的实施细则。此后，各个企业和事业单位在培训学徒中，认真贯彻了国务院的规定，在学徒的教育方面，包括政治思想教育和技术教育，也创造和积累了许多经验。为了巩固和推广行之有效的经验，进一步贯彻国务院规定精神，一些省份(直辖市)还出台了相关文件。例如，1963 年，天津市人民委员会的《关于颁发培训学徒的补充规定和技工师傅带徒奖励制度的暂行规定的通知》，从入厂教育、师徒合同、政治思想教育、技术教育、考试、出师及其他等方面作出了非常详细、具体的规定。其中，技术教育分为 4 条：①对学徒必须进行技术教育，技术教育又分为技术操作教育和技术理论教育、安全技术教育；②对学徒的技术理论教育，应由厂方劳动工资部门责成车间行政人员负责组织，并聘请技术人员、老工人讲课，同时厂方有关部门或车间应对所聘请的讲课人员的工作、生活、讲课时间等进行妥善安排，以保证讲课得以顺利进行。讲课内容应包括技术基础理论课的教育和工种专业课教育，教育的形式可根据厂方具体条件自行确定；③在工作时间内进行的技术理论教育，平均每周不得少于 4 小时，由厂方根据情况集中或分散使用。此外，业余性的技术理论教育，由各厂考虑；④技术操作教育，应保证学徒有实习位置，师傅带徒的数量在机械行业使用机床的工种中，最好是一师一徒，其他行业也不可带得过多，避免师傅带不过来、学徒操作时间太少的问题，影响培训质量。同时，为了鼓励师傅认真教导学徒、积极传授技术、更好地培养新技工，还制定了师傅带徒激励政策。

由于我国当时新建项目、新建企业比较多，新建企业大多不具备培养学徒的条件，因此采取了“两条腿走路”的方针：一方面，学徒制企业除了为自己培养工人之外，有能力的还接受国家委托培训或与新企业签订委培合同，为新企业培训技术工人；另一方面，新企业从老企业调配技术人员，开展学徒制培训。在培训过程中，企业根据本身条件确定学员人数和工种，拟定切实可行的培训计划和教学计划，规定教学内容和方法及培训期限，签订师徒合同。这一时期，我国社会主义的学徒制度逐步形成了。学徒培训成为当时培养后备技术工人规模最大、人数最多的培训方式。据统计，1958 年全国学徒的总数达到 440 万人，约占企业职工的 1/4。当时，我国 90%的新技工是通过企业生产中培训学徒的方式培养出来的。[①]

学徒制不仅在企业广泛存在，在技工学校及后来的职业学校中也广泛存在，可以说学徒制是当时职业教育的一种普遍教育形式。1958 年，劳动部印发的《劳动部对执行〈国务院关于学徒(练习生)是否按期转为正式工人问题的通知〉中若干问题的意见的报告》中指出：“在生产、工作中培训的学徒或练习生，在技术工人学校、工人技术训练班培训的学员或学生，都属于学徒的范围”。技工学校的学生也是学徒，

① 甄令德. 进一步加强学徒培训工作[J]. 劳动，1960，1：21

技工教育当然也是我国学徒制的重要形式。1958年，国家提出两种教育制度和两种劳动制度，半工半读成为继全日制教育、业余教育后的第三种教育形式。农业中学开展半农半读教育，工业领域的职业学校开展半工半读教育。尤其是技工学校，劳动部为落实国家勤俭办学、勤工俭学的方针，提出了技工学校经费自给自足的办学方针，许多技工学校既是学校，又是工厂；学校既培养学生，也生产产品；学生既学习理论，也参加劳动，实现了校厂一体、学工一体。后来由于国民经济失调出现了经济困难，从1961年开始了为期三年的调整、整顿、充实、提高，半工半读教育因此而停办。1964年，随着国民经济形势的好转，又开始了探索，越来越多的中等职业学校改为半工半读学校。

1968年7月21日，《人民日报》刊载了“从上海机床厂看培养工程技术人员的道路”的调查报告，说明招收一线生产人员也可以培养工程技术人员。1971年，全国教育工作会议召开，国务院有关部委和省市代表强烈要求恢复中等专业学校和技工学校。1973年7月3日，国务院批转了国家计划委员会和国务院科教组的《关于中等专业学校、技工学校办学中几个问题的意见》，招收具有一两年工作经验的工农兵学员。广大教职工克服种种困难，针对工农兵学员文化程度不高、实践性要求高的特点，在办学实践中也进行了一些有益的探索。例如，采用开门办学，厂校挂钩，校办工厂，厂带专业，建立教学、科研、生产三结合等形式。教学结合典型任务进行，采用“穿插学”和“集中学”等灵活机动的方式。例如，一段时间以完成生产、科研任务为主，有计划地边学边干，典型深入，举一反三；一段时间以理论教学为主，在丰富的感性认识的基础上，提高理论水平，密切联系实际，学以致用。①通过完成由简单到复杂的几个典型任务，达到专业的培养要求。在很大程度上也可以说再现了产教结合的教育形式。

十一届三中全会以来，全党工作的重心转移到经济建设上来，经济建设就需要培养大量有文化、有技术的工人，恢复学徒制成为必然。1979年9月28日，国家经济委员会、国家劳动总局印发的《关于进一步搞好技工培训工作的通知》（〔79〕劳总培字45号）中指出：“做好学徒培训工作。这是关系新工人健康成长和现有工人技术水平迅速提高的一个重要环节。目前我国新技术工人的来源，大量的还是通过学徒培训来补充。改变为通过技校培养，还需要有个努力的过程。因此，应该认真地抓一下学徒培训工作。要坚持执行国务院规定的学徒年限，迅速恢复健全各项规章制度，不断改进培训方法。学徒进厂后，要先集中一段时间进行基本知识和专门技能教育、安全教育、纪律教育。在整个学徒年限期间，要有不少于三分之一的时间用于学习技术理论知识。要签订师徒合同，提倡尊师爱徒，实行包教包学包会，切实保证培训质量。学徒工上岗位以前，要经过考试合格后才能独立操作，要形成

① 曹晔. 当代中国中等职业教育[M]. 天津：南开大学出版社，2016

制度”。一方面，提出要恢复健全学徒制的各项规章制度，加强培训工作；另一方面，提出要重视对学徒制技术理论知识的教育，以适应科学技术水平不断提高的需要。1981 年 5 月 21 日，国家劳动总局颁发了《关于加强和改进学徒培训工作的意见》(〔81〕劳总培字 28 号)，进一步明确指出：“从我国国情出发，在一定时期内，学徒培训仍是培养新技术工人的一种重要方式”。该意见对招收学徒的条件、签订培训合同、学徒期限、学徒的培养目标、改进学徒培训的措施、严格考核制度和加强领导与管理等进一步作出了规定。

1982 年 3 月 27 日，国家劳动总局、中国共产主义青年团中央委员会(共青团中央)印发的《关于苏州市加强学徒培训工作情况的调查报告》(〔82〕劳总培字 17 号〔82〕中青联字 20 号)中指出：由于 1966—1976 年这些学徒文化知识的学习受到了不同程度的影响，80%的人实际文化程度达不到初中毕业水平。不少学徒进厂后，没有经过严格的培训，缺乏技术理论知识，操作技能也不高。一些老企业，特别是具有传统特点的丝绸、工艺行业，大批老职工退休后，技术力量青黄不接，甚至有些学徒尚未满师就又当了别人的师傅，因此产品的产量和质量都受到了严重的影响。这种状况与生产发展的需要极不适应。[①]为改变这种状况，1981 年 2 月，中共中央、国务院颁发的《关于加强职工教育工作的决定》中指出：搞好青壮年职工的文化、技术补课，是最近两三年内职工教育工作的重点之一。1982 年 1 月，全国职工教育管理委员会、教育部、国家劳动总局、中华全国总工会、共青团中央联合下发了《关于切实搞好青壮年职工文化、技术补课工作的联合通知》，要求：“凡一九六八年至一九八〇年初、高中毕业而实际文化水平达不到初中毕业程度的职工，和未经专业技术培训的三级工以下的职工，均应补课”。文化教育是开展学徒制教育的基础，文化教育不足也难以开展学徒制教育。

(二)学徒制逐渐被取代

随着经济体制改革的不断深入，我国从传统的计划经济体制到有计划商品经济，再到 1992 年提出的建立社会主义市场经济体制，企业逐渐从高度集中统一的计划经济体制下政府的附属、完成政府下达的计划任务的角色，转为面向市场，实行自主经营、自负盈亏、自我发展的具有独立法人资格的市场主体。为了适应经济体制的改革，国家的劳动就业制度和企业用人制度也在逐渐发生变化。1980 年 8 月，中共中央《关于转发全国劳动就业会议文件的通知》转发了中央召开的全国劳动就业会议议定的文件《进一步做好城镇劳动就业工作》，该文件指出：“今后企业单位增人，应以经过职业训练的毕业生为重点”，体现了“先培训、后就业”的思想。1981 年 10 月，中共中央、国务院印发的《关于广开门路，搞活经济，解决城镇就业问题的

① 国家劳动总局，共青团中央. 关于苏州市加强学徒培训工作情况的调查报告[Z]. 劳动，1982，7：4

若干决定》(中发〔1981〕42 号)中指出:“要普遍开展对城镇待业青年就业前的培训,逐步做到使一切需要进行培训的人员,先经过培训以后再就业”,首次提出先培训后就业的要求。为适应就业制度的改革,1983 年劳动部召开全国培训工作会议,提出要从实际出发,全面系统地改革培训制度,“学徒制度要进行改革。今后企业补充新工人,要逐步将就业后培训改为就业前培训,变招工为招生”。1985 年,中共中央发布的《关于教育体制改革的决定》中指出:在改革教育体制的同时改革有关的劳动人事制度,实行“先培训,后就业”的原则。今后各单位招工,必须首先从各种职业技术学校毕业生中择优录取。一切从业人员,首先是专业性、技术性较强行业的从业人员,都要像汽车司机经过考试合格取得驾驶证才许开车那样,必须取得考核合格证书才能走上工作岗位。有关部门应该制定法规,逐步实行这种制度。国家就业培训制度进行了重大改革,即采取“先招生,后招工”“先培训,后就业”的方针。这一制度也是与国家加大了企业劳动用工制度改革,变以往“铁饭碗”“大锅饭”为劳动合同制相一致的。1983 年 2 月,劳动人事部《关于积极试行劳动合同制的通知》(劳人计〔1983〕11 号)指出:对新招收的工人实行劳动合同制。经过几年的试点和实践,1986 年 7 月 12 日,国务院发布了《国营企业实行劳动合同制暂行规定》和《国营企业招用工人暂行规定》(国发〔1986〕77 号),从当年 10 月 1 日起,“企业在国家劳动工资计划指标内招用常年性工作岗位上的工人,除国家另有特别规定者外,统一实行劳动合同制”“企业招用工人,必须在国家劳动工资计划指标之内,贯彻执行先培训后就业的原则,面向社会,公开招收,全面考核,择优录用”,进一步明确了这一制度。1995 年 1 月 1 日起施行的《中华人民共和国劳动法》要求企业职工和干部全部实行合同制。企业的用工制度从以往的国家“统包统配”“终身制”,逐渐改为企业面向市场招聘工人、签订聘用合同,根据用工需求招聘和解雇工人,企业员工的流动性增大。在“先就业、后培训”下形成的学徒制受到了极大的挑战。配合劳动合同制的实施,企业加强了对工人的各种考核。1990 年 6 月,劳动部批准的《工人考核条例》中规定:“工人考核分为录用考核、转正定级考核、上岗转岗考核、本等级考核、升级考核,以及技师、高级技师(以下统称技师)任职资格的考评”。

与此同时,随着 20 世纪 80 年代初我国调整中等教育结构,大力发展职业教育战略的有效实施,中等职业学校数量大幅度增加,学生数量大、规模增大,不仅改变了千军万马过独木桥的现状,而且极大地改善了劳动力供给结构,大批职业学校毕业生充实到生产一线。与此同时,企业招收工人的对象也发生了明显的变化,即由过去先招收学徒工后培训为技术工人为主,转变为直接招收各大中专院校、技工学校、职业高中毕业生为主,企业办学主体逐渐弱化。

事实上,面对国家劳动就业制度的改革,相关部门也在积极探讨新形势下学徒制改革的问题。1988 年 12 月初,劳动部培训司在鞍山钢铁公司召开了学徒培训制度改革座谈会。1989 年 3 月 3 日，劳动部办公厅下发的《关于印发〈学徒培训制度改革座谈会纪要〉的通知》中指出：新中国成立以来实行的学徒培训制度，为我国培养造就了数以千万计的技术工人，保证和促进了生产的发展，为社会主义建设作出了重要贡献。但随着企业改革的不断深化，现行学徒培训制度的一些问题更加突出，这主要是：计算劳动生产率时，把学徒人数包含在内，客观上使学徒以“劳”而不是以“学”为主，影响了培训质量；大多数企业还是采取传统的以师带徒的培训方式，学徒的工种范围过宽，某些工种学习期限过长，不能适应现代化大生产和技术发展的需要；推行劳动合同制以后，学徒的管理、培训、考核等方面的有关规定尚未完善和补充。其指出了新的劳动就业制度下学徒制的多种不适应性，制度跟进不足是学徒制难以开展的根本原因。

从实践来看，以黎阳机械公司(生产航空发动机为主的大型企业)为例，1983—1988 年共招学徒工 1000 余人，从 1989 年开始，随着大批技工学校、职业高中毕业生补充到技术工人队伍中来，招工比例逐步由 60%提高到 80%以上。少量直接招入工厂的高、初中毕业生和政策性安排入厂的复员军人，大多为熟练工。贵阳市劳动局 1986 年已作出规定，实行先招生、后招工。当时存在学徒的工种主要是一些技术简单的工种，即技术要求不高而劳动强度大的工种，如纺织行业的一线工种(挡车工等)，机械、化工等行业的非技术工种。学徒工的来源主要是在农村招收的临时工、个别政策照顾入厂的职工子女、退伍军人等。而且上述人员多经 1—6 个月短期培训后，再到岗位上跟着师傅工作。技校、职高生与学徒工的比例为 5∶1。可见，学徒制的功能与影响较之计划经济体制下已大大萎缩。①

针对我国学徒制逐渐衰落的局面，劳动部也在积极探讨现代学徒制。1988 年 12 月，在鞍山钢铁公司召开的学徒培训制度改革座谈会中提出了学徒制改革的思路：从我国多年的实践和发达国家的经验来看，应该逐步实行学校(培训中心)和企业相结合培训学徒工的方法。并提出 4 条具体改革建议：一是改直接招收学徒为学徒培训生。企业要与学徒培训生签订合同，规定双方的权利和义务。学徒培训生学习期满，经考核合格后，由企业正式录用，不合格的不予录用。二是在培训方式上，应逐步做到上课堂学理论与下车间学操作相结合。在车间学操作时，可根据需要采用以师带徒形式，签订师徒合同。三是招收学徒(或学徒培训生)的企业，应具备必要的培训条件(包括师资、教学计划、大纲、教材、教室和设备)。四是学徒是以学为主，计算劳动生产率时，不要把学徒人数包含在内。但由于 1992 年我国建立了社会主义市场经济体制，为了增强市场竞争力，国有企业开始转制，开展了大规模的“减员增效”，现代学徒制在企业转制过程中不能开展。1992 年 3 月 6 日，劳动部下发的《贯彻〈国务院关于大力发展职业技术教育的决定〉的通知》进一步指出：改

---

① 韩耀东. 学徒制改革的现状与对策分析[J]. 现代技能开发，1997，7：26

革学徒培训。对传统工艺和少数特殊工种应按有关规定继续实行学徒培训。其他工种应将招学徒工逐步改为招定向培训生，做到在企业进行操作训练，在职业技术学校、就业训练中心等培训机构进行专业技术理论学习和基本功训练，以提高培训能力和培训效益，提出了推行现代学徒制的思想。1997年9月，十五大提出了“把加速科技进步放在经济社会发展的关键地位，使经济建设真正转到依靠科技进步和提高劳动者素质的轨道上来”的要求。根据中共中央、国务院印发的《关于切实做好国有企业下岗职工基本生活保障和再就业工作的通知》(中发〔1998〕10号)精神，在部分城市试点的基础上，1999年6月27日，国务院办公厅转发了劳动保障部、教育部、人事部、国家计委、国家经贸委和国家工商局六部门《关于积极推进劳动预备制度加快提高劳动者素质的意见》，要求从1999年起在全国城镇普遍推行劳动预备制度，对所有新生劳动力普遍进行1—3年的职业培训和职业教育，并严格实行就业准入制度，未经必要的培训不得就业。实行劳动预备制度，对新生劳动力进行就业前职业培训和职业教育，使其掌握必要的职业技能后再进入就业岗位，对于提高青年劳动者素质、调节劳动力供求、缓解就业压力具有积极作用。这些政策的初衷是好的，但由于世纪之交，大量下岗职工需要安置和培训再就业，大量农村转移劳动力需要就业等，这一政策未能在实践中得以落实。

二、新世纪的现代学徒制

近年来，随着我国职业院校工学结合、校企合作培养模式改革的不断深化，在理论和实践中提出建立现代学徒制的呼声不断加强。新余市、宁波市、重庆市等地方或企业积极开展试点工作。2011年6月，在全国职业教育改革创新国家试点推进会上正式提出现代学徒制试点工作；同年9月，教育部《关于推进高等职业教育改革创新引领职业教育科学发展的若干意见》(教职成〔2011〕12号)中指出：“鼓励职业学校和企业联合开展先招工、后入学的现代学徒制试点”；同年10月12日，“全国现代学徒制实践经验交流研讨会”在江西省新余市召开，教育部与江西省政府准备在新余市建立现代学徒制试点；同年12月29日，人力资源和社会保障部在全国人力资源和社会保障工作会议上表示，2012年将开展新型企业学徒制试点工作。可以说，我国建立现代学徒制逐渐被提上议事日程。

(一)现代学徒制

现代学徒制起源于西方发达国家，1993年在英国正式提出现代学徒制的概念。近年由于其在人才培养中的优势逐渐被广泛认可，在发达国家得到快速推广和发展，在不同国家的环境下，其实现形式也有所不同。

江苏太仓是德国企业聚集的地方，当地职业院校在政府的支持下，积极开展“双元制”职业教育。2006年，太仓健雄职业技术学院将德国“双元制”进行本土化，形成了“定岗双元”培养模式，使学徒不仅能较出色地胜任岗位群，而且知识层次、职业素养以及职业能力均获得全面提升①。2010年，江西省新余市启动建设江西职业教育园区，在园区内构建新余市现代学徒制实验基地②，2011年率先出台了《新余市职业教育现代学徒制试点工作方案》，开启了以现代学徒制为主要内容的职业教育改革试点的序幕，成立了由市委、市政府主要领导担任组长、副组长的现代学徒制试点工作领导小组，并将试点工作列入了年初《政府工作报告》，市财政每年安排预算100万元专门用于现代学徒制试点。③2011年，湖北职业技术学院在建筑工程技术专业开展了现代学徒制人才培养模式探索，提出应构建基于施工过程的课程体系，同时以扎根区域经济、发挥学校主导作用、注重师傅选拔培养，以及建立广泛的实训基地作为保障条件；④2011年，广东省开始在清远职业技术学院的三个专业开展现代学徒制试点探索，到2016年试点规模扩大到22所高职院校的47个专业，招生规模达到2000人。⑤

《国家中长期教育改革和发展规划纲要(2010—2020年)》指出：“建立健全政府主导、行业指导、企业参与的办学机制，制定促进校企合作办学法规，推进校企合作制度化”。《教育部2012年工作要点》指出，要开展现代学徒制试点，2012年开始教育部连续5年将现代学徒制试点列入年度工作要点。《教育部2013年工作要点》再次提出“启动现代学徒制试点”；《教育部2014年工作要点》进一步明确指出，要全面推进现代学徒制试点。2014年5月，国务院出台的《关于加快发展现代职业教育的决定》(国发〔2014〕19号)中指出：“开展校企联合招生、联合培养的现代学徒制试点，完善支持政策，推进校企一体化育人”，现代学徒制工作上升为国家层面的教育战略。2014年6月16日，教育部等六部委联合印发的《现代职业教育体系建设规划(2014—2020年)》中指出：“在有条件的企业试行职业院校和企业联合招生、联合培养的学徒制，企业根据用工需求与职业院校实行联合招生(招工)、联合培养”。2014年8月，教育部发布的《关于开展现代学徒制试点工作的意见》(教职成〔2014〕9号)中指出：“建立现代学徒制是职业教育主动服务当前经济社会发展要求，推动职业教育体系和劳动就业体系互动发展，打通和拓宽技术技能人才培养和成长通道，推进现代职业教育体系建设的战略选择；是深化产教融合、校企合作，

① 陈智强. 德国“双元制”本土化的实践——健雄职业技术学院“定岗双元”培养模式[J]. 成人教育，2010，(12)：93-94

② 陈衍. 新余面临新考[J]. 职业技术教育，2011，(30)：4

③ 程宇. 我国现代学徒制的政策发展轨迹与实现路径[J]. 职业技术教育，2015，(9)：28-32

④ 黄享苟，郭自灿，陈卓. 高职建筑工程技术专业现代学徒制人才培养模式探索[J]. 职业技术教育，2011，(26)：19-22

⑤ 吴晶. 我国现代学徒制的研究综述[J]. 中国职业技术教育，2016，31：20-24

推进工学结合、知行合一的有效途径；是全面实施素质教育，把提高职业技能和培养职业精神高度融合，培养学生社会责任感、创新精神、实践能力的重要举措”，对推行现代学徒制的重大作用和意义作了充分的说明。2014 年 12 月，“全国职业教育现代学徒制试点工作推进会”在唐山举行，会议要求，必须加快推进现代学徒制试点工作，各地要系统规划，做好顶层设计，因地制宜地开展试点工作，构建校企协同育人机制。2015 年 1 月，教育部发布了《关于开展现代学徒制试点工作的通知》(教职成司函〔2015〕2 号)，正式启动国家级现代学徒制的试点工作。2015 年 8 月，教育部遴选出首批 165 个现代学徒制试点单位，包括 17 个试点地区、8 家试点企业、100 所试点高职院校和 27 所试点中职学校。

各省份也开展了试点工作，四川、安徽、江苏等许多省份出台了相关文件。例如，2015 年 5 月，四川省教育厅、省经济和信息化委员会联合制定的《关于开展现代学徒制试点工作的实施意见》(川教〔2015〕44 号)指出，从 2015 年起至 2017 年，四川省每年选择 50 所左右的职业院校，作为“四川省职业院校现代学徒制试点单位”开展试点。试点单位原则上学历教育试点专业每班 40 人，每个专业试点规模建议为一或两个班。学生在企业工作与学习期间，企业要开展岗位安全培训，负责学徒工作与学习期间的劳动保护。学徒每天工作与学习时间不得超过 8 小时，不得安排未满 16 周岁的学生到企业顶岗工作与学习。

(二)新学徒制

早在 1998 年 3 月，劳动部就下发了《关于建立和实施名师带徒制度的通知》(劳部发〔1998〕61 号)，并出台了《名师带徒制度实施方案》，提出在全国选择 150 家企业作为国家级名师带徒制度试点企业，进行试点工作。同时指出，为促进技能人才的培养，各地区、各行业在建立名师带徒制度的同时，可结合实际需要，开展多种形式的适合企业自身需要的其他层次的以师带徒培养技术工人的活动。

为落实高技能人才振兴计划，从 2002 年开始苏州市建立技能大师(名师)工作室，为技能大师(名师)潜心创作、悉心传技、技艺交流、科技创新、授技培训、技术攻关搭建平台。2006 年 12 月 14 日，《扬子晚报》报道，为继承和弘扬吴地工匠文化、加快培养现代高技能人才，苏州先后在刺绣、烹饪、民乐、模具、数控等 13 个行业中建立了 15 个技能大师名师工作室。作为政府为推动能工巧匠的培养与涌现而建立的荣誉性、示范性、非经营性组织，工作室在创新创优、技术攻关、授艺带徒等方面都发挥了重要作用。随后，全国其他地方、行业和企业陆续开始建立大师工作室。2011 年 9 月 29 日，人力资源和社会保障部与财政部出台的《国家高技能人才振兴计划实施方案》(人社部发〔2011〕109 号)中提出：重点实施技能大师工作室建设项目，到 2020 年底，国家重点支持 1000 个左右技能大师工作室建设，基本形成覆盖重点行业、特色行业的技能传承与推广网络。2011 年 11 月，人力资源和社会保障部印发了《关于实施2011年国家级技能大师工作室建设项目有关问题的通知》（人社部发〔2011〕69号），组织开展了2011年技能大师工作室建设项目工作，选拔出50个技能大师工作室。为加强和规范国家级技能大师工作室，2013年5月13日，人力资源和社会保障部办公厅印发了《国家级技能大师工作室建设项目实施管理办法》（人社厅发〔2013〕51号）。国家级技能大师工作室主要依托中华技能大奖获得者，部分在技能含量较高的行业和大中型企业工作的高技能人才，以及部分掌握传统技能、民间绝技的技能大师进行建设，可建在企业或公共职业技能实训基地。其主要功能是发挥高技能领军人才在带徒传技、技能攻关、技艺传承、技能推广等方面的重要作用，面向企业、行业职工及相关人员开展培训、研修、攻关、交流等活动，将技术技能革新成果和绝技绝活加以推广。一些技师学院也在积极探讨学徒制专业。例如，苏州技师学院依托技能大师工作室首创苏州传统工艺技术传承特色专业，于2009年正式开始招生，设缂丝、刺绣、玉雕、木雕等专业，以现代教育模式培养传统工艺技能人才，积极探索和实践以大师传承与院校教学相融合的技能人才培养新模式。

在各地实践的基础上，2015年7月24日，人力资源和社会保障部办公厅、财政部办公厅印发了《关于开展企业新型学徒制试点工作的通知》（人社厅发〔2015〕127号），决定在北京市等12个省（自治区、直辖市）开展企业新型学徒制试点工作，每个省（自治区、直辖市）选择3—5家大中型企业作为试点单位，每家企业选拔100人左右参加学徒制培训。试点工作的目标是在企业推行以“招工即招生、入企即入校、企校双师联合培养”为主要内容的企业新型学徒制。基本条件为：企业重视技能人才队伍建设；建立较完善的企业职工培训制度；建立待遇与技能挂钩的激励机制；技能劳动者占企业职工比例达60%以上。为了有效地推动这一工作，人力资源和社会保障部还制定了《企业新型学徒制试点工作方案》，试点内容主要包括培养对象和培养模式、培养主体职责、培养目标和主要方式。培养对象是企业新型学徒制的已与企业签订6个月以上劳动合同的技能岗位新招用人员和新转岗人员。培养模式采取“企校双制、工学一体”的方式，即由企业与技工院校、职业培训机构、企业培训中心等教育培训机构采取企校双师带徒、工学交替培养、脱产或半脱产培训等方式共同培养新型学徒。培养主体职责主要由企业承担。培养目标以中、高级技术工人为主，培养期限为1—2年。培养内容主要包括专业知识、操作技能、安全生产规范、职业素养等。培养方式是在企业以导师带徒为主，在培训机构以指导教师带徒为主，采取工学一体化的培养模式。开展学徒制培训的企业给予职业培训补贴，补贴资金从就业专项资金列支。补贴数额一般可按企业支付给培训机构培训费用（以培训费发票为准）的60%确定，每人每年的补贴标准原则上应控制在4000—6000元，补贴期限不超过两年。

为落实国家政策，各省份人力资源和社会保障部门与财政部门也出台了相关文件。2016 年 12 月 27 日，江西省人力资源和社会保障厅与省财政厅联合下发了《关于印发企业新型学徒制试点工作实施方案的通知》(赣人社发〔2016〕41 号)，积极开展新学徒制的试点工作。

(三)现代学徒制与新学徒制的比较

教育部与人力资源和社会保障部分别开展了现代学徒制和新学徒制试点工作，虽然各自制定文件的依据不同，但都是在国务院《关于加快发展现代职业教育的决定》提出的企业作为重要办学主体和深化产教融合的大背景下提出的，都是适应世界职业教育改革发展趋势而产生的。但二者由于各自拥有的教育资源、人才培养模式、调动企业资源方面的不同，内容也存在一定的差异，具体表现在以下几个方面。

(1)实施目的不同。教育部门开展的现代学徒制是深化产教融合和落实校企合作、工学结合培养模式的一个重要抓手；而人力资源和社会保障部门旨在引导企业建立技能人才工作新机制。

(2)培养目标不同。现代学徒制以培养中、高级技术技能人才为主，可以称为“学徒培训生”；新学徒制的培养目标以中、高级技术工人为主，培养期限为一至两年。主要培养企业青年技能人才，可以称之为“学徒培训工”。

(3)培养对象不同。现代学徒制以职校学生和企业在岗员工(岗前培训和转岗培训)为培养对象；新学徒制的培养对象为与企业签订 6 个月以上劳动合同的技能岗位新招用人员和新转岗人员。

(4)招生就业次序不同。现代学徒制招生为招工、入校即入厂；而新学徒制招工为招生、入企即入校。

(5)培养主体不同。现代学徒制的培养主体职责主要由学校承担，校企联合培养；新学徒制培养主体职责主要由企业承担，企校联合培养。

(6)培养模式不同。现代学徒制采用的是校企协同育人模式，职业院校承担系统的专业知识学习和技能训练，企业通过师傅带徒形式，依据培养方案进行岗位技能训练；新学徒制采用“企校双制、工学一体”的培养模式，即由企业与技工院校、职业培训机构、企业培训中心等教育培训机构(以下简称“培训机构”)采取企校双师带徒、工学交替培养、脱产或半脱产培训等模式。

(7)培养方式不同。现代学徒制在学校是以理实一体化教学和企业跟岗实习、顶岗实习结合的方式进行；新学徒制在企业培养主要是通过企业导师带徒的方式，在培训机构培养主要是采取工学一体化的教学方式。

这两种模式是同一制度框架下的探索和创新，只是在培养对象、实施主体、培训模式上有所不同，其核心目的都是提高人才培养质量，提高劳动者技能水平和职业素质，两种模式可以共同推进、相互借鉴、互为补充。

第八章

半工半读教育制度

半工半读教育作为职业教育产教结合、校企合作的一种具体教学形式，我国在20世纪五六十年代和21世纪都将其作为一种教育制度积极推行。但二者实施的环境、目的、范围和效果存在较大差异。20世纪五六十年代半工半读主要是解决教育经费不足与普及教育之间的矛盾、工农技术教育与生产劳动之间的工学矛盾，而21世纪开展的半工半读教育作为落实校企合作、工作结合培养模式的一种具体措施，也是职业教育精准扶贫的重要举措。但无论是过去还是现在，其都是教育与生产劳动相结合在职业教育中的具体表现。

一、20世纪后半叶的半工半读教育

产教融合、校企合作、半工半读是职业教育重要的办学特色和人才培养模式。20世纪五六十年代大规模试验半工半读教育制度，这是教育使然还是生产需要？是政治运动的产物还是经济社会发展的需要？是特殊年代的产物还是有规律可循？为此，我们需要客观地还原其本来面目，分析清楚发展的原因，总结其实现形式，以便正确地学习与继承、批判与发展。

(一)半工半读的产生及其缘由

1949年12月，教育部召开第一次全国教育工作会议，明确了新中国教育工作的目的，即“为人民服务，首先为工农服务，为当前的革命斗争与建设服务”，确立了我党重视工农教育的基本方针。

中华人民共和国成立初期，我国职业教育和高等教育比例小，随着新中国培养的中、小学毕业生日趋增多，大量高小和初中毕业生缺乏劳动技能，与国家经济建设对劳动者素质的要求不相符。而1951年颁布学制时未将生产技术课或劳作课列入教育内容。针对教育脱离生产的弊病，为解决高小和初中毕业生从事生产劳动问题，中共中央于1954年5月24日批转中央教育部党组的《关于解决高小和初中毕业生学习与从事生产劳动问题的请示报告》中提出：“今后进行劳动教育，除注意培养劳动观点和劳动习惯外，还应当注意进行综合技术教育，使学生从理论上和实践上懂得一些工农业生产的基础知识”。1956 年 5 月，教育部颁发的《关于普通学校实施基本生产技术教育的指示(草案)》明确提出：“我们培养出来的学生，不仅需要具有文化科学的知识，同时还要具有现代生产的基本知识和技能”。1956 年 7 月，教育部发布了《关于 1956—1957 学年度中小学实施基本生产技术教育的通知》，开始在中小学有步骤地实施基本生产技术教育，在小学增设手工劳动课。1957 年 3 月 16 日，《人民日报》发表了题为“劳动教育必须经常化”的社论，此后全国教育开始普及劳动教育；同年 6 月 6 日，《人民日报》发表了题为“一面劳动，一面读书”的社论，介绍了永嘉中学几年来组织学生课余劳动的经验。劳动教育从一种教育形式进一步演变发展成为具有顶岗性质的劳动教育。半工半读的提出实际上给当时的勤工俭学起了个具有国际水准的教育称谓，赋予了非常科学的名称。1958 年 1 月 20 日，《人民日报》发表社论，推荐河南省长葛县第三初级中学勤工俭学的经验。长葛县第三初级中学为改善办学条件，解决经费不足给办学带来的困难，从 1954 年开始开辟耕地饲养牲畜，组织全校师生参加生产劳动，学生用自己的劳动所得不仅解决了一部分伙食费、学费和书费，减轻了学校和家庭负担，而且从中受到了很好的劳动教育。1958 年 1 月 27 日，共青团中央发布的《关于在学生中提倡勤工俭学的决定》指出：“一面劳动，一面读书，勤工俭学的活动对于培养学生成为具有社会主义觉悟的、有文化的劳动者，有着极其重大的意义”。1958 年 2 月 3 日，国务院政府工作报告《关于 1958 年度国民经济计划草案的报告》中提出“有步骤地实行半工半读的教育制度。中等学校和高等学校，凡是有条件单独举办或者联合举办实验工厂、实验农场和实验牧场的，都可以单独举办或者联合举办，一面从事教学，一面从事生产劳动；不能举办的，可以同当地的工厂、作坊和服务行业订立生产实习合同，进行实习，或者参加当地的定期义务劳动和农业合作社劳动，使学习和劳动相结合”的教育制度[①]，半工半读进一步扩大到高等教育领域。1958 年 9 月，中共中央、国务院发布的《关于教育工作的指示》中指出今后半工半读学校将与全日制学校、业余学校同为我国三类主要学校。至此，半工半读确定为我国的一种基本教育制度。此后，学校掀起了大办工厂、农场的热潮，往往在几天之内，一个学校内就办起几个甚至几十个大大小小的工厂、车间和作坊，实行半工半读。与此同时，一些工厂、企业也开始举办学校，形成了全社会办教育、全社会发展生产的格局。

半工半读教育在试办两三年后，由于 1958—1960 年国民经济中工农业比例严重失调，1960 年国家开始对国民经济进行为期三年的调整、整顿，半工半读学校被迫停办。1963 年，国民经济开始恢复。1964 年下半年，天津、北京、上海等大、中城市开始举办各种形式的半工半读学校。1964 年 11 月，中央正式作出《关于发展半工(耕)半读教育制度问题的批示》，明确提出两种教育制度和两种劳动制度，指出：

① 周惠英，周士才. 中国教育同生产劳动相结合大事记[M]. 北京：教育科学出版社，1995

“在教育工作中，全日制小学还要发展，全日制的中学和高等学校不再发展了；以后，国家的教育经费，除了维持这些全日制的学校以外，新增加的主要用来办理或者津贴半工半读、半农半读的中等和高等学校”。全国各地农村半农半读的农业中学、中等农业技术学校迅速发展，一些全日制的中等专业学校和技工学校“既是学校、也是工厂”。为了更好地领导和推进半工(农)半读教育的试验工作，一些省市和中央教育部门成立了专门管理半工半读的机构。例如，天津市成立了半工半读教育委员会。技工学校的管理权也由劳动部移交到教育部，教育部成立了半工半读教育办公室。

可见，当时我国开展半工半读有其深刻的经济社会根源。具体而言，集中表现在以下几个方面。

1. 普及工农教育的重要形式

1952年，我国参考苏联的经验对旧教育制度进行改造，经过几年的实践，发现完全照搬不适合我国的国情，存在许多问题。例如，过分强调统一，专业划分过窄；过分重视课堂知识学习，忽视劳动教育和就业教育；教学内容搞一刀切，不注重学生个性的培养；办学形式单一，地方积极性不高等。当时教育界内外强烈要求反思苏联的经验，走一条适合中国国情的教育之路。而革命战争时期解放区学校的学生“一面学习、一面参加劳动”，不仅通过参加劳动解决了办学经费的困难，还要走向社会，参加抢收、抢种等积累生产劳动的经验，这成为新中国教育改革的重要方向。

2. 落实教育与生产劳动相结合教育政策的要求

马克思、恩格斯指出，教育与生产劳动相结合“不仅是提高社会生产的一种方法，而且是造就全面发展的人的唯一方法”①，指出了教育与生产劳动相结合既可以促进生产力的发展，也可以促进人的全面发展。而当时刚成立的新中国，既需要发展生产，也需要发展教育，而半工半读能使二者兼顾。为此，1958年9月，《中共中央、国务院关于教育工作的指示》中提出：“党的教育工作方针，是教育为无产阶级的政治服务，教育与生产劳动结合”，同时指出“教育的目的，是培养有社会主义觉悟的有文化的劳动者”“在一切学校中，必须把生产劳动列为正式课程。每个学生必须依照规定参加一定时间的劳动”，同时也对“学校办工厂和农场，工厂和农业合作社办学校”作出了详细的说明。

3. 缓解教育“大跃进”和普及初中等教育与教育经费不足的矛盾

1958年5月召开的中共八大二次会议中指出：要在一段时间内扫除文盲，普及小学教育，逐步做到一般的乡都有中等学校，一般的专区和许多县都有高等学校和科研机关，提出了教育“大跃进”的目标。另外，全国各行各业开始快速发展，使

① 中共中央马克思恩格斯列宁斯大林著作编译局. 马克思恩格斯选集(第3卷)[M]. 北京：人民出版社，1772

刚刚开始恢复的国民经济面临着发展资金严重不足的问题，国家不可能拿出钱来大办教育，因此，教育的普及只有依靠群众的力量才能实现。由于大、中专院校和技工学校拥有较好的实验、实习和实训设备，既能够满足学生实习，也能生产产品或设备，可谓一举两得的事情。“半工半读学校，由于学员在学习期间不脱离生产劳动，继续为国家创造财富，这就能减轻国家和学员家庭的经济负担，做到多快好省地发展教育事业”“像我们拥有六亿五千万人口的国家，要普及教育，光靠全日制学校是不行的。只有实行半工半读（半耕半读）这种教育制度，才能使工人、贫下中农和他们的子女有更多的入学机会，也才有利于更快地普及教育，实现劳动人民知识化”。①

4. 解决生产“大跃进”与技术人才、生产技术和设备不足之间的矛盾

1958年，我国各行各业出现了快速发展的局面，生产领域的快速跃进实质就是短期内扩大生产规模，生产规模的扩大要求大量的技术人才，必然要求教育的快速发展；另外，生产规模的扩张需要技术和生产设备的支撑。1958年6月3日，《人民日报》发表了“向技术革命进军”的社论。大、中专院校和技工学校必须大搞技术革新、技术革命，积极投入到技术革新、技术革命的洪流中去。当时，许多生产工作出色的技工学校，它们的生产水平一般不低于同类型条件相同的工厂，这客观上为职业学校实行半工半读提供了用武之地。据1958年初估算，如果把技工学校所有的生产实习设备都充分利用起来，用于生产普通车床，年产量可达到一万多台。②以天津市工厂办学的实践表明，据当时报纸报道：春和织布厂开展半工半读半年后，产值和劳动生产率提高了30%。飞龙橡胶厂实行半工半读后的1959年第三季度，劳动生产率比上年同季度提高了60.7%。③1960年，静海县一度缺乏焦炭，许多县办工厂企业停工待料。静海县技工学校通过到外地参观访问取经，及时试验成功了“白煤化铁”的办法，效果好、质量高，还降低了成本，减少了煤耗。④天津市劳动局所属的第一、第二技工学校，1959年生产的各种机床占全市全年机床生产总数的20%；第一航空技校一年中就生产电动机3000多台，车床200台。⑤

（二）半工半读的主要形式

1. 厂办学校的半工半读

由于当时我国的工人文化程度普遍低，不能满足生产的要求；中等职业学校的

---

① 本刊记者. 半工半读教育制度意义重大[N]. 解放军日报，1964-8-21

② 马文瑞. 勤俭办学，勤工俭学，为培养思想好、技术好、身体好的新工人而努力[J]. 劳动，1958，8：2-6

③ 李霞. 天津工学结合职教模式的历史演变[J]. 天津职业院校联合学报，2007，1：54-56

④ 文誉. 积极为农业服务的静海县技工学校[J]. 劳动，1961，12：3-5

⑤ 何佛. 技工学校必须认真抓生产[J]. 劳动，1961，2：9-11

毕业生数量又少，不能满足企业用工的需求，因此需在工厂开展半工半读的学徒制，对在职职工开展文化与技术教育，对新招收的初中毕业生开展技术教育来满足工业化建设的需要。1958 年 5 月 27 日，天津国棉一厂工人半工半读学校正式开学，招收了 51 名工人，每天 6 小时生产、2 小时学习，实行“六二”制半工半读。这是全国第一所工人半工半读学校。1958 年 5 月 29 日，《人民日报》发表了题为“举办半工半读的工人学校”的社论，指出：“半工半读的工人学校是培养工人成为知识分子的主要形式，它代表着我国教育事业发展道路中的一个新的方向，是多快好省地培养工人阶级知识分子的一项重要方法”。此后，厂办半工半读的职业教育以天津为试点，逐步向全国推广。1958 年 8 月 10 日，天津市制定了《工厂办学校(半工半读)规划草案》，规定：“今年有 6000 名初中毕业生分配给属于‘高、精、尖’的工厂，实行半工半读”，在市委半工半读领导小组的领导下，市教育局会同有关局、委，确定了感光胶片厂、制药厂等 19 个单位招生，共招收初中毕业生 4050 人，举办了青年学生半工半读中等专业学校。这类学校一般由厂长兼任校长，另配专职的副校长，参照全日制中等专业学校设置专业，安排教学计划。开始阶段，学生半天在课堂学习，半天在对口车间劳动，角色转换过快，后来改成一周学习，一周劳动，学生随工人倒班，确定师徒关系，本着“工种轮换，一专多能”的原则，在几个主要工种上基本达到能独立操作水平后，固定在一个工种上。①

从天津的实践来看，当时厂办技工学校有三种类型，据 1960 年 9 月统计，全市厂办青年学生半工半读学校 20 所，学生 5200 人；一般工人半工半读学校 26 所，学员 7800 人；调训老工人半工半读学校 64 所(班)，学员 3400 人。全市共有半工半读学校 110 所(班)，学员 16 400 多人。②

2. 城市职业学校的半工半读

1958 年，西安第一航空工业技工学校提出“不要国家一分钱，每年照样为国家培养出 300 名合乎标准要求的技术工人”的倡议。西安第一航空工业技工学校勤工办学的先进事例在报纸上受到公开表扬后，全国掀起了学先进、赶先进的热潮。1958 年 3 月 20 日，召开了全国技工学校工作会议。会议一致认为今后技工学校必须坚决贯彻勤俭办学、勤工俭学的方针，走上自给自足的道路，为国家培养具有社会主义觉悟、必要的技术理论知识、全面的专业操作技能和身体健康的新工人。“凡是有条件附设生产单位的学校，应当力争在一定时期以后使学校经费达到自给、半自给或者部分自给，以便又多、又快、又好、又省地发展我国的教育事业。”

技工学校的半工半读，一般采用取“三三制”(三天上课，三天劳动)，少数采

① 李霞. 天津工学结合职教模式的历史演变[J]. 天津职业院校联合学报，2007，1：54-56

② 刘贵顺. 天津成人教育及普通中等教育大事记[M]. 天津：百花文艺出版社，1996

取“四二制”，也有随年龄的不同而作不同的课时分配的。[①]三个学年教学过程的安排一般应该是：①第一学年每周三天理论课三天实习课，理论课与实习课可按隔日间倒或三日间倒等办法进行授课。②第二学年每周两天理论，4 天实习，其中下学期每周也可组织连续实习，连续实习的课可采取昼夜三班轮流授课的方法；如果因设备条件限制，也可以与第一学年相同。③第三学年除每周保留 5—6 节工艺课和政治课外，应全部在校连续实习或进企业生产实习。[②]

从实施半工半读职业学校的外部条件来看，不仅每个技工学校都有一定的生产实习设备和技术力量能够参与生产，更为重要的是随着工农业领域生产的快速跃进，生产设备短缺，让职业学校生产的产品有了社会需求。为了保证原材料的供应和解决产品销路问题，《中共中央、国务院关于教育工作的指示》中指出：“地方党委和政府，应当把学校所办的工厂和农场，纳入地方的生产计划和商业销售计划，对它们供给原料和推销它们的产品，派技术工人去传授生产技术，并注意指导和组织他们的生产”。同时，许多学校都主动地争取为生产部门加工订货或共同协作制造机器部件。例如，天津市第一技工学校和十几个生产部门签订了合同，仅河北省农业厅等部门就向该校订购了 100 余台 C615 车床、皮带车床和皮带牛头刨床；天津市第一机床厂也让该校代为配制车床零件 10 000 多件。[③]

3. 农业中学的半工半读

新中国成立之初，我国中等职业学校主要是当时接收、改造的中等专业学校和学习苏联建立的技工学校，它们主要面向城镇居民，在农村并没有建立专门的职业学校。1956 年，我国基本完成了社会主义改造，由于生产力水平提高和基础教育的发展，等待升学的高小、初中毕业生大幅度增加。当时全国每年 13—16 岁的高小毕业生共有 3700 万人，正规初中只能容纳 700 万人，缺口很大，而且大多在农村。1957 年春，全国高小毕业生大约有 4/5 不能升初中，初中毕业生大约有 2/3 不能升高中和中等专业学校，高中毕业生有将近一半不能升学。为解决生产和升学的双重压力，1958 年江苏省农民自发创办了农业中学，及时召开了民办农业中学座谈会；同年 3 月 24 日，教育部在北京召开的第四次全国教育行政会议上提出了“大力举办农业中学、工业中学和手工业中学，把高小毕业生培养成有社会主义觉悟，有文化，又有一定生产技能的劳动者”的要求。随后，江苏、浙江、河南、辽宁等省都举办了大量的农业中学。1958 年 4 月 21 日和 1960 年 3 月 16 日，《人民日报》分别发表了题为“大量发展民办农业中学”和“又多又好地办农业中学”两篇社论，强调要

① 刘亚雄. 办好技工学校，培养更多的新技术工人[J]. 人民日报，1960-4-10

② 袁耀华. 力争技工学校工作全面大跃进[J]. 劳动，1958，8：5-9

③ 本刊记者. 校校努力赶先进，勤俭之花处处开——全国已有 12 所技工学校决定今年全部自给自足[J]. 劳动，1958，7：9

“大力发展农业中学，多办一些农业中学，进一步把农业中学办好”。农业中学创办的目的是为农业培养技术人才，实行群众办学，农忙劳动，农闲学习，半耕半读，为农业生产服务，并采取谁读书谁出钱的原则。农业中学是民办中学，学生缴费上学，但由于实行勤工俭学、半工半读，既参加劳动获得了劳动报酬，极大地减轻了学生家庭的负担；又满足了农业生产所需的劳动力，尤其是农业播种和秋收的季节性劳动力需求大的要求；既满足了人民群众接受高一级教育的需求，又满足了人民公社刚成立对技术人才的需求，所以在全国得到了普及。

农业中学开设的课程有语文、数学、农业知识和政治 4 门课，学制二至三年，招生对象以 25 岁以下的高小、初中毕业生为主，同时招收一些不同程度的青壮年，25 岁以上的一般不收，以免影响生产。[①]农业中学普遍设有农场和试验田。教师指导学生在学校试验园地里做试验，学生学会了就在生产队里进行小块试验，向群众推广。当地什么作物的生产技术有问题，学校师生就研究什么。可以看出，当时农业中学仍以提高学生普通文化知识水平为主要任务，同时结合当地农业实践，开展一些与当地农业生产紧密结合的科学种田知识和技术，教学采取课堂教学与田间教学、书本知识和老农经验相结合的办法，边教边做，边做边学，学生不仅学到了知识，掌握了技能，还锻炼了工作能力。当时有人提出“教学超普中，生产赛老农”的教学目标。

4. 普通中学的半工半读

1958 年，《中共中央、国务院关于教育工作的指示》中指出：“在一切学校中，必须把生产劳动列为正式课程。每个学生必须依照规定参加一定时间的劳动”，把生产劳动纳入课程体系。1958 年 3 月 8 日，教育部在《关于 1958—1959 学年度中学教学计划的通知》中规定：“初高中各年级增设生产劳动课，每周 2 小时；学生参加体力劳动的时间每学年为 14 天到 28 天”。随着这个教学计划的贯彻执行，各地中、小学校都把生产劳动列为正式课程。同时，一些普通中学为落实“学校办工厂，工厂办学校”的指示精神，也开始兴办工厂。例如，南充第五中学大办工厂和农场。[②]但总体来看，这一时期，大多数普通中学只是把劳动教育作为一门课程。

后来由于错误地把半工半读学校定为资产阶级职业学校，两种教育制度被定为资本主义国家双轨制教育的翻版，农业中学完全消失，技工学校大多改为工厂，中等专业学校大多停办，职业教育几乎丧失殆尽。中等职业教育消失了，为了满足毕业生就业的需要，扩大了普通教育中的职业教育因素。1964 年，全国掀起了“农业学大寨”“工业学大庆”的群众运动，在普通中学普遍开展“半天学习、半天劳动”，

---

① 吴天石．江苏的农业中学[J]．人民教育，1958，5：12-13

② 杨萍．亦工、亦农、亦学——南充第五中学大办工厂、农场[J]．劳动，1958，16：9

参加工农业生产，学习工农业知识，代替了以往的“半工半读”教育制度。至此，半工半读教育制度在中国消失，直到21世纪初才再次提起，将其列为职业教育的一种教育制度。

我国20世纪五六十年代实行的“半工半读”教育制度，是我党“自力更生、艰苦奋斗”在教育领域的具体表现，是社会主义国家扩大教育规模的一个伟大创举，是文化革命和技术革命的一次有机结合，是推进全民教育的一种有益探索，是普通教育职业化、职普教育融通、产教融合的一次积极尝试，是教育与生产劳动相结合的有效途径，是工农教育大众化的有效实现形式，是培养受教育者劳动观念的重要手段。总体来看，当时的半工半读变成了教育与生产并行并重，旨在实现教育与经济的双丰收；既是一种教育方式，也是一种生产方式，目的是尽快摆脱经济与教育双重落后的面貌；虽是特定历史条件下的产物，但在实践过程中产生了许多宝贵的经验和教训。当然，急于求成、重视规模，在各类教育中泛化发展是影响其健康持续发展的重要因素之一。

二、新世纪工学结合、半工半读

半工半读，是职业院校与企业合作培养学生、学生通过工学交替完成学业的一种现代职业教育学习制度。2005年10月28日，国务院印发的《关于大力发展职业教育的决定》（国发〔2005〕35号）中提出了“逐步建立和完善半工半读制度，在部分职业院校中开展学生通过半工半读实现免费接受职业教育的试点，取得经验后逐步推广”的要求。2006年3月30日，教育部为了贯彻落实该文件的精神，印发了《关于职业院校试行工学结合、半工半读的意见》（教职成〔2006〕4号），同年10月又在山东省青岛市召开全国职业教育半工半读试点工作会议，印发了《教育部关于在部分职业院校开展半工半读试点工作的通知》（教职成〔2006〕12号），并确定了107所试点学校，该通知指出：“建立和完善半工半读制度，对于全面贯彻党的教育方针，遵循职业教育规律，实现职业教育与生产劳动相结合，有效促进学生成才就业，帮助贫困家庭学生通过半工半读实现低费或免费接受职业教育，促进职业教育发展，培养造就适应经济社会发展需要的高素质劳动者，具有十分重要的意义”。

半工半读是职业教育的一种学习制度。《教育部关于在部分职业院校开展半工半读试点工作的通知》中明确指出：“在工学交替的具体形式上，学生可以在学校集中学习一段时间，然后到企业实习；可以在学校和企业实行工学多次交替的学习方式，学生边学习边工作，完成学业”。从目前来看有如下几种模式。

(1)三明治交替模式，即“1+1+1”型：一学年学习，实习工作一学年，再学习一学年，学习与工作交替进行的模式。主要依据“实践—理论—再实践”的认识规律，抓住理论和实践的紧密结合，通过“实践—理论”的多次循环反复，逐步深入，不断提高学生对知识掌握的深度和将知识运用于实际的能力。

(2) 两段式预分配模式，即“2+1”型：在校学习两年，最后一年在企业实习，实习后直接进企业工作，这种模式是目前我国职业教育半工半读具体实施中较为普遍采用的模式。另外，还有“1.5+1.5”型，即工读各占一半时间等。

(3) 多次交替模式：可以在学校和企业实行工学多次交替的学习方式，学生边学习边工作，完成学业。海南省银行学校自 2005 年首推“工学交替”办学模式，实行多次工学交替，即“0.5+0.5+0.5+0.5+1”模式。

2005 年以来，在国家政策的引领下，各地也出现了半工半读典型。某调研报告称，上海市 7 所中等职业学校开展半工半读，所依托的企业共 227 家，涉及近 40 个专业，基本覆盖了学校所设专业；7 所学校实行半工半读的学生为 9000 多人，约占在校生总数的 38%，其中三、四年级学生占 85%；学生在企业工作时间最长的学校平均为 12 个月，最短的是 5 个月，并以“就业型顶岗实习”居多；学生在半工半读期间从企业获得的补贴平均每月为 561 元，最多的达到了 1500 元①。但随着国家对中等职业学校家庭困难学生实行助学金和免学费政策的实施，学校解决贫困学生经济负担的压力减小，加之受校企合作体制机制的影响，半工半读制度受到了一定的影响。

总之，新世纪所实施的“半工半读”制度与 20 世纪五六十年代实施的“半工半读”制度相比，两者存在着明显的不同。具体来看，既有相同之处，也有不同的用途。

(1) 相同之处表现在以下三个方面：①落实教育与生产劳动相结合教育方针的要求；②解决贫困学生学费问题，减轻家庭经济负担；③扩大教育规模。

20 世纪五六十年代，“半工半读”是由于 1958 年扩大教育规模受经费限制的问题而产生的，2005 年国家作出了大力发展职业教育的决定，要求中等职业学校在校学生最后一年要到企业等用人单位顶岗实习，高等职业院校学生实习实训时间不少于半年，主要通过顶岗实习强化学生实践能力的培养，但与此同时也是扩大招生规模的重要举措。中职学生在校时间缩短一年，就可以扩大招生规模。2005 年和 2006 年每年扩招 100 万人，2007 年扩招 50 万人的扩招目标得以实现。

(2) 不同之处表现在以下三个方面：①内涵不同。20 世纪五六十年代半工半读不仅在学校开展，也在工厂实行，既是一种教育制度，也是一种劳动制度；而 21 世纪的半工半读只是一种教育制度。②实施范围不同。21 世纪主要在职业教育领域实施半工半读；而 20 世纪五六十年代没有限定。③目的不同。20 世纪五六十年代的半工半读教育制度，绝非是一种简单的教育制度，它是政治、经济、技术、文化和教育综合作用的结果，以普及工农教育作为教育目标，以树立劳动观念作为政治

① 赵锋. 半工半读：推进的关键在于制度建设[N]. 中国教育报，2006-12-14，第 3 版

目标，以发展生产作为经济目标，以文化革命和技术革命作为科技目标，以勤工俭学作为行进路线，以产教融合作为主要载体，以工学结合作为主要形式，以政治动员作为主要策略，以快速跃进作为助推力；而21世纪的半工半读主要是发挥其教育功能，《关于在部分职业院校开展半工半读试点工作的通知》中指出："半工半读是现代职业教育的一种学习制度，是工学结合、校企合作的一种人才培养模式，其基本形式是学校与企业等用人单位合作培养学生，学生通过工学交替完成学业"。

由于校企合作缺乏国家强有力的法律法规作为保障，无论是20世纪五六十年代还是21世纪，半工半读最终都没有成长为一项行之有效的教育制度。21世纪，国家推行半工半读虽然并没有完全落实，但在推动产教融合、校企合作、工学结合方面起到了积极的推动作用。20世纪五六十年代的半工半读，由于社会赋予了其太多的功能，且在各类教育中泛化发展，导致其大起大落，但其在职业教育领域中试行学校办工厂、工厂办学校、产教融合、工学结合、服务生产、以产养教的做法，尤其是其被纳入社会化大生产的一个环节来认识和发展，对于指导职业教育的发展具有重要的现实意义。

第九章

职业教育督导评估制度

1995 年 3 月 18 日，中华人民共和国第八届全国人民代表大会第三次会议审议通过的《中华人民共和国教育法》的第二十五条规定："国家实行教育督导制度和学校及其他教育机构教育评估制度"，对于中小学，国家主要实行教育督导制度；对于高等学校，国家主要实行教育评估制度。高等职业教育属于高等教育的范畴，主要实行高校评估制度，中等职业教育属于高中阶段教育，除了教育督导以外，也实行学校评估制度，但长期以来中等职业学校的评估主要是选拔性评估而非普适性评估，自 2012 年国务院颁发《教育督导条例》以来才开始进行普适性评估。从中等职业学校评估制度建设历程来看，大致经历了三个阶段：一是改善基本办学条件评估阶段；二是推动改革创新阶段；三是全面督导评估阶段。

一、职业教育督导评估制度历史演变

(一) 中等职业学校办学条件评估

我国中等职业教育最初没有开展普适性评估工作，只有省级和国家级重点校或示范校评估工作。我国省级重点职业学校的评估工作始于 20 世纪 80 年代中期。例如，1987 年河北省开始建设示范校，并于 1989 年制定了《河北省示范性职业学校建设意见》，把办学思想、办学条件、教育和教学水平、管理水平等作为建设评价指标。1990 年又进一步完善了评价指标，到 1991 年已确定 46 所职业学校为省级示范校。1988 年 7 月，河南省教育委员会印发了《关于办好省级示范性职业技术学校的意见(试行)》，该文件对省级示范性职业技术学校的办学条件作了具体规定，并认定了"河南省首批示范性职业技术学校"共 18 所。截至 1990 年，全国已有 18 个省(自治区、直辖市)和 8 个部委在所属的中等专业学校(不含中等师范学校，下同)中开展了教育评估工作，并取得了明显的成效，为在全国范围内开展中等职业教育评估工作奠定了基础。

由于我国职业高中是在 20 世纪 80 年代初开始调整中等教育结构中产生的，毕业生国家不包分配，学校面向市场办学，是有计划商品经济的产物。为了引导和规范职业高中的办学，国家教育委员会从1990年开始酝酿省级重点职业高中的评估工作，8月国家教育委员会印发了《省级重点职业高级中学的标准》(教职〔1990〕008号)，并决定对职业高中开展评估。这一标准由办学指导思想、办学基本条件、学校管理、教师、德育、教学、体育美育和卫生工作、毕业生工作、经费9个方面、36条具体要求组成。从总体来看，这9个方面是学校开展正常教育教学的基本条件，所提出的要求许多是定性的，定量的较少，这一指标体系主要是规范职业高中基本办学行为。各地按照国家教育委员会颁发的《省级重点职业高级中学的标准》，结合各自的实际情况，制定了本省(自治区、直辖市)的评估标准和办法，并认真地组织了评估工作，经省级人民政府审批后，国家教育委员会将其中办学指导思想端正、办学条件较好、教育质量较高，并对本地经济和社会发展起到较好作用的206所职业高中认定为首批省级重点职业高级中学，1991年1月15日，国家教育委员会下发了《关于认定首批省级重点职业高级中学的通知》，从国家层面正式启动认定工作。

为贯彻落实《中国教育改革和发展纲要》和《国务院关于大力发展职业技术教育的决定》提出的建设一批国家级重点职业高级中学的精神，在省级重点职业高中评估的基础上，1994年2月，国家教育委员会印发了《关于颁发〈国家级重点职业高级中学标准〉的通知》，评估指标共有24条具体要求，其中能够量化的要求表现在办学指导思想、办学规模、校园校舍面积、实验室开出率、师资配置、馆藏图书、实习基地、经费来源、校办产业、体育设施、毕业生就业率和专业对口率等方面。该评估标准对校园面积、校舍面积、实习基地等都作出了定量的规定并且较以前提出了更高的要求，对办学条件的评估把学校的实习基地列入其中，说明国家开始认识到职业教育实践教学的重要性。1994年，国家教育委员会办公厅印发的《关于印发〈全国骨干职业技术学校(中心)建设工作研讨会纪要〉的通知》(教职厅〔1994〕2号)中指出，到20世纪末，骨干职业高中建设的基本目标是：在全国建成1000所左右水平较高的骨干学校，其中有一部分基本达到《国家级重点职业高级中学标准》对重点学校的要求。各地还可以从实际出发，根据需求自行制定标准，建设一批能够代表中心城市的行业和地区范围先进水平的各类骨干职业高中。同时，国家还将通过多种形式，评选和表彰在某方面办学成绩突出的职业技术学校，鼓励因地制宜、各具特色地发展职业技术教育。1995年，国家教育委员会办公厅印发了《关于开展国家级重点职业高级中学评估认定工作的通知》(教职厅〔1995〕1号)，要求国家级重点职业高级中学应具备6个方面的基本条件。评估工作首先由各省(自治区、直辖市)教育委员会(厅、局)根据国家教育委员会的部署、要求，负责对本地各参评学校进行评估并向国家教育委员会上报备选学校。国家教育委员会负责国家级重点职业高级中学的评估审批工作并成立由教育管理人员、职教教研人员及有关专家组成的国家级重点职业高级中学评估审议小组。评估审议小组分析审核各省(自治区、直辖市)教育委员会(厅、局)上报的备选学校情况，并对部分学校进行抽样检查，协助国家教育委员会做好审批工作。1996 年 2 月，国家教育委员会批准北京市东城区职业教育中心学校等 296 所学校为首批国家级重点职业高级中学。这种“以省级评估为基础、国家抽查复评”的评估办法一直沿用至今。

新中国成立以来，中等专业学校与普通高等院校一样，主要是培养国家干部，并与高等教育纳入同一轨道进行管理，在 20 世纪 90 年代就开始试行合格评估和水平评估。中等专业学校的评估也是在充分总结各地经验，并借鉴高等教育评估经验的基础上开展的。1991 年 1 月，国家教育委员会下发了《关于开展普通中等专业学校教育评估工作的通知》，决定从 1991 年开始在全国范围内对普通中等专业学校进行教育评估。并指出：普通中等专业学校评估主要分合格评估（鉴定）、办学水平评估和选优评估三种基本形式。当年决定对办学 5 年的学校开展合格评估，对已经鉴定合格的学校进行办学水平评估，这一工作历时两年，在合格评估和水平评估的基础上，又开展了选优评估。1991 年 10 月，《国务院关于大力发展职业技术教育的决定》中提出了 20 世纪 90 年代发展职业技术教育的主要任务，强调“要有计划地对现有各类职业技术学校加强规范化建设，并集中力量办好一批起示范和骨干作用的学校”。1993 年 2 月，中共中央、国务院印发了《中国教育改革和发展纲要》，更加明确地提出“到本世纪末，中心城市的行业和每个县都应当办好一、两所示范性骨干学校或培训中心”。为贯彻党中央、国务院关于重点建设一批骨干示范职业学校的精神，做好建设骨干示范学校的工作，1993 年 5 月，国家教育委员会下发了《关于评选“国家级、省部级重点普通中等专业学校”的通知》，制定了评估指标体系，开展国家级、省部级重点普通中等专业学校的评估和认定工作，推动中专教育加快改革和发展，使这些学校更好地发挥骨干示范作用。从国家重点中等专业学校评估指标体系来看，除了学校办学水平评估总成绩优秀的要求外，还包括学生数量、办学条件、教育质量和学校管理水平、在教育教学改革方面取得的成效、有较强的自我发展能力和有较大的办学潜力等要求。

1990 年以来，教育部开展了省级、国家级重点中等职业学校评估认定工作和普通中等专业学校办学水平评估工作，普通中等职业学校评估工作先后评估认定了 1000 多所国家级重点中等职业学校。然而由于 1999 年高等学校开始大规模扩招，高等职业教育取得了长足的发展，有 300 多所国家级重点中等职业学校改办为高等职业技术院校，国家教育委员会时期评的国家或省级重点中等职业学校发生了很大的变化。2002 年国务院印发的《关于大力推进职业教育改革与发展的决定》中指出：“中央财政增加职业教育专项经费，重点用于补助农村和中西部地区加强职业教育师资培训、课程教材开发和多媒体教育资源建设以及骨干和示范职业学校建设”。为此，2003 年 6 月，教育部印发了《关于开展国家级重点中等职业学校调整认定工作的通知》（教职成司函〔2003〕33 号）及《国家级重点中等职业学校条件》，条件包括省（部）级重点以上学校、办学方向明确、质量效益好、基本办学条件良好、管理规范、注重改革创新等 6 个领域、16 项指标。《关于开展国家级重点中等职业学校调整认定工作的通知》指出，原国家级重点中等专业学校和原国家级重点职业高级中学原则上都要参加国家级重点中等职业学校调整认定工作，省教育厅将组织有关专家进行复评，对原国家级重点中等职业学校分别提出建议为“重新认定公布”“暂缓审定”“建议撤销”意见的学校名单报教育部。针对两年多来评估认定工作存在的问题，2005 年 5 月，教育部职业教育与成人教育司重新修订了《国家级重点中等职业学校评估指标体系》，印发了关于修订《国家级重点中等职业学校评估指标体系》的说明。评估指标体系选取最能反映中等职业学校办学水平和特色的主要项目编制而成。设有办学方向与质量效益、基础条件与合理利用、规范管理与改革创新三个一级指标，15 个二级指标，39 个三级指标，既有基础条件的要求，又有改革创新和质量效益方面的内容。在此期间，许多省对省级重点中等职业学校也进行了调整。例如，2002 年 9 月，河南省教育厅印发了《关于调整省级重点中等职业学校的通知》（教职成〔2002〕161 号）。许多省修订了省级重点中等职业学校的评估标准。2007 年，广东省教育厅发布了《关于印发修订的〈广东省重点中等职业学校标准〉及评估指标体系的通知》（粤教职〔2007〕14 号）。

从 2003 年起，在各地中等职业学校省级评估工作的基础上，教育部会每年开展国家级重点中等职业学校调整认定工作。2004 年 3 月，教育部办公厅印发了《公布新调整认定的首批国家级重点中等职业学校名单的通知》，确立了 1076 所学校为首批国家级重点中等职业学校，并指出：“从 2005 年开始，国家级重点中等职业学校调整认定工作将逐步常规化。各省级教育行政部门每年 10 月份组织对本区域内新申报的国家级重点中等职业学校进行评审并向教育部推荐，对已认定的国家级重点中等职业学校中办学层次发生变化和办学水平下滑、不再具备国家级重点中等职业学校条件的学校提出调整建议并报我部，我部将每年公布一次调整认定情况”。2006 年 5 月，教育部印发的《关于做好国家级重点中等职业学校调整认定工作的通知》（教职成司〔2006〕29 号）中指出：2003 年以来，教育部先后开展了三批国家级重点中等职业学校调整认定工作，在各地组织评审、推荐的基础上，认定并公布了国家级重点中等职业学校 1633 所。根据教育部对此项工作的总体安排，将每年开展一次的国家级重点中等职业学校调整认定纳入常规工作，今后每年将不再专门发文启动。《国家级重点中等职业学校条件》和 2005 年修订过的《国家级重点中等职业学校评估指标体系》仍然适用，今后如有修改，教育部将另行发文。同时，2005 年国务院印发的《关于大力发展职业教育的决定》中指出：“加强示范性职业院校建设。实施职业教育示范性院校建设计划，在整合资源、深化改革、创新机制的基础上，重点建设高水平的培养高素质技能型人才的1000所示范性中等职业学校和100所示范性高等职业院校”，1000 所示范学校的评价也建立了指标体系。

关于教育督导问题，从 1977 年国家提出恢复重建教育督导制度以来，我国的教育督导工作已经走过了 40 多年的发展历程，教育督导制度伴随着国家的改革开放和教育的改革发展逐步完善。1991 年 4 月，国家教育委员会颁发了《教育督导暂行规定》（教育委员会令第 15 号），主要是针对普通中小学开展教育督导工作，标志着我国教育督导工作纳入了法制化建设轨道。1995 年，国家颁布和实施的《中华人民共和国教育法》第二十五条规定：“国家实行教育督导制度和学校及其他教育机构教育评估制度”，教育督导制度被列为国家基本教育制度。过去教育督导的范围主要是基础教育，督导的对象主要是中小学学校。1996 年颁布的《中华人民共和国职业教育法》规定：“县级以上地方各级人民政府应当加强对本行政区域内职业教育工作的领导、统筹协调和督导评估”，标志着职业教育督导评估工作有了法律依据。中等职业教育督导主要是人民代表大会对教育经费的督导检查、上级部门对下级的督导监督，以及其他的社会团体对中等职业教育的督导检查，没有建立专门的督导组织和制度。

（二）高等职业学校评估

我国高等职业院校的前身之一是 20 世纪 80 年代面向市场办学的职业大学。1993 年，国务院召开了全国教育工作会议，颁布了《中国教育改革与发展纲要》，为落实《国务院关于〈中国教育改革和发展纲要〉的实施意见》中提出的“通过改革现有高等专科学校、职业大学和成人高校以及举办灵活多样的高等职业教育班等途径，积极发展高等职业教育”的要求，通过改革与建设，促进职业大学的健康发展。1995 年 10 月，国家教育委员会印发的《关于推动职业大学改革与建设的几点意见》中指出：根据《中国教育改革和发展纲要》中关于“建立各级各类教育的质量标准和评估体系”的精神，依照国务院发布的《普通高等学校设置条例》中关于高等职业学校的设置标准，国家教育委员会组织制定了有关高等职业教育的质量要求和评估体系，对现有职业大学的办学条件与办学水平进行评估。确定并采取措施，首先办好一批起示范作用的骨干学校。具备办学条件、社会又有较大需求的学校，要努力扩大办学规模，提高办学效益。对不合格的学校要责成主管部门制订计划，采取措施，限期改善办学条件。该文件提出了对办学条件和办学水平进行评估。1995 年 12 月，国家教育委员会印发的《关于开展建设示范性职业大学工作的通知》中指出：遴选占学校总数 20%左右、符合条件的职业大学进行示范性建设试点，并从办学方向、规模、领导班子、教师队伍、骨干专业、管理制度、办学方式、政府重视 8 个维度构建了评价指标体系，初步构建了体现高等职业教育特点的评估指标体系，为以后高等职业院校评估工作奠定了基础。1999 年，我国高等教育开始大规模扩招，高等职业教育作为高等教育大众化的主体之一，通过“三改一补”取得了长足的发展，经过 5 年的扩招，我国高等职业教育取得了快速的发展，也有了扩招后的毕业生。为规范高等职业教育的发展和提高办学质量，国家决定从 2004 年开始正式启动高职高专院校评估工作，2004 年，教育部办公厅印发了《关于全面开展高职高专院校人才培养工作水平评估的通知》(教高厅〔2004〕16 号)文件，在 2003 年评估试点工作的基础上重新修订了《高职高专院校人才培养工作水平评估方案(试行)》(以下简称《评估方案》)、《高职高专院校人才培养工作水平评估工作指南(试行)》和《高职高专院校人才培养工作水平评估专家组工作细则(试行)》等文件。由于高职院校办学的责任主体是各省市，评估工作由各省市自行组织。文件指出：各省(自治区、直辖市)在开展评估工作时，可从本地区的实际情况出发，在坚持《评估方案》标准的前提下，制订本地区的评估实施方案。各省级教育行政部门应制订本地区高职高专院校人才培养工作水平评估工作的总体规划和年度计划，保证 5 年内完成对本地区所有高职高专院校的第一轮评估;应从 2004 年起对本地区高职高专院校分期分批开展评估，公布评估结论，并向教育部推荐少量优秀院校，作为示范性高职院校候选单位。针对 2004 年评估工作中存在的问题，2005 年教育部印发了《关于进一步推进高职高专院校人才培养工作水平评估的若干意见》(教高〔2005〕4 号)，明确了评估工作中的一些基本要求：评估的范围为独立设置的专科层次院校，评估标准发生变化应遵循“只升不降、只增不减”的原则，评估专家队伍应保证一定比例(建议不低于 30%)的省外专家，要求成立本地高职高专教育院校人才培养工作水平评估专家委员会，倡导各地建立预评估机制和评估回访机制，评估结论中优秀院校的比例控制在 20%—30%等。至此，我国高职高专评估工作建立起了相对完整的评估制度。

二、突出改革创新评估阶段

为了落实 2005 年国务院《关于大力发展职业教育的决定》中提出的“以服务为宗旨，以就业为导向，走产学结合发展道路”的办学要求和推进“工学结合、校企合作”的人才培养模式等，2006 年 11 月，教育部印发了《关于全面提高高等职业教育教学质量的若干意见》(教高〔2006〕16 号)，以贯彻落实国务院和教育部相关文件的精神，促进高等职业院校加强内涵建设，深化校企合作、工学结合的人才培养模式，推动教育行政部门完善对高等职业院校的宏观管理手段，逐步形成以学校为核心、教育行政部门为引导、社会参与的教学质量保障体系。同时，近年来高等院校评估工作存在的不足和社会的不同反响，客观上也要求对高等职业院校评估工作方式进行改革。为此，2008 年教育部印发的《高等职业院校人才培养工作评估方案》(教高〔2008〕5 号)中指出：评估工作应强调评与被评双方平等交流，共同发现问题、分析问题、共同探讨问题的解决办法，注重实际成效，引导学校把工作重心放到内涵建设上来。评估工作的任务要围绕影响院校人才培养质量的关键因素来进行，主要是通过对“高等职业院校人才培养工作状态数据采集平台”数据的分析，辅以现场有重点的考察，全面了解学校的实际情况，对人才培养工作的主要方面作出分析和评价，提出改进工作的意见和建议，引导学校加大对工学结合改革的投入，使不断提高人才培养质量成为学校的自觉行动。根据新的要求，教育部颁布了新的《高等职业院校人才培养工作评估指标体系》。评估工作从水平评估转变为审核评估。

2005年，国务院发布的《关于大力发展职业教育的决定》中提出实施“四大计划”，国家投资100亿元加强职业教育基础能力建设。“十一五”期间，中央和地方加大了职业教育基础能力建设力度，改善职业学校的办学条件。为落实国务院文件精神，2006年，教育部、财政部启动实施了“国家示范性高等职业院校建设计划”，按照“地方为主、中央引导、突出重点、协调发展”的原则，遴选100所高职院校进行重点建设。2010年7月，教育部、财政部印发了《关于进一步推进“国家示范性高等职业院校建设计划”实施工作的通知》（教高〔2010〕8 号），中央财政支持20亿元，加强对100所示范校的建设。2013年7月，教育部办公厅、财政部办公厅颁布的《关于做好“国家示范性高等职业院校建设计划”骨干高职院校建设项目2013年验收工作的通知》（教职成厅函〔2013〕19号）中指出：依据“地方为主、中央引导、突出重点、协调发展”的建设原则，国家骨干高职院校建设项目验收工作按照“院校总结、省级验收、两部验收”的程序进行。验收工作以检验任务书完成情况为基础，注重办学体制机制创新经验总结，同时关注第三方对项目建设效果的评价。“十二五”期间，国家又建立了100所国家骨干高职院校。

2010年的《国家中长期教育改革和发展规划纲要（2010—2020年）》文件中提出支持一批中等职业教育改革示范校和优质特色校建设改革试点项目。为落实国家教育规划纲要的精神，2010年6月，教育部、人力资源和社会保障部、财政部联合下发了《关于实施国家中等职业教育改革发展示范学校建设计划的意见》（教职成〔2010〕9号），中央财政投入100亿元，先后分三批支持1000所中等职业学校加大教育教学改革创新。国家改革发展示范校建设的重点是深化学校教育教学改革，每所学校中央财政投入1000万元左右的资金，要求70%的资金用于教育教学改革。中等职业学校示范校的选拔条件主要是：办学定位准确、办学特色鲜明，产教结合、工学合作紧密，改革创新成效较突出。建设的主要内容是：以工学结合、校企合作为建设重点，以加强“双师型”教师队伍建设、完善学校内部管理体制和制度、创新教育教学内容、改进教学方法和现代化教学手段为保障，不断创新学校的办学模式、人才培养模式、教育教学模式和人才评价模式等，切实推动学校加强内涵建设，着力提高办学水平和人才培养质量。建设目的是建成一批在改革创新、提高质量和办出特色等方面具有示范作用的学校。由于示范校建设的目标主要是改革创新，因此对示范校评估验收不再采用以往事先设计好的评估指标和方案去评价验收示范校，而是依据示范学校招标时自己设定的实施方案来进行验收，根据完成情况来确定是否通过，这种验收办法充分尊重了学校改革创新的自主权。由于国家不设具体的示范校验收评价指标体系，为了以评促建，不少学校按照学校自定的实施方案，纷纷构建本校的评估指标体系，将校内评估和国家对示范校的总体要求有机结合起来，形成了符合学校自身发展的评估工作常态机制。可以说，国家示范校建设，不仅建设了1000所高水平中等职业学校，取得了一系列推动学校教育教学改革的教研成果，而且创新和完善了中职学校办学的体制机制，为之后示范校的改革与发展奠定了很好的基础。

三、全面督导评估阶段

《国家中长期教育改革和发展规划纲要(2010—2020年)》指出："健全统筹有力、权责明确的教育管理体制。以转变政府职能和简政放权为重点，深化教育管理体制改革，提高公共教育服务水平。明确各级政府责任，规范学校办学行为，促进管办评分离，形成政事分开、权责明确、统筹协调、规范有序的教育管理体制"，落实《国家中长期教育改革和发展规划纲要(2010—2020年)》提出的管办评分离的要求。2014年，国务院《关于加快发展现代职业教育的决定》(国发〔2014〕19号)中指出："强化督导评估。教育督导部门要完善督导评估办法，加强对政府及有关部门履行发展职业教育职责的督导；要落实督导报告公布制度，将督导报告作为对被督导单位及其主要负责人考核奖惩的重要依据。完善职业教育质量评价制度，定期开展职业院校办学水平和专业教学情况评估，实施职业教育质量年度报告制度。注重发挥行业、用人单位作用，积极支持第三方机构开展评估"。

2011年12月，教育部研究制定了《中等职业教育督导评估办法》(教督〔2011〕2号)，拟对地方政府履行职业教育的责任进行评估。该办法围绕地方政府发展中等职业教育的宏观政策与制度建设、经费投入力度、学校办学条件的保障水平，以及学校总体发展水平与特色发展等方面进行评价。此外，文件还包括了设计好的《中等职业教育督导评估指标体系》《中等职业教育督导评估标准》及《中等职业教育督导评估有关情况调查表》三个评估工具。《中等职业教育督导评估办法》不同于以往对中等职业学校的评估，评估的重点主要是对政府落实职业教育责任的评估，主要包括政策制度制定和落实情况、经费投入情况、学校办学条件、教育规模和质量等。从我国教育督导评估多年的实践来看，以往国家对基础教育开展的是督导工作，对高等教育开展的是评估工作，此次教育部颁布实施的《中等职业教育督导评估办法》，是我国中等职业教育督导评估工作迈出的第一步，旨在强化地方政府管理职业教育的责任。2014年5月，教育部印发了《关于开展中等职业学校教学工作合格评估试点工作的通知》(教职成司函〔2014〕63号)，文件指出：拟在三个省30所中等职业学校试点评估工作的基础上进一步完善，用5年左右时间对全国中等职业学校开展一轮教学工作评估。同时，建立了中等职业学校教学工作合格评估指标体系，评估指标体系包括办学思路、资源条件、专业与课程、过程管理、素质教育、教学质量、社会服务和特色荣誉 8 个一级指标、23 个二级指标和 57 个观测点。合格评估工作的实施意味着我国从传统的选拔性评估改为对学校办学水平和质量的评估。至此，我国中等职业教育建立健全了国务院《教育督导条例》中所要求的督政、督学和评估监测三位一体的督导评估体系。以上评估工作虽然没有全面开展，但从评价内容和指标体系的构建方面来看，已把督政和督学有机地结合起来了。

为落实《国家中长期教育改革和发展规划纲要(2010—2020 年)》提出的完善督导制度和监督问责机制，相关部门制定了有关教育督导条例，进一步健全教育督导制度。探索建立相对独立的教育督导机构，独立行使督导职能。健全国家督学制度，建设专职督导队伍。坚持督政与督学并重、监督与指导并重。为此，2012 年，国务院颁发了《教育督导条例》(中华人民共和国国务院令第 624 号)，首次将教育评估监测并入了教育督导内，明确了新时期督政、督学、评估监测三位一体的教育督导评估体系及三者的主要任务和方法。督导评估条例的颁发，意味着《中华人民共和国教育法》中提出的国家实行教育督导和评估制度有了具体的实施条例。2014 年 5 月，国务院《关于加快发展现代职业教育的决定》指出要强化督导评估工作。教育督导部门要不断完善督导评估办法，总结督导评估经验，要特别重视和加强督导政府及相关部门履行职业教育的责任；并要建立和落实好督导报告公布制度，将督导报告作为评价被督导单位及其主要负责人落实职业教育职责的重要依据。

为了落实十八届三中、四中全会精神，2015 年 5 月，教育部印发的《关于深入推进教育管办评分离促进政府职能转变的若干意见》(教政法〔2015〕5 号)中明确指出：“转变政府职能，严格控制针对各级各类学校的项目评审、教育评估、人才评价和检查事项(以下简称‘三评一查’)，大幅减少总量”“探索开展‘三评一查’归口管理制度。没有法律法规和政策的明确依据，不得随意进入学校进行检查”。

如前所述，《教育督导条例》的颁布，意味着国务院教育督导委员会是法律法规赋予的合法督导评估主体。为了落实国务院文件的要求，推动管办评相分离制度的实施，2016 年 3 月，国务院教育督导委员会办公室下发了《关于印发〈中等职业学校办学能力评估暂行办法〉的通知》和《关于印发〈高等职业学校适应社会需求能力评估暂行办法〉的通知》(国教督办〔2016〕3 号)；同年 6 月，国务院教育督导委员会办公室印发了《关于开展 2016 年全国职业院校评估工作的通知》(国教督办函〔2016〕36 号)，文件指出：“依据《教育督导条例》，国务院教育督导委员会办公室决定从今年开始开展全国职业院校评估工作”，为了深化教育督导改革、转变评估方式和评估手段，此次评估首次采用网上评估方式进行。《中等职业学校办学能力评估暂行办法》对中等职业学校办学能力评估的目的、原则、评估范围、内容和工具、实施方式和结果运用等作了具体规定。为了有效评估，制定了评估指标体系，具体包括基本办学条件、师资队伍、课程与教学、校企合作、学生发展、办学效益 6 个方面共 19 项具体指标。

国家教育督导委员会对中等职业学校进行办学能力的评估，充分发挥了法律赋予教育督导委员会的职能，委托上海市教育科学研究院对全国中等职业学校办学能力进行了评估，体现了管办评分离的要求，我国职业教育建立专业化的第三方评估也迈出了坚实的一步。

四、完善职业教育督导评估的建议

2012年，国务院颁发了《教育督导条例》，教育评估监测成为教育督导的三大职能之一，把对教育评估监测纳入了教育督导的范畴，2014年2月，国务院教育督导委员会办公室下发了《关于印发深化教育督导改革转变教育管理方式意见的通知》，明确了新时期教育督导的督政、督学、评估监测三位一体的督导体系及三大职能的主要任务。由于职业教育具有广泛的社会性、办学主体类型的多样性，因此教育督导更加复杂，需要按照职业教育的规律来构建职业教育督导评估制度。

（一）需要处理好的几个关系

督导评估要处理好以下几个方面的关系。

（1）政策落实和学校办学自主权的关系。随着学校办学自主权的落实，必须处理好国家政策的要求和学校办学自主权的关系。没有无约束的权力，无约束的权力必然导致权力泛滥。权力只有建立在国家政策和制度的基础上，才能避免不作为或乱作为，实现依法治校、发挥权力的最佳效益。

（2）国家和地方的关系。发展职业教育的责任主体在地方，职业教育与区域经济社会发展联系紧密，由于区域经济发展水平的差异，职业教育发展的差异性也很大，因此职业院校督导评估指标体系的建立，国家仅提供指导性方案，具体的评估指标体系应由各省来制定。

（3）规范与创新的关系。督导评估的重要作用是引领和规范职业院校的发展，不断提高教育教学质量，但职业教育办学模式和办学形式多样，院校之间办学情况差异较大，因此指标体系既要规范基本的教育教学行为，同时也要满足学校改革创新的需要。

（4）专项督导和定期评估的关系。建立督导评估指标，定期开展督导评估工作，但由于评估工作需要耗费大量的人力、物力和财力，不易经常开展，因此还需经常开展一些专项性的督导工作。

（5）监督与指导的关系。督导是手段，不是目标，督导要把督导结果及时反映出来，在评估过程中要充分重视学校自身的评估，自我查找问题，找出问题存在的原因，进一步明确学校的发展方向。

（二）新时期教育督导评估工作的改革趋势

十八届三中全会明确提出，要加快政府职能转变，全面深化教育领域综合改革，推进教育治理体系和治理能力的现代化。随着管办评分离工作的深入推进，教育督导评估工作逐步走向法制化、规范化、专业化。目前中等职业教育督导评估工作刚开始向正规化、法制化轨道迈进，许多工作刚开始起步，还需要进一步深化改革，集中表现在以下几个方面。

1. 从教育内部评估转向依托第三方力量的评估

国家出台了《教育督导条例》，成立了相对独立的教育督导委员会，这是一个受国务院直接领导的教育督导评估机构，但由于成立的时间短，力量也比较薄弱，更缺乏督导评估经验，在督导评估过程中还需要借助教育行政部门的力量来开展工作，其独立性、客观性会受到一定影响，今后要加强组织机构和队伍建设，建立一支专兼结合的专业化队伍是工作的重点。当然，教育督导委员会也可以引入专业机构和社会组织等第三方力量来开展评估工作。从目前的情况来看，我国独立于政府的专业性评估机构还较少，还需要依托多方力量开展督导评估工作，建立健全多元参与的教育评价体系。

2. 从对单一主体的督导评估转向对双“主体”督导评估

当前，国家教育督导委员会制定了全国性的中等职业学校评估指标体系，这对于了解和把握全国的情况是有益的，督导评估工作具有指导、激励和导向功能。目前我国各地经济发展水平的差异性较大，各学校的办学条件又千差万别，用统一的标准虽有利于监督，但难以体现区域性特点，不利于激励和引导，不利于调动地方的积极性和主动性。同时，职业教育办学的责任主体在地方，地方教育督导委员会应发挥对中等职业学校督导评估的主体作用，国家教育督导部门只作为宏观指导，对地方教育督导部门提出要求，而不应该直接对学校的办学能力进行督导评估。相反，为了落实好地方政府发展职业教育的主体责任，国家教育督导委员会应对地方政府及相关部门履行职业教育的责任进行督导评估，这样一方面落实了《教育督导条例》中的督政、督学和监督评估的三大职能，使国家和地方教育督导委员会各尽其责、各司其职，另一方面对学校的教学能力评估工作也更加有利。

3. 从重视学校评估逐渐转向重视专业评估

我国中等职业教育经历了大规模扩招以后，由于受学龄人口下降的影响，招生规模在逐渐萎缩，客观上要求中等职业教育要转型发展，实行学历教育与非学历教育并重，职前教育和职后培训并举的办学方针。同时，现代职业教育体系的建设，要求加强中高职衔接，中职与高职开展“3+2”分段培养、与高职开展“3+3”、与应用型本科开展“3+4”贯通培养等，职业学校多样化的办学形式，使得对学校的评估越来越难。同时，2005年以来，国家加强了职业教育基础能力建设的力度，中等职业学校总体办学水平有所提高，但职业学校办学条件，尤其是日常办学经费还很薄弱，落实到具体专业上，有的专业可能难以支撑人才培养，一些学校更是通过变换专业来增强吸引力，因此，要加大对专业的评估，通过对专业建设水平的评估来评价其是否是一个合格的专业，从而保证人才培养质量，促进地方政府加强对一些办学成本比较高的专业的支持力度。

4. 从被动接受评估向主动评估转变

长期以来，由于我国教育管办评职能没有分离，政府一身兼三职，认为公办学校是政府办的学校，对学校的一切行为都要进行监督，因此学校成为政府的附属物，学校虽然是办学法人主体，但没有办学章程，政府的政策和命令就自然而然成为办学的依据，学校对于教育主管部门的督导评估工作只能被动地接受。随着管办评的分离、政府职能的转变，政府主要发挥保基本、促公平的职责，学校办学越来越有高度的自主权，加快建立健全现代学校制度，依学校章程办学成为必然。为了在市场竞争中能够生存和发展，学校必然自觉地引入社会力量进行督导评估工作，以增强办学的市场适应能力，更好地服务发展，促进就业创业。

总的来看，改革开放以来，为适应国民经济的发展变化，我国中等职业教育经历了恢复发展、规模扩张、深化教育教学改革、提高管理水平等几个重要阶段，不同时期形成了各具特色的评估工作。但以往的评估工作更多的是作为重点校、示范校建设的抓手，而忽略了对普通中等职业学校的监督和指导，且评估以现场考察、定性评价为主，存在一定的局限性，集中表现为：管办评分离不够、第三方参与不足、现代信息技术应用不充分等，导致评估作用难以充分发挥。

经过改革开放40多年的发展，我国中等职业教育已进入一个相对稳定的发展阶段，职业学校也逐渐进入成熟发展阶段，加之经济从高速发展进入中高速发展阶段，学龄人口减少，人力资本从人口红利进入人才红利，这些将使我国中等职业教育评估工作从以往的选拔评估、重点评估逐渐发展为普适性的合格评估和审核评估；从以往的不定期、多变化、应急性的评估逐步走向定期化、规范化和日常化的评估；从激励性、引导性、选拔性评估逐步走向制度化、督导性、规范性评估；从自上而下的督导评估变为自下而上的督导评估；从单一主体、强制性的被动评估走向多元化主体、自觉性的主动评估；从政府主导、外生性评估逐渐走向学校主导、内生性评估；从反映办学水平的学校评估逐渐向反映人才质量的专业评估转变等。

第十章

职业资格证书制度

职业资格证书制度是市场经济国家实行就业准入制度和人才评价的重要制度。国家职业资格制度是一项国家制度，《中华人民共和国劳动法》第六十九条规定："国家确定职业分类，对规定的职业制定职业技能标准，实行职业资格证书制度"。《中华人民共和国职业教育法》第八条规定："实行学历证书、培训证书和职业资格证书制度"。可见，职业资格证书制度既是一项劳动就业制度，也是一种特殊形式的国家考试制度。它是按照国家指定的职业技能标准或任职资格条件，通过政府认定的考核鉴定机构，对劳动者的技能水平或职业资格进行客观公正、科学规范的评价和鉴定，对合格者授予相应的国家职业资格证书。我国从 20 世纪 90 年代中期开始实行职业资格证书制度，虽然这是适应社会主义市场经济体制的一项制度，但由于缺乏有效的监管部门，职业资格过多过滥，产生了不利于市场就业的负面影响，为此国家开始清理、整顿职业资格证书市场。在清理、整顿的过程中，社会上产生了不同的反响，甚至产生了一些错误的认识。因此，有必要系统地分析我国职业资格证书制度演变的历史、作用及未来发展的趋势。

一、计划经济体制下的工人技术等级标准

新中国刚成立时，国民经济百废待兴，尤其是工业化水平较低，加快建立现代工业体系迫在眉睫，因此在 20 世纪 50 年代初期，我国参考苏联的经验制定了新中国第一批工人技术等级标准。当时，苏联国民经济各部门的企事业单位必须实行《苏联国民经济中各工种专业统一的工人技术等级标准手册》所规定的标准。统一的工人技术等级标准主要用于国民经济各部门工资等级表的制定，工人技术等级的评定，以及工人培训与进修教学大纲的编写。[①] 因此，此次标准是根据把工资与技术等级相结合的标准而制定的，具有以下几个特点：①确定了"技术等级、工资等级、工作物等级三者一致"的原则。由于制定标准的出发点是确定工人的工资水平，三个

① 毛健，译.《苏联国民经济中各工种专业统一的工人技术等级标准手册》总则[J].职业教育研究，1989，3：32-35

等级一致实际上变成工资等级和技术等级一致，致使在实施过程中技术等级逐渐失去其独立存在的价值，变成工资等级的附属物。②形成了工人技术等级标准的多等级结构，有四级制、五级制、六级制、七级制、八级制，还有倒数的十级制，其中七、八级制中还有以一、二、三级分别作为起始级的。③确立了我国工人技术等级标准由各主管部门颁布的格局。标准是由各部门根据自己管辖权限内企业生产的实际需要制定的，其适用范围仅限于部门所属单位。④标准技术要求繁杂。[①]由于技术进步和照搬苏联标准的局限性，1963 年我国第一次开始全国性修订工人技术等级标准工作。

粉碎“四人帮”后，各行各业开始拨乱反正。1978 年，我国开始了第二次全国修订工人技术等级标准工作，1979 年 8 月 1 日，国家劳动总局印发了《关于试行新修订的工人技术等级标准的通知》(〔79〕劳总培字 36 号)，到 1980 年颁布实施了 8000 多个工种的工人技术等级标准。这次修标的突出特点是将工人技术等级标准与培训、考核连在一起，明确提出工人技术等级标准是“考核工人技术水平和对工人进行技术培训的科学依据”。为了鉴定工人的实际技术水平，调动工人学习文化技术的积极性，加强工人技术培训工作，提高我国工人队伍素质，适应现代化建设的需要，1983 年 4 月 25 日劳动人事部发布了《工人技术考核暂行条例(试行)》(劳人培〔1983〕46 号)，对国营企事业单位的技术工人开展有计划有步骤地培训，实行技术考核制度。第三次全国性工人技术等级标准修订工作于 1988 年下半年，由国务院组织的 45 个行业主管部门开始，它是在 1985 年以后国务院一些行业部门在修订工人技术等级标准工作中所作的探索性努力的基础上进行的。1989 年 2 月 11 日，劳动部下发了《关于修订工人技术等级标准和制定岗位规范的通知》(劳办培字〔1989〕5 号)。同年劳动部印发了《关于修订工人技术等级标准工作的意见》(劳培字〔1989〕33 号)，文件明确指出：工人技术等级标准，是衡量工人技术业务水平和工作能力的尺度，是对工人技术培训、考核、使用的基本依据，也是工人工资制度的重要组成部分。此后，国务院各主要部门积极修订工人技术等级标准。例如，1989 年 3 月 25 日，国家建设部下发了《关于发布部标准〈城市勘察、测量工人技术等级标准〉等八个工人技术等级标准的通知》(〔89〕建标字 135 号)，文件规定：原国家城建总局 1979 年颁发的《城市煤气、热力工人技术等级标准(试行)》《房屋修缮工人技术等级标准(试行)》《园林工人技术等级标准(试行)》和《城市供水工人技术等级标准(试行)》，自 1989 年 10 月 1 日起停止实行。并在《园林工人技术等级标准(试行)》中指出：本标准将原国家城市建设总局 1979 年颁布的《城市园林工人技术等级标准(试行)》中的八级制改为初、中、高三级制。在技术内容上除作了部分充实和调整外，大体上初级工包括了原二至三级的技术内容，中级工包括了原四至六级的技术内容，高级工包括了原七至八级的技术内容。1991 年 4 月 30 日，劳动部印发了《关

① 张俊峰. 我国工人技术等级标准的历史沿革[J]. 劳动，1991，1：43

于修订工人技术等级标准工作的补充意见》（劳培字〔1991〕6 号），提出了工人技术等级标准编写程序和规范要求，各行业主管部门组织专家编制的标准，须经劳动部组织的专家小组审定后，由劳动部与行业主管部门共同颁发。例如，1991 年 12 月 1 日，能源部印发了《关于发布〈电力工人技术等级标准〉的通知》；1994 年 10 月 11 日，文化部、劳动部颁布实施了文化行业中舞台灯光照明工、化妆工等 17 个工种的等级标准。此次新标准在原有标准的基础上，总结经验，增加了工种定义、适用范围和典型工作实例等项内容。

可见，第三次全国性工人技术等级标准修订具有以下特点：一是简化了等级结构，将八级等多级制变为初、中、高三级制。与八级制相比，其突出的优点是等级结构简单、等级技术要求明确、便于考核、有利于处理工资关系、有利于劳动力管理。二是由工资标准的附属物变为独立的衡量工人技术能力的标尺，确立工人技术等级标准的独立标准地位，使其与工资等级标准脱钩，从根本上解决了实际工作中一些工人技术水平较高，但工龄不足、工资水平较低，而另一些工人工资等级较高而实际技术能力相对偏低，即所谓的“两个倒挂”问题。三是确立了工人技术等级标准的“行业归口管理”原则，即按国民经济行业划分，确立各部门的行业归属，再确定行业龙头部门，由其综合行业内各部门技术要求，制定行业工种技术等级标准[①]。这个标准实际上接近了国家标准，可视为准国家标准，提高了标准的适用范围。

二、市场经济体制下的职业资格制度

传统理论认为，社会主义国家不存在失业，因此，新中国成立以来，劳动人事制度是统招统配，没有职业资格的说法，只有工人技术等级标准。十一届三中全会以来，我国进入了改革开放新的历史时期，1980 年，中共中央转发了全国劳动就业会议议定的文件《进一步做好城镇劳动就业工作》，文件指出：要逐步推行公开招工、择优录用的办法，要使企业有可能根据生产的需要增加或减少劳动力，劳动者也有可能把国家需要和个人的专长、志向结合起来，选择工作岗位。并提出就业“三结合”方针，即在国家统筹规划和指导下，实行劳动部门介绍就业、自愿组织起来就业和自谋职业相结合。“三结合”方针是计划经济体制尚未进行根本变革前市场化扩大就业措施，这也是就业制度改革市场化路径的先声[②]。1982 年修订的《中华人民共和国宪法》第四十二条规定：“国家对就业前的公民进行必要的劳动就业训练”。1984 年，中共中央颁发的《关于经济体制改革的决定》中指出：建立自觉运用价值

① 张俊峰. 关于第三次修订工人技术等级标准的思路[J]. 劳动，1990，9：10-12
② 刘社建. 就业制度改革三十年的回顾与反思[J]. 社会科学，2008，3：117-122

规律的计划体制，发展社会主义商品经济，即在公有制基础上的有计划的商品经济。1985年，中共中央颁发的《关于教育体制改革的决定》中指出：在改革教育体制的同时改革有关的劳动人事制度，实现“先培训，后就业”的原则。1986年4月18日，中共中央、国务院颁发了《关于认真执行改革劳动制度几个规定的通知》；同年7月12日，国务院印发了《关于发布改革劳动制度四个规定的通知》(国发〔1986〕77号)，即《国营企业实行劳动合同制暂行规定》《国营企业招用工人暂行规定》《国营企业辞退违纪职工暂行规定》和《国营企业职工待业保险暂行规定》4个文件。同时，国务院责成有关部门制定的改革国营企业招工制度的暂行规定，也将由国务院审定后发布施行。国家在逐步建立与发展有计划商品经济相适应的劳动就业制度。

1992年，十四大提出了我国经济体制改革的目标是建立社会主义市场经济体制，提出要使市场在国家宏观调控下对资源配置起基础性作用。为了适应市场经济体制改革和就业制度改革的需要，1993年中共中央《关于建立社会主义市场经济体制若干问题的决定》中指出：“要制定各种职业资格标准和录用标准，实行学历文凭和职业资格两种证书制度”。1994年，我国第一部《中华人民共和国劳动法》颁布，规定：“国家确定职业分类，对规定的职业制定职业技能标准，实行职业资格证书制度”，确立了职业资格证书制度的法律地位。1996年9月1日起施行的《中华人民共和国职业教育法》规定：“实施职业教育应当根据实际需要，同国家制定的职业分类和职业等级标准相适应，实行学历证书、培训证书和职业资格证书制度。国家实行劳动者在就业前或者上岗前接受必要的职业教育的制度”。为了贯彻落实《关于建立社会主义市场经济体制若干问题的决定》和《中华人民共和国劳动法》中有关施行职业资格证书制度的要求，深化劳动、人事制度改革，适应社会主义市场经济对人才的需求，客观公正地评价专业(工种)技术人才，促进人才的合理流动，1993年劳动部颁发了《职业技能鉴定规定》，对技能型人才开始开展社会化的职业资格鉴定工作。1994年2月22日，劳动部、人事部下发了《关于颁发〈职业资格证书规定〉的通知》(劳部发〔1994〕98号)，该文件指出：劳动部负责以技能为主的职业资格鉴定和证书的核发与管理；人事部负责专业技术人员的职业资格评价和证书的核发与管理。并明确指出：职业资格是对从事某一职业所必备的知识、技术和能力的基本要求，职业资格包括从业资格和执业资格。1995年1月17日，人事部印发的《职业资格证书制度暂行办法》(人职发〔1995〕6号)指出：从业资格是指从事某一专业(工种)学识、技术和能力的起点标准，执业资格是政府对某些责任重大、社会通用性强、关系公共利益的专业(工种)实行准入控制，是依法开业或从事某一特定专业(工种)学识、技术和能力的必备标准。规定执业资格须通过考试方法取得，考试工作由人事部会同国务院有关业务主管部门组织，所取得的执业资格经注册后，在全国范围有效；国务院有关业务主管部门负责组织执业资格考试大纲的拟定、培训教材的编写和命题工作，并组织考前培训和对取得执业资格人员的注册管理工作。

执业资格实行注册登记制度。注册是对专业技术人员执业管理的重要手段。未经注册者，不得使用相应名称和从事有关业务。国务院有关业务主管部门为执业资格的注册管理机构。这一文件对执业资格制度作了详细的规定。1995 年 1 月 1 日实施的《中华人民共和国劳动法》第六十九条规定："由经过政府批准的考核鉴定机构负责对劳动者实施职业技能鉴定"，使职业技能鉴定工作有了法律依据。1999 年 5 月 6 日，劳动和社会保障部办公厅下发了《关于启用〈职业资格证书〉有关问题的通知》（劳社厅函〔1999〕44 号），决定将原《技术等级证书》《技师合格证书》和《高级技师合格证书》统一更名为《职业资格证书》。《职业资格证书》由劳动和社会保障部统一印制，自 1999 年 7 月 1 日起启用。届时，原《技术等级证》《技师合格证书》《高级技师合格证书》一律停止办理和核发，此前按国家有关规定已经核发的仍然有效。

为提高劳动者素质，促进劳动者就业，加强就业管理，一方面，我国逐步实行劳动预备制度，提高新生劳动力的入职门槛。1999 年 6 月 27 日，国务院办公厅转发了劳动和社会保障部等部门《关于积极推进劳动预备制度 加快提高劳动者素质的意见》（国办发〔1999〕60 号），该文件指出："从 1999 年起，在全国城镇普遍推行劳动预备制度，组织新生劳动力和其他求职人员，在就业前接受 1—3 年的职业培训和职业教育，使其取得相应的职业资格或掌握一定的职业技能后，在国家政策的指导和帮助下，通过劳动力市场实现就业""对未经过劳动预备制培训学习，或虽经劳动预备制培训学习，但未取得相应证书的人员，职业介绍机构不得介绍就业，用人单位不得招收录用"。另一方面，对于一些特殊技术工种建立了职业准入门槛。根据《中华人民共和国劳动法》第六十八条"从事技术工种的劳动者，上岗前必须经过培训"的规定，以及《中华人民共和国职业教育法》的有关规定，从事技术复杂、通用性广，涉及国家财产、人民安全、消费者利益的职业（工种）的劳动者，要经过培训并取得资格证书后，方可就业上岗。1995 年 6 月 11 日，劳动部制定了《从事技术工种劳动者就业上岗前必须培训的规定》（劳部发〔1995〕254 号），并确定了首批 50 个技术工种上岗前必须经过培训。在此基础上，2000 年 3 月 16 日，劳动和社会保障部以部令第 6 号形式发布了《招用技术工种从业人员规定》（2000 年 7 月 1 日实施），指出用人单位招用从事技术复杂及涉及国家财产、人民生命安全和消费者利益工种（职业）（以下简称技术工种）的劳动者时，必须从取得相应职业资格证书的人员中录用，对 90 个工种实行就业准入，同年 7 月，国家开始在 95 个职业试行就业准入制度，并指出技工学校、职业（技术）学校、就业训练中心及各类职业培训机构的毕（结）业生，必须取得相应职业资格证书后，才能到技术工种岗位就业。该文件把技能人才的从业资格分为五级：初级（五级）、中级（四级）、高级（三级）、技师（二级）、高级技师（一级）。

至此，我国职业资格分为两类 4 种，即原人事部门管理的专业技术人员的职业资格，分为从业资格和执业资格。从业资格制度就是专业技术职务评聘制度，执业资格就是准入资格，即开业或从事某一职业必须取得的职业资格。劳动部门管理的技能型人才的职业资格，也包括从业资格和执业资格，从业资格就是职业资格证书制度，执业资格就是国家要求95个技术工种必须取得职业资格证书才能上岗就业。从人才评价的角度来看，从业资格是一种水平性评价，执业资格是一种准入资格标准评价。相比较而言，人事部门执业资格的社会影响力和影响面更大，因为不取得从业资格就难以开业或从事某一职业；而劳动部门从业资格的社会影响力、影响面更大，涉及每个技能型人才。

三、市场作为资源配置主体作用下的职业资格制度

(一)深化市场经济体制改革

随着我国市场经济体制的不断深化，国家的法律法规体系在不断完善，我国进一步加大了依法治国的力度。国家于2003年8月27日颁布、2004年7月1日实施了《中华人民共和国行政许可法》，该法的颁布和实施为行政机关依法行政、正确行使行政许可权提供了更高层次的法律依据，确立了行政许可的基本原则，规定了什么事项可以设定行政许可，什么事项不可以设定行政许可，旨在解决过去对行政许可的设定没有明确的法律规定，行政许可太多太滥，政府行政权力对社会经济生活和公民个人生活干预过度，影响经济发展活力等弊端。同时，通过依法限制行政许可的权限，旨在培育社会自律机制，发挥行业组织、中介机构在社会生活中的作用。《中华人民共和国行政许可法》第十二条对行政许可的范围作了明确规定，指出：直接涉及国家安全、公共安全、经济宏观调控、生态环境保护，以及直接关系人身健康、生命财产安全等的特定活动，需要按照法定条件予以批准的事项。第十三条规定了不设行政许可的条件，如公民、法人或者其他组织能够自主决定的事项，市场竞争机制能够有效调节的事项等。

同时，十八届三中全会指出：经济体制改革是全面深化改革的重点，核心问题是处理好政府和市场的关系，使市场在资源配置中起决定性作用和更好地发挥政府作用。大幅度减少政府对资源的直接配置，推动资源配置依据市场规则、市场价格、市场竞争实现效益最大化和效率最优化。为此，政府要切实转变工作职能，把工作重点转移到提供公共服务和优化政策环境上来，充分挖掘市场潜力，激发社会活力，要放开该放的，管好该管的，让政府这只“有形之手”更加有效，充分释放制度红利，增强市场主体的内生动力，更好地发挥市场和政府的正向叠加效应。职业资格许可和认证制度是我国发展社会主义市场经济条件下实施的，是计划经济体制向市场经济体制转型的产物，也是我国人才短缺的一种表现，通过政府制定职业资格许可和认证，旨在通过必要的培训和自学，引导一些行业急需的人才快速成长。我国

社会主义市场经济体制通过20多年的建设已日趋成熟，各级各类人才也不断增多，同时市场作为资源配置的主体，政府对职业资格的许可和认定的条件和基础发生了变化，它的存在会人为地提高就业创业门槛，不利于营造良好的人才发展环境，也不利于激发市场创业主体的积极性。

（二）逐步规范从业资格

随着我国社会主义市场经济体制的不断深化，尤其是2001年我国加入了世界贸易组织，融入了世界经济一体化行列，从2002年开始国务院对不符合社会主义市场经济运行原则的行政法规和规章进行了清理。目前的执业资格主要是指原人事部门对专业技术人员的执业资格。依照《中华人民共和国行政许可法》和行政审批制度改革的有关规定，国务院对所属各部门的行政审批项目进行了全面清理。由法律、行政法规设定的行政许可项目，依法继续实施。2004年7月1日，国务院印发的《对确需保留的行政审批项目设定行政许可的决定》中规定，对法律、行政法规以外的规范性文件设定，确需保留且符合《中华人民共和国行政许可法》第十二条规定事项的行政审批项目，根据《中华人民共和国行政许可法》第十四条第二款的规定，保留了涉及职业资格的项目42项。2007年12月31日，国务院办公厅印发了《关于清理规范各类职业资格相关活动的通知》（国办发〔2007〕73号），明确规定了清理规范的主要内容，即清理规范职业资格的设置、职业资格考试和鉴定、职业资格证书的印制和发放、职业资格培训和收费等，并提出了改革完善职业资格证书制度的指导意见。为了落实国务院的文件精神，2008年4月3日，人力资源和社会保障部等8部门联合下发了《关于贯彻〈国务院办公厅关于清理规范各类职业资格相关活动的通知〉的通知》，要求按照国办73号文件的精神，各地区和各部门在2008年6月30日前完成本行政区域和本系统各类职业资格相关活动的清理规范工作。职业资格制度逐步走向制度化和规范化管理。

（三）缩小执业资格许可和认定项目

2013年9月19日，国务院下发的《关于严格控制新设行政许可的通知》（国发〔2013〕39号）进一步提出严格行政许可设定标准，规范行政许可设定审查程序，加强对设定行政许可的监督。在已清理规范职业资格的基础上，2014年1月，国务院颁发了《关于取消和下放一批行政审批项目的决定》，开始取消部分职业资格认证和许可项目；同年6月4日，国务院常务会议决定，为进一步提高人力资源配置效率，在保持资质资格水平不降的前提下，减少部分职业资格许可和认定；同年7月22日，国务院印发了《关于取消和调整一批行政审批项目等事项的决定》（国发〔2014〕27号），决定取消房地产经纪人、注册税务师等11项职业资格许可和认定事项。同时，国务院决定取消地方自行设置的各类职业资格。重点减少的职业资格主要有三类：一是没有法律、法规设置依据的准入类职业资格一律取消；二是有法律、法规设置依据的准入类职业资格，与国家安全、公共安全、公民人身和财产安全关系不密切，不宜采取职业资格方式管理的，修订相关法律法规后予以取消；三是国务院行业部门和全国性行业协会、学会自行设置的水平评价类职业资格一律取消，确有必要保留的，经人力资源和社会保障部门批准后纳入国家统一规划管理。为了落实国务院决定的有关规定，2014 年 8 月 13 日，人力资源和社会保障部印发了《关于做好国务院取消部分准入类职业资格相关后续工作的通知》，对取消的职业资格许可和认证的 11 个项目的后续工作作出了安排，其中，将取消的房地产经纪人、注册税务师、土地登记代理人、矿业权评估师、注册资产评估师等 5 项准入类职业资格调整为水平评价类职业资格。国务院在 2014 年 6 月和 8 月分两批取消了 58 项国务院部门设置的职业资格，同时要求地方取消自行设置的 570 多项职业资格。2014 年 11 月 24 日，国务院印发的《关于取消和调整一批行政审批项目等事项的决定》（国发〔2014〕50 号），又决定取消 67 项职业资格许可和认定事项：取消的专业技术人员职业资格许可和认定事项共计 26 项，其中准入类 14 项，水平评价类 12 项；取消的技能人员职业资格许可和认定事项，共计 41 项，其中准入类 1 项，水平评价类 40 项。另建议取消和下放 32 项依据有关法律设立的行政审批和职业资格许可认定事项，国务院将依照法定程序提请全国人民代表大会常务委员会修订相关法律规定。按照 2013 年 3 月 14 日中华人民共和国第十二届全国人民代表大会第一次会议通过的《国务院机构改革和职能转变方案》及任务分工安排，还将进一步减少职业资格许可和认定事项，到 2015 年底，基本完成减少职业资格许可和认定工作。

国家清理规范了职业资格，缩小了职业资格许可和认定，《国务院办公厅关于清理规范各类职业资格相关活动的通知》中指出：“这一制度在实施过程中也存在一些突出问题，集中表现为考试太乱、证书太滥：有的部门、地方和机构随意设置职业资格，名目繁多、重复交叉；有些机构和个人以职业资格为名随意举办考试、培训、认证活动，乱收费、滥发证，甚至假冒权威机关名义组织所谓职业资格考试并颁发证书”。据不完全统计，到 2013 年，全国各地区、各部门设置的职业资格达到了 1100 多项，其中国务院各部门设置的职业资格有 560 多项，地方自行设置的职业资格有 570 项。由于许多职业资格许可证书是一种职业准入资格，是就业的敲门砖，不仅社会成员为了就业需要参加名目繁多的职业资格考试，而且高等学校学生为了在就业竞争中增加砝码，也积极参与各种执业资格证书考试，相互攀比，以拥有多个证书为荣，不仅增加了学生的学业和经济负担，而且严重地影响了正常的学历教育，更重要的是取得了大量证书也不一定能有效就业，一些准入资格已失去了现实意义，扰乱了市场秩序。

同时，随着职业资格证书的社会化程度不断提高，工人技术等级标准与职业资格制度也进行并轨改革探索，一些部门在逐渐取消工人技术等级标准。2010 年 3 月

5 日，交通运输部的《关于废止交通行业工人技术等级标准的公告》(2010 年第 7 号)指出：“根据国家对建立和实施技能人员职业资格制度的要求，现行的交通行业工人技术等级标准已不适用，下列 160 项标准自 2010 年 4 月 5 日起废止”。

四、实施国家职业资格目录

按照国务院推进简政放权、放管结合、优化服务改革部署的总体要求，需进一步加强职业资格设置实施的监管和服务，经国务院同意，2017 年 9 月，人力资源和社会保障部研究制定并向社会公布了《国家职业资格目录》(人社部发〔2017〕68 号)，提出建立公开、科学、规范的职业资格目录。国家职业资格目录包括专业技术人员职业资格和技能人员职业资格共计 140 个项目。其中，专业技术人员职业资格共计 59 项(准入类 36 项，水平评价类 23 项)；技能人员职业资格共计 81 项(准入类 5 项，水平评价类 76 项)。文件指出：国家职业资格目录，实行清单式管理，目录之外一律不得许可和认定职业资格，目录之内除准入类职业资格外一律不得与就业创业挂钩；目录接受社会监督，保持相对稳定，实行动态调整。并进一步重申了准入类职业资格和水平类职业资格设置条件。设置准入类职业资格，其所涉职业(工种)必须关系公共利益或涉及国家安全、公共安全、人身健康、生命财产安全，且必须有法律法规或国务院决定作为依据；设置水平评价类职业资格，其所涉职业(工种)应具有较强的专业性和社会通用性，技术技能要求较高，确实需要进行行业管理和人才队伍建设。并提出今后职业资格设置、取消及纳入、退出目录，须由人力资源和社会保障部会同国务院有关部门组织专家进行评估论证，新设职业资格应当遵守《国务院关于严格控制新设行政许可的通知》(国发〔2013〕39 号)的规定并广泛听取社会意见后，按程序报经国务院批准。并提出了一个“严禁”和三个“不得”，即各地区、各部门未经批准不得在目录之外自行设置国家职业资格，严禁在目录之外开展职业资格许可和认定工作。行业协会、学会等社会组织和企事业单位依据市场需要自行开展能力水平评价活动，不得变相开展资格资质许可和认定，证书不得使用“中华人民共和国”“中国”“中华”“国家”“全国”“职业资格”或“人员资格”等字样和国徽标志。

五、我国职业资格制度改革的趋势

(一) 国家职业资格实行清单式管理

据介绍，2013 年以来，人力资源和社会保障部连续 7 批集中取消了 434 项职业资格许可和认定事项，削减比例达 70%以上，进一步降低了就业创业门槛，有力推动了大众创业、万众创新。取消的职业资格，有的缺乏法律依据，如注册资产评估师的设置，它的依据只有《注册资产评估师执业资格制度暂行规定》这样的部门规章；有的毫无准入必要，如房地产经纪人职业资格的设置；有的不仅在现实的就业环境中缺乏说服力，还催生出寻租空间，例如，在文化行业引入职业资格证书制度后，社会各界批评、质疑之声不绝，有人认为是"造成事实上的自我设置障碍，人为形成不公平竞争"，有人认为职业资格证书制度只是针对"从事技术复杂、通用性广，涉及国家财产、人民生命安全和消费者利益的技术工种(岗位)的劳动者，实行就业准入制度"，还有人认为是"滥用了国家信用，增加就业者社会成本，而行业部门则大捞好处"。[①]总的来说，"把由市场决定的事，还给市场"，政府不要人为设定门槛，阻碍市场对人力资源的配置。政府逐步缩小职业资格许可和认证项目但并不是说要完全取消职业准入资格，而是将减少职业资格与严格就业准入二者并重并举，该减少的一定要减少，该准入的必须实行准入。2017 年，人力资源和社会保障部公布了《国家职业资格目录》，实行清单式管理，是深化"放管服"改革、职业资格制度改革的重大成果，实现了职业资格清理由"治标"到"治本"的关键性转变，对于提高职业资格设置管理的科学化、规范化水平，持续激发市场主体的创造活力，推进供给侧结构性改革具有重要意义。

(二)从准入类评价向水平类评价转变

职业资格制度是社会主义市场经济条件下科学评价人才的一项重要制度，必须在职业分类的基础上统一规划、规范设置，任何不科学的设置，都会扰乱人才评价。为了适应新的形势，国家修订完成了新的《中华人民共和国职业分类大典》，完善了职业资格标准，健全了统一的国家职业资格制度体系。从 20 世纪 90 年代中期以来，我国职业资格制度逐步完善，对提高专业技术人员水平和技能人员素质、加强人才队伍建设发挥了重要作用。职业资格分为两类：一类是准入类职业资格；另一类是水平评价类职业资格。准入类职业资格具有行政许可性质，国家根据有关法律与行政法规和国务院决定设置；水平评价类职业资格不具有行政许可性质，是面向社会提供的人才评价服务。《国务院办公厅关于清理规范各类职业资格相关活动的通知》中提出了进一步规范人才评价的指导意见：要根据职称制度改革的总体要求，将专业技术人员职业资格纳入职称制度框架，构建面向全社会、符合各类专业技术人员特点的人才评价体系。要做好技能人员职业资格制度与工人技术等级考核制度的衔接，建立健全面向全体技能劳动者的多元评价机制。这实际上指出，未来的职业资格，对于专业技术人员要建立健全职务(职称)评审制度；对于技能型人才，随着评价主体的转移，将使职业资格证书制度和各行业或管理部门制定的工人技

---

① 黄杭娟.文化行业职业资格证书制度本质与现状的思考[J].中国高教研究，2012，8：101-104

术等级标准合二为一，真正建立起由行业主导的、有利于人才流动的国家权威性职业资格标准。

（三）技能人才评价由劳动部门向行业转移

按照十八大和十八届三中全会的精神，人才评价将逐步缩小准入类的职业资格，规范发展水平类评价职业资格，评价主体从以前由政府职能部门评价逐步转移到依托行业管理部门和社会组织来评价，逐步建立由行业协会、学会开展水平评价类的职业资格制度。按照《国务院机构改革和职能转变方案》等有关要求，人力资源和社会保障部将尽快拟订移交办法，改革技能人员职业资格认证管理方式，研究拟订水平评价类职业资格移交的具体实施办法，明确移交的基本原则、条件、组织实施方式和监督管理措施。当然，这一过程也并非一蹴即就。目前，我国行业组织发展很不平衡，有的行业组织在近期内有能力承接；有的行业组织自身发展不健全，还不具有承接的能力。同时，需要对劳动部制定的《职业技能鉴定规定》进行修订，重新明确各级、各类职业技能鉴定管理部门和鉴定实施机构的具体职责、权利和义务，逐步建立新的鉴定工作运行体制。当然，人力资源和社会保障部将职业资格认证工作移交给各行业组织的同时，还需要进一步强化监督管理职能，加强对职业资格证书制度实施的监督管理工作。

职业资格证书是市场经济体制下配置和评价劳动力资源的重要手段，建立健全劳动力市场必须加强职业资格证书制度建设。职业资格证书制度随着经济社会的发展而不断变化。我国在计划经济体制下劳动制度实行统招统配，不存在职业资格问题，实行的是由部门行业管理的技术工人等级制度；随着社会主义市场经济体制的逐步建立，形成了由劳动部门管理的技能型人才的职业资格制度和人事部门管理的专业技术人员职业资格制度。2018 年 2 月，中共中央办公厅、国务院办公厅印发的《关于分类推进人才评价机制改革的指导意见》中指出：“完善职业资格评价、职业技能等级认定、专项职业能力考核等多元化评价方式”。同时对评价主体也提出明确要求，“发挥市场、社会等多元评价主体作用，积极培育发展各类人才评价社会组织和专业机构，逐步有序承接政府转移的人才评价职能”。对技术技能人才评价提出：“依托具备条件的行业协会、专业学会、公共人才服务机构等”，这些为重构我国职业资格证书制度指明了方向。

第十一章

学生资助制度

新中国成立后，在继承解放区教育的做法和吸收过去教育有益经验的基础上，我国对大、中专学生实行人民助学金制度，通过招生即招工、统招统分、国家购买的形式，有效地保障了国民经济有计划、按比例发展所需的人才队伍。此后，随着经济体制改革的不断深入和人民收入水平的不断提高，中等职业学校学生先后经历了助学金和奖学金并存、奖学金、奖学金和贷学金并存三个阶段，其中前两个阶段是免学费阶段，后一个阶段为收取学费阶段。进入21世纪以来，党和国家更加关注民生问题和教育公平问题，针对中等职业学校学生大多来自农村和城市低收入家庭的情况，国家加大了对家庭贫困学生的资助力度，并逐步对涉农专业和家庭贫困学生实行免学费制度，此后进一步扩大免学费范围，缩小助学金范围，并采用了多项措施，逐步形成了“免学费、助学金、顶岗实习、勤工俭学、社会捐赠”等资助体系。总的来看，学生资助制度有四大功能，即扶贫济困的经济功能、激励上进的教育功能、引导人才流向的调节功能、促进社会公平的教育功能。

一、经济体制改革前的资助制度

在抗日战争和解放战争时期，中国共产党曾在根据地内一度实行大范围的学生生活供给制或公费制，从而解决了学生生活困境的问题，维系了革命根据地教育事业的发展。新中国成立后，全国大多数地区仍沿用供给制或公费制。①1952年，我国开始全面实行计划经济，中等职业学校也开始实行人民助学金制度。1952年7月7日，政务院发出《关于调整全国高等学校及中等学校学生人民助学金的通知》，规定：“现在为着积极改进青年学生健康状况，并逐步统一学生待遇标准，决定从9月份起将全国高等学校及中等学校学生的公费制一律改为人民助学金制，并对原有人民助学金的标准作适当的调整”。②1952年7月23日，教育部发出《关于调整全国各

① 陈有春，奉艳云. 新中国高校学生资助制度的历史嬗变[J]. 湖南农业大学学报(社会科学版)，2006，1：72-89

② 周恩来. 政务院关于调整全国高等学校及中等学校学生人民助学金的通知[N]. 新华月报，1952-7-11

级各类学校教职工工资及人民助学金标准的通知》，在助学金制度方面，进一步指出："在废除学费的前提下，将全国各高等学校及中等学校学生的公费制一律改为人民助学金"。同时也具体规定了人民助学金制度实施的基本原则、发放标准、评定方法和评定程序。这两个文件的发布，标志着人民助学金政策成为我国教育领域的一项基本制度。此后该制度一直实施到 1983 年。为了适应经济社会发展的需要，此期间经历过三次重大调整。

(1)第一次调整。1955 年主要对人民助学金发放地区标准和资助范围进行调整。在发放标准方面，1955 年 2 月，高等教育部与教育部联合发出了《关于制发 1955 年高等学校一般人民助学金分地区标准的通知》，将全国划分成 10 类地区来发放人民助学金，对农村、老少边穷地区、城镇困难家庭等制定了资助标准与具体实施办法。关于发放范围，1955 年 8 月，高等教育部又颁发了《全国高等学校一般学生人民助学金实施办法的指示》，指出："凡家庭富裕能自费者，不发给助学金；凡能自费半数或 1/3 伙食费者，发给所缺部分；完全无力负担者，发给全部伙食费。经济特殊困难学生的其他费用，许可另外申请补助"。①

(2)第二次调整。1960 年主要是对工农干部学生助学金进行调整。1951 年学制改革后，我国工农速成中学和业务高中毕业生都可以上大学，所以大学生生源类型多样。由于各地政府在实施人民助学金制度过程中的标准不一致，1960 年 1 月国务院转发了教育部《关于改进工人、农民、干部、学生和研究生人民助学金标准问题的报告》和《关于工人、农民、干部学生人民助学金标准的暂行规定》，规定连续工龄在三年以上的工人、干部，从事农业劳动三年以上的农民学生，发给工人、农民、干部学生人民助学金，标准比一般学生高。1963 年 8 月，国务院批转了教育部《关于调整中等专业学校学生人民助学金问题的报告》，建议把中等技术学校人民助学金的享受比例由原来的 100%降为 60%—80%。

(3)第三次调整。1964 年调整的内容主要是提高助学金标准，扩大受助学生的比例。1958—1960 年，国民经济出现严重失调，从 1961 年开始对国民经济进行"调整、整顿、充实、提高"，经过三年的调整，1964 年国民经济状况开始有所好转，在此情况下助学金调整主要以提高标准、扩大比例为主要内容，将资助范围从原有的 70%非师范生上升到 75%，同时资助的标准也有所提高。

从 1958 年开始，我国教育领域权力下放，各行各业都在办学，国家提倡勤工俭学，实行半工半读，以减轻学生上学的负担，从制度层面上也建立了通过参加劳动减轻学生负担的制度。"半工半读学校，由于学员在学习期间不脱离生产劳动，继续为国家创造财富，这就能减轻国家和学员家庭的经济负担，做到多快好省地发展教

① 刘英杰．中国教育大事典(1949—1990)[M]．杭州：浙江教育出版社，1992

育事业”。[①]尤其是 1958 年农民自费兴办的农业中学、职业中学，农业中学虽然学生缴费上学，但由于实行勤工俭学、半工半读，既参加劳动又获得了劳动报酬，极大地减轻了学生家庭的负担；又满足了农业生产对劳动力的需求。

1966 年以后，人民助学金制度一度基本中断。进入 20 世纪 70 年代，大、中专学校开始恢复招生，但主要招收有工作经验的工农兵学员。1973 年国务院批转的国家计委和国务院科教组《关于中等专业学校、技工学校办学中几个问题的意见》中指出：国家职工在校学习期间计算工龄。入学时满 5 年工龄的国家职工和入一年以内短训班的国家职工，工资由原单位照发，学校不再发伙食费和津贴费。入学时工龄未满 5 年的国家职工（包括徒工）、退伍回乡军人、民办小学教师、赤脚医生和上山下乡、回乡知识青年，由学校发给伙食费和津贴费。1977 年我国恢复高考制度，招收高中毕业生，招生对象发生了变化，需要重新制定学生资助制度。1977 年 10 月 12 日，国务院批转了教育部《关于 1977 年高等学校招生工作的意见》（国发〔1977〕112 号）。1977 年 12 月 17 日，教育部、财政部和国家劳动总局发布的《关于普通高等学校、中等专业学校和技工学校学生实行人民助学金制度的办法》中规定：“一般学生实行人民助学金制度”“高等师范、体育（含体育专业）和民族学院的学生，以及中等专业学校中的师范、护士、助产、艺术、体育和采煤等专业的全部学生享受人民助学金，其他学生的人民助学金享受面按 75%计算”。此办法基本遵循了 1966 年以前的思路，可以说是恢复了人民助学金制度，直到 1982 年才开始对人民助学金进行改革。[②]

从上面的分析不难看出，国家助学金制度涵盖了学生资助的标准、对象、范围、方法等，基本建立起免学费+助学金+勤工俭学的学生资助体系。当时中等专业教育与高等教育一样培养国家干部，中等专业教育与高等教育纳入同一系统进行管理，高等教育的许多政策也适合中等专业教育。这一阶段的人民助学金制度是对解放区公费制和供给制的制度沿革，与计划经济体制下城镇职工供给制相匹配，与当时“教育为国家建设服务，教育为工农兵开门”的方针政策相适应，和当时人们低下的收入和生活水平相对应，对实现快速培养国家建设所需的人才起到了巨大作用。助学金是一种普适性的资助制度，虽有利于教育公平，但是从整体上来说，有一种平均主义倾向，不利于提高国家有限资源的利用效率，而且没有考虑到学生的学业成绩、道德品质、社会表现等因素，不利于激励和引导学生学习。随着人们收入和生活水平的提高，人民助学金的平均主义的弊端开始显现，需要进行改革。

① 本刊记者．半工半读教育制度意义重大[N]．解放军日报，1964-8-21

② 刘英杰．中国教育大事典（1949—1990）[M]．杭州：浙江教育出版社，1992

二、经济体制改革后的资助制度

(一) 免学费、助学金与奖学金并存阶段

1983 年 7 月 11 日，教育部和财政部联合发出(〔1983〕教计字 117 号)《普通高等学校本、专科学生人民助学金暂行办法》和《普通高等学校本、专科学生人民奖学金试行办法》,标志着高等教育学生资助制度进入了人民助学金和奖学金并存的新阶段。同时国家对人民助学金制度进行了相应改革。首先，缩减了发放范围，将原来面向 75%的非师范学生降为 60%；其次，细化国家助学金标准，将国家助学金分为“一般人民助学金”和两种不同连续工龄的“国家职工学生人民助学金”共计三类。中等职业学校与高等学校一样。1986 年 11 月 11 日，劳动人事部、国家教育委员会发布的《关于颁发技工学校工作条例的通知》(劳人培〔1986〕22 号)中的第二十七条规定:“技工学校按国家计划招收的学生，实行助学金和奖学金相结合的办法”。这一阶段的资助制度打破了原有的“人民助学金”单一资助模式，进入了奖学金、助学金并存的资助模式，同时人民助学金发放种类更加细化。这反映出在改革开放的大背景下,对于学生的资助理念从重视公平转向公平与效率兼顾的价值取向。

(二) 免学费与奖学金阶段

1985 年，中共中央颁发的《关于教育体制改革的决定》指出要改革人民助学金制度。师范和一些毕业后工作环境特别艰苦的专业的学生，国家供给膳宿并免收学杂费。对学习成绩优异的学生实行奖学金制度，对确有经济困难的学生给以必要的补助。现已在校的学生，仍按原来的规定办理。1986 年 7 月，国务院转发了国家教育委员会和财政部《关于改革现行普通高等学校人民助学金制度的报告》，报告指出了现行的人民助学金的三种弊端：①国家对高等学校学生包得过多；②不利于鼓励先进和调动广大学子奋发向上、刻苦学习的积极性；③不利于促进学生思想、品德健康成长。该文件的出台宣告了人民助学金制度的结束。与此同时，国家于 1987 年 7 月发布了《普通高等学校本、专科学生实行奖学金制度的办法》和《普通高等学校本、专科学生实行贷款制度的办法》(〔87〕教计字 139 号)，将助学金转变为奖学金和助学贷款。同时，1987 年 1 月，国务院办公厅转发国家教育委员会等部门的《关于全国职业技术教育工作会议情况报告》(国办发〔1987〕1 号)中指出：“中专和技工学校还要改革助学金办法，实行奖学金和贷学金制度，以提高学生的学习积极性”。至此，我国大、中专学生资助制度进入了奖学金和贷学金并存阶段，标志着我国实行了 30 年的人民助学金制度被取消，取而代之的是奖学金和贷学金并存模式。

这一时期，我国经济体制和教育体制加大了改革的力度。1984 年，中共中央发

布的《关于经济体制改革的决定》，标志着我国从传统的计划经济体制转向有计划商品经济。与此相适应，大、中专学校招生除国家计划招生外，也增加了委托培养和自费生。同时，农村经济体制改革极大地解放了农村生产力，农民收入快速增长，人民群众支付学费的能力在提高。综合多方面的因素，改革人民助学金制度成为必然。

(三)收学费与奖学金和贷学金阶段

进入20世纪90年代，我国中等职业教育变免费教育为适当收取学费的教育。1993年3月，中共中央、国务院颁发的《中国教育改革与发展纲要》(中发〔1993〕3号)指出：“改革学生上大学由国家包下来的做法，逐步实行收费制度。高等教育是非义务教育，学生上大学原则上均应缴费。设立贷学金，对家庭经济有困难的学生提供帮助；国家、企事业单位、社会团体和学校均可设立奖学金，对品学兼优的学生和报考国家重点保证的、特殊的、条件艰苦的专业的学生给予奖励”，同时指出：“参照高等学校招生、毕业生就业制度改革的精神，加快改革中专、技校招生、毕业生就业制度。根据国家有关政策，由地方人民政府或主管部门制定具体办法”。1993年9月，劳动部颁发的《关于深化技工学校教育改革的决定》(劳部发〔1993〕255号)中指出：“技工学校教育属非义务教育，学校有权按国家规定向学生收取学费，学费标准由学校所在地人民政府审定”。1994年3月，国家教育委员会《关于印发〈关于普通中等专业学校招生与就业制度改革的意见〉的通知》(教职〔1994〕3号)中指出：“普通中等专业教育属非义务教育，要逐步实行收费和奖学金、贷学金相结合的制度。学生原则上均应缴纳学费，不同的地区、专业、学校收费标准可以不同。收费标准原则上按实际培养费用的一定比例计算”。期间，各省份物价部门根据地区居民收入水平和教育发展情况，制定了各类中等职业学校学费收费标准。1996年5月，中华人民共和国第八届全国人民代表大会常务委员会第十九次会议通过了《中华人民共和国职业教育法》，该法指出：为保证职业教育的顺利发展，“国家鼓励通过多种渠道依法筹集发展职业教育的资金”“职业学校、职业培训机构可以对接受中等、高等职业学校教育和职业培训的学生适当收取学费，对经济困难的学生和残疾学生应当酌情减免”“国家支持企业、事业组织、社会团体、其他社会组织及公民个人按照国家有关规定设立职业教育奖学金、贷学金，奖励学习成绩优秀的学生或者资助经济困难的学生”。1996年12月16日，国家教育委员会、国家计划委员会、财政部联合印发了《中等职业学校收费管理暂行办法》(教财〔1996〕101号)，规定：“中等职业教育属于非义务教育阶段，学校依据国家有关规定，向学生收取学费”“学费标准根据年生均教育培养成本的一定比例确定。不同地区、不同专业的学校应有所区别”。1997年12月，国家教育委员会、国家计划委员会《关于普通中等专业学校招生并轨改革的意见》(教职〔1997〕10号)中指出：“普通中等专业学校招生并轨改革的指导思想是通过改革招生制度，改变普通中等中专学校由政府包得过多的做法，实行学生缴费入学”“1998年全国大部分省市都要实行招生并轨改革，到2000年，全国基本实现新旧制度的转轨”。

这一时期，毕业生就业制度的改革是影响资助制度的重要因素。1992年，十四大明确提出了我国经济体制改革的目标是建立社会主义市场经济体制。1993年11月，中共中央颁发了《关于建立社会主义市场经济体制若干问题的决定》，提出改革劳动制度，逐步形成劳动力市场。形成用人单位和劳动者双向选择、合理流动的就业机制。随着社会主义市场经济体制的建立和劳动人事制度的改革，《中国教育改革与发展纲要》指出："改革高等毕业生'统包统分'和'包当干部'的就业制度……除对师范学科和某些艰苦行业、边远地区的毕业生，实行在一定范围内定向就业外，大部分毕业生实行在国家方针政策指导下，通过人才劳务市场，采取'自主择业'的就业办法"。既然国家不再是大、中专学生的直接用户，且大、中专教育是非义务教育，国家就不能提供免费教育，按培养成本收取一定的费用也成为必然。

三、新时期学生资助制度

中国共产党第十六届中央委员会第三次全体会议提出坚持以人为本、树立全面协调可持续发展的科学发展观。十六届四中全会第一次明确提出了构建社会主义和谐社会的重大战略任务。十七大报告进一步指出："科学发展观第一要义是发展，核心是以人为本，基本要求是全面协调可持续性，根本方法是统筹兼顾"。同时明确提出：加快推进以改善民生为重点的社会建设。教育是民生之基。落实科学发展观，加快构建社会主义和谐社会，必须解决好教育领域的民生问题。2005年10月，国务院颁发的《关于大力发展职业教育的决定》（国发〔2005〕35号）指出："在新形势下，各级人民政府要以邓小平理论和'三个代表'重要思想为指导，落实科学发展观，把加快职业教育、特别是加快中等职业教育发展与繁荣经济、促进就业、消除贫困、维护稳定、建设先进文化紧密结合起来，增强紧迫感和使命感，采取强有力措施，大力推动职业教育快速健康发展"。2006年10月11日，中国共产党第十六届中央委员会第六次全体会议（十六届六中全会）通过的《中共中央关于构建社会主义和谐社会若干重大问题的决定》进一步明确提出："完善高等教育和高中阶段国家奖学金、助学金制度，落实国家助学贷款政策，鼓励社会捐资助学"。2007年《政府工作报告》中郑重宣布：为了促进教育发展和教育公平，将采取两项重大措施。其中一项就是从2007年新学年开始，在普通本科高校、高等职业学校和中等职业学校建立健全国家奖学金、助学金制度，为此，中央财政支出由2006年的18亿元增加到95亿元，2008年安排200亿元，地方财政也要相应增加支出；同时，进一步落实国家助学贷款政策，使困难家庭的学生也能够上得起大学、接受职业教育。这是继全部免除农村义务教育阶段学杂费之后，促进教育公平的又一件大事。

2005年国务院印发的《关于大力发展职业教育的决定》中提出建立职业教育贫

困家庭学生助学制度，使贫困家庭学生通过国家帮助和本人勤工俭学得以顺利完成学业，进一步体现社会主义教育的公平与公正。为了落实国务院决定的要求，2006 年 7 月 24 日，财政部和教育部印发了《中等职业教育国家助学金管理暂行办法》（财教〔2006〕73 号）和《关于完善中等职业教育贫困家庭学生资助体系的若干意见》（财教〔2006〕74 号），初步描绘了国家建立中职贫困家庭学生助学体系的基本框架。助学资金主要以满足中职学生的学习和生活需要为主，要充分发挥中央和地方政府、中等职业学校、金融机构、社会团体、企事业单位及公民个人在资助体系中的作用，通过各方面共同努力，构建覆盖面广、形式多样、功能完善、机制健全的中等职业学校学生资助体系。各级财政要加大对中等职业学校贫困生的资助力度，坚持地方财政投入为主、中央财政适当补助的原则，同时要动员行业企业和社会各界提供资助。2007 年 5 月，国务院印发的《关于建立健全普通本科高校高等职业学校和中等职业学校家庭经济困难学生资助政策体系的意见》（国发〔2007〕13 号），以国家助学金为主，以工学结合、顶岗实习、学费减免为辅；同年 6 月，财政部、教育部印发《中等职业学校国家助学金管理暂行办法》（财教〔2007〕84 号），教育部、财政部印发《中等职业学校学生实习管理方法》（教职成〔2007〕4 号），财政部、劳动保障部印发《关于做好技工学校国家助学金发放管理工作的通知》（财教〔2007〕85 号），标志着中等职业学校学生资助政策体系的确立。2007 年秋季学期起，在全国范围内全面实施了新的中等职业学校学生资助政策。特点如下：①鲜明的政策导向性。以政府资助为主导，中等职业教育实行以国家助学金为主，以校内奖学金、学生工学结合、顶岗实习、学校减免学费为辅的资助政策体系，突出了公共财政的政策导向作用，有利于引导社会改变轻视职业教育的观念；②资助面扩大，具有鲜明的普惠性；③资助标准提高，资助金额由原来的每生每年 1000 元提高到每生每年 1500 元，学生入学后，连续资助两年，第三年学生工学结合、顶岗实习获得一定报酬；④把工学结合、顶岗实习作为资助政策的重要内容，有利于支持和鼓励企业接收中等职业学校学生实习，推进校企合作。

2009 年《政府工作报告》中指出：2009 年我国实行义务教育阶段教师绩效工资制度。中等职业学校农村家庭经济困难学生和涉农专业学生免学费政策开始实施。2009 年 12 月 14 日，财政部、国家发展和改革委员会、教育部、人力资源和社会保障部印发了《关于中等职业学校农村家庭经济困难学生和涉农专业学生免学费工作的意见》（财教〔2009〕442 号），决定从 2009 年秋季学期起，对公办中职学校全日制在校学生中农村家庭经济困难学生和涉农专业学生逐步免除学费。2009 年 12 月 28 日，《关于下达 2009 年秋季学期中等职业学校农村家庭经济困难学生和涉农专业学生免学费中央补助资金的通知》（财教〔2009〕489 号）的印发，标志着免学费工作进入了全面实施阶段，形成了以国家助学金、免学费为主，以校内奖学金、学生顶岗实习、学校减免学费为辅的资助政策体系。2010 年 9 月，财政部、国家发展和改革委员会、教育部、人力资源和社会保障部下发了《关于扩大中等职业学校免学费政策覆盖范围的通知》（财教〔2010〕345号），决定自2010年秋季起，将中等职业学校城市家庭经济困难学生也纳入免学费范围。免学费覆盖范围的扩大，增强了职业教育的吸引力，推动了职业教育的快速发展。

为加快发展中等职业教育，促进教育公平，提高劳动者素质，2012年10月国务院召开的常务会议决定，自2012年秋季学期起，将中等职业教育免学费范围由涉农专业学生和家庭经济困难学生，扩大到所有农村（含县、镇）学生、城市涉农专业学生和家庭经济困难学生。同时，将中等职业学校国家助学金资助范围由一、二年级农村（含县、镇）学生和城市家庭经济困难学生，分步调整为一、二年级涉农专业学生和非涉农专业家庭经济困难学生。将六盘山区等11个连片特困地区、西藏及四省藏区、新疆南疆三地州中等职业学校农村学生全部纳入享受助学金范围。为了落实国务院会议精神，2012年10月，财政部等四部门印发了《关于扩大中等职业教育免学费政策范围 进一步完善国家助学金制度的意见》（财教〔2012〕376号）。该文件提出从2012年秋季学期起，对公办中等职业学校全日制正式学籍一、二、三年级在校生中所有农村学生、城市涉农专业学生和家庭经济困难学生免除学费（艺术类相关表演专业学生除外）。进一步完善中等职业教育国家助学金制度，将中等职业学校国家助学金资助对象由全日制正式学籍一、二年级在校农村（含县、镇）学生和城市家庭经济困难学生，逐步调整为全日制正式学籍一、二年级在校涉农专业学生和非涉农专业家庭经济困难学生。

总之，经过10多年的建设，我国建立起以国家免学费、国家助学金为主，学校和社会资助及顶岗实习等为补充的学生资助政策体系。整个资助体系由6个部分组成：①免学费。国家对中等职业学校全日制正式学籍一、二、三年级在校生中所有农村（含县、镇）学生、城市涉农专业学生和家庭经济困难学生、艺术类戏曲表演专业学生免除学费（艺术类其他表演专业学生除外）。对民办中等职业学校符合免学费条件的学生，按照当地相同类型同专业公办中等职业学校免学费标准给予补助。学费标准高出公办学校免学费标准部分由学生家庭负担；低于公办学校免学费标准的，按照民办学校实际学费标准予以补助。②国家助学金。国家助学金资助对象为全日制正式学籍一、二年级在校涉农专业学生和非涉农专业家庭经济困难学生，资助标准生均每年2000元。家庭经济困难学生比例按区域确定，六盘山区等11个连片特困地区和西藏、四省藏区、新疆南疆三地州中等职业学校农村学生（不含县城）全部纳入享受助学金范围。地方出台的中等职业教育免学费政策和助学金政策，范围大于或相关标准高于国家标准的，可按照本地的办法继续实施。③顶岗实习。安排中等职业学校三年级学生到企业等单位顶岗实习，获得一定报酬，用于支付学习和生活费用。④奖学金。地方政府、相关行业、企业安排专项资金设立中职学生奖学金。⑤学校免学费等。中等职业学校每年安排一定的经费，用于国家免学费政策之外的学费减免、勤工助学、校内奖学金和特殊困难补助等。⑥其他资助。鼓励和支持社会团体、企事业单位及个人资助中职学校家庭经济困难学生。

这一时期又恢复了免学费加助学金制度，但实施的条件已从体制改革前的计划经济体制变成了现在的社会主义市场经济体制，从计划经济体制下各级各类教育的普惠制发展为现在专门针对中等职业教育的政策。究其原因，一方面，伴随着我国高等教育大规模扩招和中等职业教育的规模扩张，接受中等职业教育的人群范围不断增大，尤其是农村学生比例不断上升；另一方面，随着改革成果不断丰富，党和政府越来越关注民生问题，尤其是十七大报告指出：教育是民族振兴的基石，教育公平是社会公平的重要基础。正如发表在《国际社会科学杂志(中文版)》(2001 年第一期)上，由弗雷德里克·C·特纳、亚历杭德罗·L·科尔巴乔合著的“国家的新角色”一文中提出的一个新论断，“帮助穷人的办法取决于国内资源有多少可供使用，也取决于是否存在相应的政治意志把资源用于缓解贫困问题”。市场机制本身不能自发地实现社会公平，更不能自发地保护弱者的生存与发展，职业教育作为民生教育，自然成为国家民生政策的重要组成部分。这一时期政策从最初的以助学金为主、免学费为辅，转变为以免学费为主、助学金为辅，这一转变从以主要解决家庭经济困难学生的生活费用问题，转变为主要解决学生上学缴费问题，更加符合学生的实际情况。总体来看，我国接受中等职业教育的学生 80%来自农村，其余 20%大多来自城市低收入家庭，免学费成为普适性制度，随着我国全面小康社会的逐步建立，农村居民的收入不断提高，贫困学生的比例不断下降，实施免学费为主、助学金为辅的制度，更加符合国家发展职业教育的意志，降低人们接受职业教育的机会成本，增强职业教育的吸引力。也就是说，免学费充分体现了这类教育的弱势问题，助学金体现了贫困家庭和涉农专业的弱势问题，二者相辅相成，共同构建起中等职业学校学生国家资助体系。

四、全国中等职业学校学生资助发展报告

学生资助作为一项重要的保民生、暖民心工程，是脱贫攻坚、促进社会公平的重要内容和重要举措。[①]2017 年，国家学生资助政策不断完善，财政资金投入力度不断加大，科学化、规范化管理水平不断提高，为保障不让一个学生因家庭经济困难而失学奠定了坚实基础。在中等职业教育阶段，建立了以免学费、国家助学金为主，学校和社会资助及顶岗实习等为补充的资助政策体系。

2017 年，全国共资助中等职业学校学生 1 509.92 万人次，资助金额 365.29 亿元，比上年增加了 33.16 亿元，增幅 9.98%。其中，998.52 万学生享受免学费政策，资助金额 199.71 亿元；254.76 万学生享受国家助学金政策，资助金额 50.95 亿元；地方政府资助 87.05 万人次，资助金额 6.81 亿元；学校资助 31.44 万人次，资助金额

① 全国学生资助管理中心. 2017 年中国学生资助发展报告[EB/OL](2018-03-01) http://www.moe.gov.cn/jyb_xwfb/xw_fbh/moe_2069/xwfbh_2018n/xwfb_20180301/sfcl/201803/t20180301_328216.html[2018-03-15]

2.40 亿元；社会资助 3.71 万人次，资助金额 1.74 亿元；顶岗实习 134.44 万人次，资助金额 103.67 亿元。

1. 免学费

2017 年，全国 998.52 万中等职业学校学生享受免学费政策。其中，西部地区 293.92 万人，占享受免学费资助学生总数的 29.44%；中部地区 334.17 万人，占 33.47%；东部地区 370.43 万人，占 37.09%(图 11-1)。

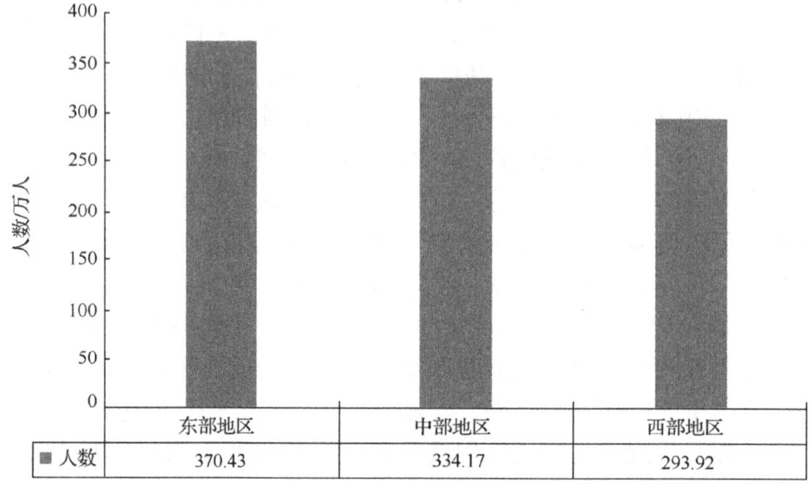

图 11-1　2017 年中等职业学校免学费资助人数区域分布

资料来源：全国学生资助管理中心

全国各级财政共投入中等职业学校免学费补助资金 199.71 亿元，占中等职业学校资助总额的 54.67%。其中，中央财政资金 107.01 亿元，占免学费补助资金总额的 53.58%；地方财政资金 92.70 亿元，占 46.42%。从区域来看，西部地区免学费补助资金 58.79 亿元，占 29.44%；中部地区 66.83 亿元，占 33.46%；东部地区 74.09 亿元，占 37.10%(图 11-2)。

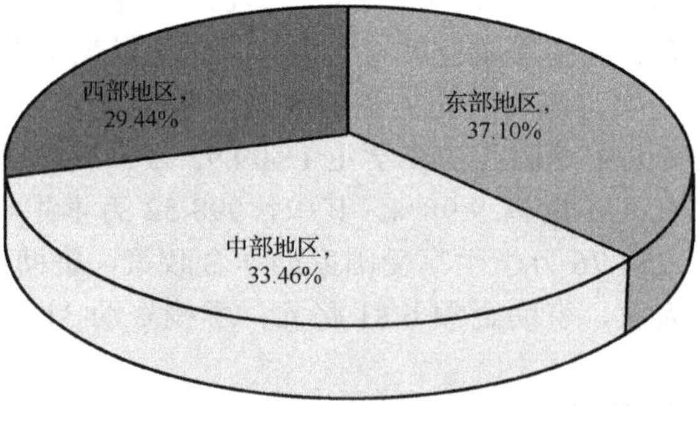

图 11-2　2017 年中等职业学校免学费资金区域分布

资料来源：全国学生资助管理中心

2. 国家助学金

2017 年，全国有 254.76 万中等职业学校学生享受国家助学金政策。其中，西部地区 124.09 万人，占享受国家助学金总人数的 48.71%；中部地区 90.47 万人，占 35.51%；东部地区 40.20 万人，占 15.78%(图 11-3)。

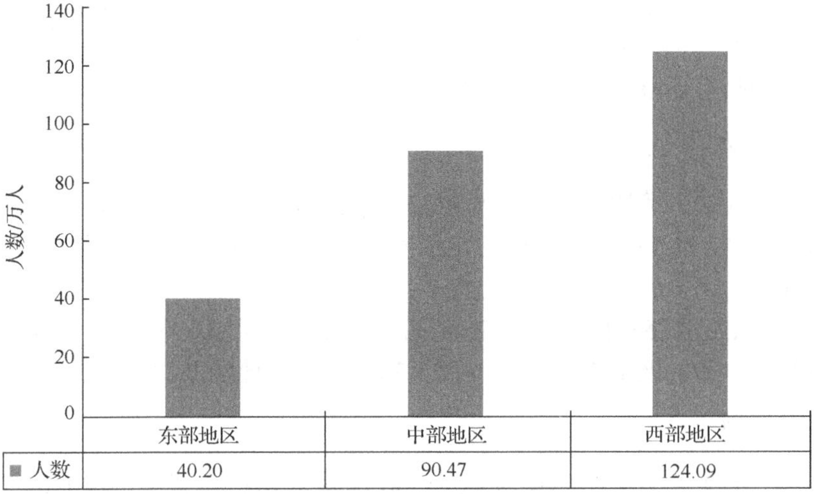

图 11-3　2017 年中等职业学校国家助学金资助人数区域分布
资料来源：全国学生资助管理中心

全国各级财政共投入中等职业学校国家助学金 50.95 亿元，占中等职业学校资助总额的 13.95%。其中，中央财政资金 31.75 亿元，占助学金总额的 62.32%；地方财政资金 19.20 亿元，占 37.68%。从区域来看，西部地区国家助学金资金 24.82 亿元，占 48.71%；中部地区 18.09 亿元，占 35.51%；东部地区 8.04 亿元，占 15.78%(图 11-4)。

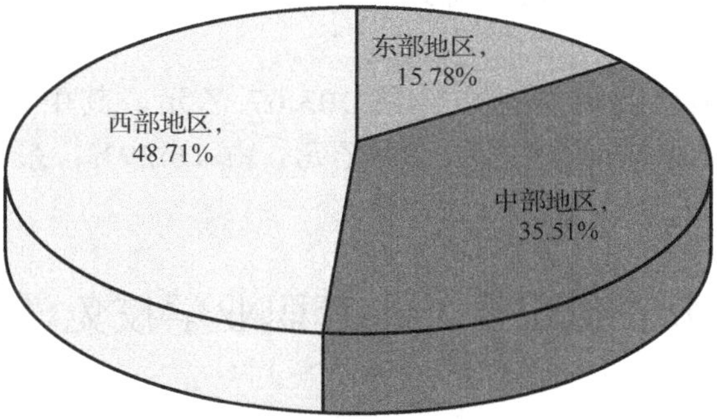

图 11-4　2017 年中等职业学校国家助学金资金区域分布
资料来源：全国学生资助管理中心

3. 地方政府资助

2017 年，地方政府在落实国家免学费、国家助学金政策的基础上，另外共资助中等职业学校学生 87.05 万人。其中，西部地区资助 70.08 万人，占 80.51%；中部地区资助 8.21 万人，占 9.43%；东部地区资助 8.76 万人，占 10.06%。

地方政府在落实国家免学费、国家助学金资金的基础上，另外共投入资助资金 6.81 亿元。其中，西部地区 4.34 亿元，占总额的 63.73%；中部地区 1.07 亿元，占 15.71%；东部地区 1.40 亿元，占 20.56%。

4. 学校资助

2017 年，全国中等职业学校共资助 31.44 万人。其中，西部地区资助 14.81 万人，占总人数的 47.11%；中部地区资助 12.48 万人，占 39.69%；东部地区资助 4.15 万人，占 13.20%。

全国中等职业学校共投入资金 2.40 亿元。其中，西部地区资金 1.44 亿元，占总额的 60.00%；中部地区 0.75 亿元，占 31.25%；东部地区 0.21 亿元，占 8.75%。

5. 社会资助

2017 年，全国共有 3.71 万中等职业学校学生获得社会资助。其中，西部地区受助 1.67 万人，占总人数的 45.01%；中部地区受助 0.68 万人，占 18.33%；东部地区受助 1.36 万人，占 36.66%。

中等职业学校社会资助资金共计 1.74 亿元。其中，西部地区 0.57 亿元，占总额的 32.76%；中部地区 0.19 亿元，占 10.92%；东部地区 0.98 亿元，占 56.32%。

6. 顶岗实习

2017 年，全国共有 134.44 万中等职业学校学生顶岗实习。其中，西部地区 40.61 万人，占总人数的 30.21%；中部地区 47.24 万人，占 35.14%；东部地区 46.59 万人，占 34.65%。

中等职业学校顶岗实习资助金额共 103.67 亿元。其中，西部地区 31.71 亿元，占总额的 30.59%；中部地区 16.89 亿元，占 16.29%；东部地区 55.07 亿元，占 53.12%。

五、部分省份出台的中等职业学校免学费政策

（一）四川藏区、彝区“9+3”免费教育计划

四川是我国第二大藏族聚居区、最大的彝族聚居区，贫穷是这些少数民族地区

学子求学的“拦路虎”。2009年，四川启动实施了藏区“9+3”免费教育计划，组织藏区初中毕业生和未升学的高中毕业生到该省其他地区免费接受三年中等职业教育。2009—2015年，四川省其他地区先后有90所优质中等职业学校、5所高等职业院校承担了藏区“9+3”教育任务，共招收藏区“9+3”学生近5万人，近5万名藏区学子圆了求学梦。2014年，比照藏区“9+3”免费资助政策，四川省又启动实施了大、小凉山彝区“9+3”免费教育计划，有33所中等职业学校承担彝区“9+3”教育任务，共招收彝区“9+3”学生一万余人。四川省于2009年探索实施了免费中等职业教育计划，建立了以公共财政为支撑的经费保障体系，2009—2015年统筹安排“9+3”计划经费20多亿元。从2016年秋季学期起，四川省将对未实行“9+3”免费教育政策的集中连片特困地区的29个县，在一、二年级中等职业在校生全面享受中等职业学校助学金政策的基础上，参照藏区州内“9+3”免费教育政策，对三年级在校生按每生每年1000元的标准给予生活补助，所需资金由省财政全额承担。“9+3”免费教育这一职业教育新模式弥补了民族地区职教的“短腿”，做到了应读尽读。受益学生中近九成来自农牧民家庭，较好地解决了过去藏区、彝区部分学生因贫而失学的问题。作为国家教育改革重大试点项目，“9+3”计划已上升成为国家支持推广的教育模式。7年的实践证明，“9+3”计划探索出了一条“州内打基础，内地学技能”“一人成才，全家脱贫”的民族地区人才培养和教育扶贫新路。①

（二）内蒙古高中阶段教育全部实行“两免”政策

2009年，内蒙古自治区首先对33个边境牧业旗县中等职业学校的学生实行了免学费政策；2010年，内蒙古自治区除了对国家要求的涉农专业学生和农村家庭经济困难学生免学费外，又把城市贫困家庭的中等职业学生纳入免学费范围，使中等职业学校免学费学生达到在校生总数的50%以上；2011年，内蒙古自治区又对中等职业学校所有全日制在校学生、少数民族语言（蒙古语、朝鲜语）授课的普通高中在校学生和30%家庭经济困难的汉语授课普通高中在校学生实施了“两免”政策。“两免”政策中：免学费的补助标准是每生每年2000元；免费提供教科书的标准是一、二年级每生每年550元，三年级每生每年100元。内蒙古自治区2012年全面实现了高中阶段免费教育，在西部地区率先实现了12年免费教育。免学费的标准是每人每年2000元；免教科书费的标准是每人每年550—600元。

此外，还有许多省出台了高于国家资助标准、符合本省份实际情况的中等职业学校学生资助体系。

① 王明峰. 四川“9+3”免费职业教育带来更多“获得感”[N]. 人民日报，2016-1-29

六、中等职业教育学生资助体系展望

十九大报告明确提出：“普及高中阶段教育，努力让每个孩子都能享有公平而有质量的教育”“使绝大多数城乡新增劳动力接受高中阶段教育、更多接受高等教育”。2016年，我国高中阶段教育毛入学率已经达到87.5%，到2020年，全国各省（自治区、直辖市）毛入学率要达到90%以上。目前尚未达标的只剩下西藏、云南、青海、广西、海南、江西、新疆、贵州、四川9个省（自治区）。我国城镇地区已基本普及高中阶段教育，没有进入高中的学生主要来自农村地区。2015年，全国1%人口抽样结果显示，城市15—19岁人口中，高中及以上学历人口占比为83%，农村同一年龄段人口中高中及以上学历人口占比为53%。这也意味着中国农村劳动力依然存在较大的人力资本开发空间。2018年，中央一号文件《中共中央国务院关于实施乡村振兴战略的意见》中提出，推进农村普及高中阶段教育，支持教育基础薄弱县普通高中建设，加强职业教育，逐步分类推进中等职业教育免除学杂费。健全学生资助制度，使绝大多数农村新增劳动力接受高中阶段教育、更多接受高等教育。为落实好中共中央和国务院的要求，需要从以下几个方面来进一步加强和完善职业学校资助制度。

（一）制定新的中等职业学校生均经费标准

截至2016年底，全国已有22个省份实现了中等职业学校学生全部免学费，全国中等职业学校90%以上的学生享受了免学费政策，很快全国中等职业学校学生将全部享受免学费政策，免学费政策将成为一种普惠制度。中等职业学校实行全部免学费后，意味着培养成本均由政府支付，这样各省份应将免学费和生均经费合二为一后尽快出台新的生均公用经费标准制度。1996年颁发的《中华人民共和国职业教育法》第二十七条规定：“省、自治区、直辖市人民政府应当制定本地区职业学校学生人数平均经费标准”。但时隔20多年后，仍有部分省份没有出台生均经费标准，即使已出台的省份，绝大多数标准也比较低，与同样是专业人才培养的高等学校本科生生均1.2万元的拨款标准相比差距很大，难以满足职业学校办学，尤其是学生实习实训的需要。

（二）分类制定并提高生均经费标准

自1996年开始，中等职业学校逐步实行收费制，各省份先后制定收费标准，按照国家教育委员会规定的“学费标准根据年生均教育培养成本的一定比例确定”，许多省份出台的收费标准充分考虑了不同类型专业培养成本的差异性。例如，1999年吉林省制定的普通中等专业学校（含中等师范学校）收费标准是：一般专业每生每学年学费标准为2200元；计算机、外语、公安、医药卫生专业每生每学年2700元；体育、音乐、美术、特殊教育、幼儿教育专业每生每学年3200元。而目前国家免学费标准是每人 2000 元，没有体现各专业办学成本的差异性，这样可能导致职业学校不愿意兴办培养成本较高的专业。为此，免学费条件下各省份按专业大类构建生均经费标准成为当前完善中等职业学校免学费政策的重要举措。同时，应按照职业教育人才培养成本不断提高生均公用经费标准，促进校企合作，保证技术技能人才培养质量。

（三）出台农村各类职业培训资助标准

当前，农村各类培训仍然是薄弱环节，虽然农业部近些年针对农村实用人才、新型职业农民培训出台了一些培训标准。例如，2008 年农业部《农村实用人才创业培训实施方案》中规定，农村实用人才创业培训经费由新型农民科技培训项目实施县从项目经费中统一安排，每人的培训费原则上不超过 2000 元，要求集中培训时间不少于 20 天，创业实践和市场考察时间不少于 10 天。但许多农村职业培训没有明确的资助标准，因此国家应按照乡村振兴战略实施的总体要求，打破部门局限，组织相关部门制定和出台农村各类培训资助标准，在统一的标准下，鼓励各职业学校和培训机构积极承担培训任务，促进农村职业培训市场化和社会化，培育农村培训市场，提高农村职业培训的质量和水平。

（四）提高涉农专业助学金标准

随着中等职业学校免学费政策逐渐成为普惠制，涉农专业免学费政策就失去了现实意义。随着国家乡村振兴战略的实施，中等职业学校兴办涉农专业必将成为重点，因此要提高涉农专业学生助学金资助额度。国内外实践表明，涉农专业人才培养需由职前培养向职后培养转变，因此，助学金资助范围要进一步扩大。凡是开展学历教育的，不管是职前还是职后培养，都应纳入资助范围，从而降低接受农业职业教育的机会成本。

（五）构建多元化的资助体系

为完善中等职业教育资助体系，提高资助的有效性，政府有必要采取一定的立法措施鼓励社会力量参与到中等职业教育中来。中等职业教育主要为解决当地学生就业和学习问题，为企业和社会输送大批合格技能人才，因此企业和社会也应承担相应责任，地方政府和学校要通过校企合作、工学结合、顶岗实习的方式调动企业的积极性，积极鼓励行业企业、社会团体及个人捐资助学行为，形成一个由中央政府、地方政府、社会组织和企业组成的综合性中职教育资助体系。

第十二章

教师资格标准制度

我国中等职业教育教师资格从新中国成立初期就提出了明确的学历要求，1993 年《中华人民共和国教师法》对教师资格以法律的形式进一步明确，对实习指导教师辅以法律外的专业技能的补充规定，虽然在一定程度上促进了我国职业教育师资队伍的建设，但也存在一定的缺陷。《国家中长期教育改革和发展规划纲要（2010—2020 年）》指出："完善并严格实施教师准入制度，严把教师入口关。完善符合职业教育特点的教师资格标准和专业技术职务（职称）评聘办法"。2012 年 8 月，国务院印发的《关于加强教师队伍建设的意见》（国发〔2012〕41 号）进一步指出："全面实施教师资格考试和定期注册制度。完善符合职业教育特点的职业学校教师资格标准"，此后出台了《中等职业学校教师专业标准（试行）》。可见，中等职业学校教师专业标准体系在逐步完善。

一、中等职业学校教师资格制度的演变

（一）经济体制改革前教师资格制度

新中国成立后，我国开展中等职业教育的学校主要是中等技术学校和技工学校两种类型。当时的中等职业教育主要是各业务部门办学。例如，1954 年，中央人民政府、政务院颁布的《关于改进中等专业教育的决定》中指出："自本院一九五二年颁布了整顿和发展中等技术教育的指示以来，中等专业教育在调整、整顿和改革工作中已取得了相当大的成绩：各类中等专业学校（不包括中等师范学校，下同）逐步转归有关业务部门领导，开始按照国民经济各部门的需要及专业化的原则来培养干部"，并建立了定期交流技术课教师和技术人员的制度，因此能够满足技能型人才培养的要求，教师资格仅对学历提出了要求。

我国技工学校以技能培训为主，所以对培训教师要求突出的是实践技能，而对学历要求较低。1954 年 4 月 25 日，劳动部颁发的《关于技工学校暂行办法草案》中提出："技工学校的教师，应尽量作到以专任为主。技术理论教师，应由相当于中等技术学校毕业以上程度的技术人员担任；技术实习教师，应选拔具有高小以上文

化程度及有一般技术理论常识的优秀技工担任。政治课须配备能够胜任的教师担任之”。而中等专业学校主要是培养国家干部，对教师的学历要求较高。1954 年 11 月 24 日，教育部发布的《中等专业学校章程》提出了中等专业学校教师学历要求：文化课、专业基础课、专业课教师，一般应具有本科学历或同等学力，其中某些技艺性较强的专业教师，也可为专科学历，从事教学工作多年，经验丰富、教学效果较好的教师，其学历要求可适当放宽；实习指导教师，一般应具有中等职业技术学校及以上学历。

(二)经济体制改革后教师资格制度

经济体制改革初期，我国中等专业学校教师的任职资格没有太大变化。例如，1986 年 6 月 26 日，国家教育委员会颁发的《关于加强职业技术学校师资队伍建设的几点意见》(〔86〕教职字 012 号)中，对中等技术学校的文化、专业基础课、专业课教师的学历要求与 1954 年教育部发布的《中等专业学校章程》规定的相同。但同时指出：“注意聘请有实践经验的四级以上技工、能工巧匠担任实习指导教师”。

技工学校一方面对教师资格进行了必要补充，另一方面对学历提出了更高的要求。例如，1986 年 11 月 11 日，劳动人事部、国家教育委员会《关于颁发技工学校工作条例的通知》(劳人培〔1986〕22 号)中规定：“学校应切实加强对教师的培训和业务进修工作。生产实习指导课教师要努力达到能教本工种(专业)的工艺理论课；技术理论课教师应掌握一定的实际操作能力。应支持和鼓励教师积极参加教学研究和学术研讨活动”。1988 年 9 月 1 日，劳动部颁发的《关于试行〈职业技术培训教师专业证书〉制度的实施意见》(劳培字〔1988〕2 号)中指出：“试行《职业技术培训教师专业证书》制度是根据职业技术培训教师工作岗位的需要，对从事培训工作多年，具有一定业务知识或教学能力，但未达到现有教师任职资格所要求的大专毕业程度的人员，有目的地进行成人高等专业知识教育”，说明当时技工学校对教师资格的学历要求是大专毕业。

1989 年 1 月 5 日，劳动部制定的《关于加强职业技术培训师资队伍建设的意见》(劳培字〔1989〕1 号)中指出：“根据以技能培训为主的特点和不同行业、专业(工种)的实际情况，技工学校要在加强文化、技术理论课教师队伍建设的同时，逐步建立一支既能指导技术操作又能讲授专业(工艺)理论，专业技术课与生产实习课一体化的新型师资队伍；企业培训中心和就业训练中心要逐步建立一支适应岗位技术(业务)培训需要的既懂专业又懂管理，以专职教师为骨干，专兼职相结合的师资队伍”“技术理论基础课教师应争取掌握某一工种的操作技能；生产实习指导教师实际操作技能必须具备中级工(五级工)以上水平”，提出了建立一体化教师的目标，补充完善了各类教师职业资格。

1990 年 7 月，国家教育委员会印发的《全国农村教育综合改革实验区工作指导纲要(试行)(1990—2000年)》(教燎〔1990〕002号)中指出:“要认真作好职业技术教育专业课师资的培养、选聘工作;要特别重视技能教师的培养,要就地选聘一些能工巧匠,担任技艺指导,并经过多种形式的培训或实践,使各类教育的文化课师资也能掌握一定的专业技术知识和技能”,对文化课和专业课教师提出了学历以外的要求。

1992年11月28日,劳动部《关于印发〈国家级重点技工学校标准〉的通知》(劳培字〔1992〕16号)中指出:“文化、技术理论课教师队伍专业结构合理,具有大专学历或中级职称以上者占90%,其中技术理论课教师掌握本专业某一工种初级工操作技能的应占70%,实习指导教师都应具有技工学校及以上学历、操作技能达到中级工及以上水平,其中高级、一级实习指导教师、技师应达到60%以上”,而这一标准在1993年9月29日劳动部颁发的《关于深化技工学校教育改革的决定》(劳部发〔1993〕255号)中成为技工学校普遍遵循的标准。

从以上文件不难看出,无论是教育部门的职业学校,还是劳动部门的技工学校,均对学历以外的教师资格作了补充,尤其是技工学校更为突出。

(三)教师资格以法律的形式确立

1993年,中共中央《关于建立社会主义市场经济体制若干问题的决定》中指出:“要制定各种职业的资格标准和录用标准,实行学历文凭和职业资格两种证书制度”。据此,1994年1月1日起施行的《中华人民共和国教师法》对教师资格以法律的形式加以明确,《中华人民共和国教师法》规定:“取得高级中学教师资格和中等专业学校、技工学校、职业高中文化课、专业课教师资格,应当具备高等师范院校本科或者其他大学本科毕业及其以上学历;取得中等专业学校、技工学校和职业高中学生实习指导教师资格应当具备的学历,由国务院教育行政部门规定”。1995年12月12日,国务院发布的《教师资格条例》规定:“取得中等职业学校实习指导教师资格,应当具备国务院教育行政部门规定的学历,并应当具有相当助理工程师以上专业技术职务或者中级以上工人技术等级”,对实习指导教师的专业技术资格作出了规定。关于实习指导教师的学历要求,1996年7月11日,国家教育委员会专门下发的《关于取得中等职业学校实习指导教师资格应当具备的学历的规定的通知》(教职〔1996〕9号)中规定:“取得中等职业学校实习指导教师资格,应当具备各类中等职业学校、普通高级中学毕业及其以上学历。但对于确有特殊技艺者,经省级教育行政部门核准,其学历要求可以适当放宽”,明确了中等职业学校实习指导教师的学历要求。

总之,《中华人民共和国教师法》对三类中等职业学校文化课和专业课教师资格进行了统一,即大学本科毕业及其以上学历,但与1989年劳动部的规定相比,因没有提出技能方面的要求,抹杀了职业教育教师资格的特色。而对实习指导教师资格既提出了学历要求,也提出了专业技能资格要求。

二、中等职业学校教师资格制度现状

(一)教师资格制度的补充

1994年1月1日，我国开始实施《中华人民共和国教师法》；1995年12月，国务院颁布了《教师资格条例》；2000年9月，教育部发布了《〈教师资格条例〉实施办法》；2001年5月，教育部颁布了《关于印发〈关于首次认定教师资格工作若干问题的意见〉的通知》(教人〔2001〕4号)，国家开始全面实施教师资格认证工作。中等职业学校教师资格的实施对教师的学历提高起到了积极的作用。据1996年的统计，职业高中的专任教师中具有大学本科及以上学历者只占31%，技工学校为37.4%。而到2008年，职业高中的专任教师中具有大学及以上学历者占77.8%，中专学校为81.6%。但由于仅有学历要求的教师资格不能满足职业教育发展的要求，在实践中无论是教育部主管的中等专业学校和职业高中，还是劳动部门主管的技工学校均在积极探索具有职业教育特色的教师资格标准。

1997年，在教育部门首次召开的全国职教师资队伍建设工作座谈会上明确提出："职教师资工作以建设'双师型'师资队伍为重点，今后中等职业学校要不断提高师资队伍中的'双师型'教师所占比重，至2010年，'双师型'教师所占比例应不少于60%"。1998年2月，国家教育委员会在《面向21世纪深化职业教育教学改革的原则意见》(教职〔1998〕1号)中指出："要采取教师到企事业单位进行见习和锻炼等措施，使文化课教师了解专业知识，使专业课教师掌握专业技能，提高广大教师特别是中青年教师的实践能力。要注意从企事业单位引进有实践经验的教师或聘请他们做兼职教师。要重视教学骨干、专业带头人和'双师型'教师的培养"，初步提出了职业学校教师到企业实践的设想，对文化课和专业课教师资格作了补充说明。1998年12月，教育部印发的《关于贯彻十五届三中全会精神促进教育为农业和农村工作服务的意见》(教职成〔1998〕1号)中指出："要切实抓好'双师型'师资队伍建设，通过多种形式的培训和加强考核评估等措施，着重提高专业教师的操作和动手能力，同时注意聘请有实际经验的专业技术人员和能工巧匠作为兼职教师"，初步提出构建"双师"素质和"双师"结构的双师型师资队伍。1999年6月，中共中央、国务院发布的《关于深化教育改革全面推进素质教育的决定》中指出："注意吸收企业优秀工程技术和管理人员到职业学校任教，加快建设兼有教师资格和其他专业技术职务的'双师型'教师队伍"，进一步提出重视专兼结合的"双师"结构教师队伍建设。2002年8月，国务院颁发的《关于大力推进职业教育改革与发展的决定》(国发〔2002〕16号)中指出："广泛吸引和鼓励企事业单位工程技术人员、管理人员和有特殊技能的人员到职业学校担任专、兼职教师，提高具有相关专业技术职务资格教师的比例”。2006 年 9 月，教育部印发的《关于建立中等职业学校教师到企业实践制度的意见》(教职成〔2006〕11 号)中指出：“中等职业学校专业课教师、实习指导教师每两年必须有两个月以上时间到企业或生产服务一线实践”，实际上通过企业实践弥补了专业教师实践能力欠缺，从制度层面上提出了教师资格制度不完善而采取的弥补措施；从另一个层面也反映了教师资格不完善，必然增加了后期的培养培训。

技工学校在提高教师资格学历标准的同时，进一步加强“一体化”师资的建设。为了落实《中华人民共和国教师法》的要求，1993 年 9 月劳动部印发的《关于深化技工学校教育改革的决定》(劳部发〔1993〕255 号)中指出：“实行技工学校教师资格证书制度和考核制度”。2002 年 1 月，劳动部印发的《关于加强职业培训教师队伍建设的意见》(劳社部函〔2002〕12 号)中指出：既能讲授专业理论又能指导生产实习的“一体化”教师不断增多，逐步形成一支数量适当，结构合理，专兼职相结合，具有较高职业道德水平、较强创新意识和实践能力的新型教师队伍。2007 年 7 月，劳动部与人力资源和社会保障部下发的《关于印发国家重点技工学校标准的通知》(劳社部发〔2007〕26 号)中指出：文化、技术理论课教师具有高级讲师职务的占 25%以上；技术理论课教师至少具备本专业相关职业的初级工操作技能水平，其中达到中级工及以上技能操作水平的应占 40%以上；实习指导教师具备高级工及以上技能操作水平的达 80%以上；高级实习指导教师、技师和高级技师占实习指导教师总数的 40%以上。理论实习教学一体化教师达到专业课教师总数的 50%以上。这一规定有效地促进了技工学校技术理论课教师的技能操作水平和提高了“一体化”教师的比例。

从以上分析不难看出，国家实施中等职业学校教师资格制度以来，教育部门和劳动部门仍在继续构建学历以外的教师资格制度，教育部门的职业学校形成了以“双师型”师资为特色的教师资格制度，劳动部门的技工学校形成了以“一体化”师资为特色的教师资格制度。二者名称虽有所不同，但异曲同工，实质内涵是一致的。

(二)完善符合职业教育特点的教师资格标准

长期以来，职业学校教师资格只有学历和教育教学的基本要求，不符合职业教育专业教师的要求。《国家中长期教育改革和发展规划纲要(2010—2020 年)》中提出：要“完善符合职业教育特点的教师资格标准和专业技术职务(职称)评聘办法”。2012 年 8 月，国务院印发的《关于加强教师队伍建设的意见》(国发〔2012〕41 号)中进一步指出：“严格教师资格和准入制度”。修订《教师资格条例》，提高教师任职学历标准、品行和教育教学能力要求。全面实施教师资格考试和定期注册制度。完善符合职业教育特点的职业学校教师资格标准。健全新进教师公开招聘制度，探索符合不同学段、专业和岗位特点的教师招聘办法。2014 年 5 月，国务院颁发的《关于加快发展现代职业教育的决定》（国发〔2014〕19 号）中提出了“完善教师资格标准，实施教师专业标准”。

发达国家对职业学校教师的资格突出要求工作经历或实践经历(表 12-1)。澳大利亚 TAFE 学院(职业技术教育学院)教师的任职资格是：接受过大学教育专业和相关专业的教育，具有 5 年专业实践经历，持有教师资格证书，通过了“培训与评估”第四级证书和工作场所训练。新招聘人员先任兼职教师，5 年以后评估合格的教师才能转为正式教师。在英国的继续教育学院(类似于我国的中等和高等职业学校)中，教师首先需具备行业或者职业资格证书，通过教师教育获得教师资格证书后才能成为职教教师。新加坡要求职业教育教师必须是大学毕业后在企业工作三年以上的人，同时鼓励有成就的工程师、技师进入教育行业任兼职教师。

表 12-1 部分发达国家职业学校教师资格标准

国家	要求拥有的职业资格或一定的工作经历
丹麦	须有过学徒培训或相关专业的继续教育经历，并且至少有 5 年工作经验
挪威	有技术工人资格和 4 年职业实践经验，且接受过两年的相关职业理论学习
瑞典	具有 2—7 年的专业实践工作经验
法国	学士学位且有至少 4 年工作经验、中级教学证书或技术教学证书

资料来源：曹晔. 职业教育教师队伍建设的新思路、新机制、新举措[J]. 职业技术教育，2017，38(1):37-42

我国一些省份也在逐渐建立突出对新入职教师专业实践能力要求的体系。例如，2012 年 12 月，山东省人民政府印发的《关于加快建设适应经济社会发展的现代职业教育体系的意见》（鲁政发〔2012〕49 号）中提出：“中等职业学校新进专业教师一般应具有 3 年以上所需专业工作经历、三级以上职业资格或助理以上非教师所需系列专业技术职务；高等职业学校半数以上新进专业教师一般应具有 3 年以上所需专业工作经历、非教师所需系列中级以上专业技术职务或二级以上职业资格(执业资格)”。一些省(自治区、直辖市)建立了教师上岗之前的培训制度，如 2006 年 3 月 25 日，天津市教育委员会发布的《关于加快职业教育双师型教师队伍建设的意见》(津教委专〔2006〕8 号)中指出：新任教师必须进行岗前培训，培训时间不少于 120 学时，重点进行职业教育理论及相关的政策、法规、教学方法、手段等教育。建立符合职业教育特点的教师社会实践制度。新教师在上岗前必须在指定企事业单位进行不少于三个月的专业实践训练，要把新教师的岗前培训与专业实践训练有机地结合起来，经过一定的考核或鉴定，合格后方可聘任为正式教师。2016 年 5 月，教育部等七部委印发的《职业学校教师到企业实践规定》（教师〔2016〕3 号）要求：“没有企业工作经历的新任教师应先实践再上岗”。这些都是针对我国职业教育教师资格的不完善所采取的补救措施，这与国外符合职业教育特点的教师资格形成了鲜明的对比。

三、中等职业学校教师专业标准

1966年，联合国教育、科学及文化组织和国际劳工组织致各会员国《关于教师地位的建议》中，第一次以国际跨政府间的名义确认教师是一种崇高的专业，教师是至关重要的"专业工作者"，并就改进职前教师培养和职后教师培训、提高教师社会经济地位提出了一系列重要的政策建议。此后，20世纪80年代，美国最早兴起教师标准本位运动，继美国之后，欧洲各国也先后制定了教师专业标准，亚洲部分国家如日本、菲律宾、泰国、越南等近年也纷纷着手制定不同形式的专业标准[①]，开展标准本位的教师教育改革。关于职业教育的专业教师标准，国外一些国家或组织也建立了相关的标准，但许多称为能力标准。例如，2001年美国颁发的《生涯与技术教育教师专业能力标准》(NBPTS)，2009年欧盟颁发的《职业教育教师专业能力标准框架》，2010年澳大利亚颁发的《职业教育教师核心能力模块》等。

《中华人民共和国教师法》规定："教师是履行教育教学职责的专业人员"。2000年，我国首次出版的《中华人民共和国职业分类大典》将我国职业归并为八大类，教师属于"专业技术人员"一类。2010年，《国家中长期教育改革和发展规划纲要(2010—2020年)》中提出要"努力造就一支师德高尚、业务精湛、结构合理、充满活力的高素质专业化教师队伍"，首次从国家层面提出教师专业化问题。2012年8月20日，《国务院关于加强教师队伍建设的意见》(国发〔2012〕41号)指出："完善教师专业发展标准体系。根据各级各类教育的特点，出台幼儿园、小学、中学、职业学校、高等学校、特殊教育学校教师专业标准，作为教师培养、准入、培训、考核等工作的重要依据。制定幼儿园园长、普通中小学校长、中等职业学校校长专业标准和任职资格标准，提高校长(园长)专业化水平"。2013年9月20日，教育部颁布了《中等职业学校教师专业标准(试行)》(以下简称《标准》)，标志着我国中等职业学校教师专业发展有了基本的依据，对中等职业学校合格教师有了基本的判断标准，教师自身专业发展有了更加明确的方向，必将对我国中等职业学校教师专业化发展产生深远的影响。

(一)教师专业标准的内涵及框架

社会学将职业分为一般性职业和专业性职业，典型的专业性职业如医生和律师，是指从业者具有深奥的知识和技能，需要长期的学习和不断培训。可见，教师专业标准是指教师的职业标准，不是一般职业的标准，而是一种专业性职业标准，是适用于全体中等职业学校专任教师的标准。

① 周南照.科学构建教师专业标准体系势在必行[J].上海教育，2007，(12A)：27

《标准》主要包括三部分内容：基本理念、主要内容和实施要求。基本理念是教师专业素质要素的核心，是认识和实施《标准》的指导思想；主要内容是对合格教师专业素质提出的基本要求和专业行为提出的基本规范；实施要求是从政府、培养培训单位、职业学校、教师 4 个层面提出的。

(二) 基本理念

基本理念在教师专业化发展中起导向、引领和定位的作用，教师只有树立正确的理念，才会形成与之匹配的师德观念、专业知识和专业能力，才会有效开展教育教学实践。基本理念包括 4 个方面，即师德为先、学生为本、能力为重、终身学习。这 4 项理念突出强调了师德的首要性、学生的主体性、能力的重要性、终身学习的时代性，也可归纳为德、育、能、学 4 个字。

(1) 师德为先。十八大报告首次把立德树人作为教育的根本任务，而且写入了 2015 年修订的《中华人民共和国教育法》。教师职业是一种特殊的职业，不仅传道、授业、解惑，而且其言行举止会影响学生的发展。为人师者先正其身后育人，教师要以高尚师德、人格魅力、学识风范教育感染学生，把社会主义核心价值体系融入人才培养全过程，使每一位学生都能够成为对国家、对社会、对人民有用的人才。

(2) 学生为本。学校是为学生而创立的，教师的教育教学应以学生为主体，了解学生、关心学生、关爱学生、信任学生，让学生掌握职业知识和技能，教师应具有高尚的职业道德和专业精神。学校的教育和管理要从学生的立场和角度出发，时时处处把学生的切身利益放在学校改革和发展的首位。

(3) 能力为重。职业教育是能力本位的教育，职业学校教师要具有较强的专业实践能力和教育教学能力，即“双师”能力。职教教师的“双师”能力或素质是教师教育理念、专业知识的载体，它直接关系到教育教学质量和效果，影响到高素质技能型人才的培养水平和质量。

(4) 终身学习。终身学习是现代社会的基本特征。职业教育与经济社会联系最密切、也最直接，随着科学技术的进步和产业结构的调整，职业教育的内容需要不断更新，职业学校教师必须树立终身学习的理念、“育人”先“育己”的观念，不断更新教育观念，学习新知识、新技能、新方法、新工艺，才能培养出符合岗位需求的技能型人才。

(三) 主要内容

《标准》的主要内容由三个维度、15 个领域、60 项基本要求构成。三个维度包括专业理念和师德、专业知识与专业能力。在各个维度下，确立了 4—7 个领域；在每个领域之下，又提出了 3—6 项基本要求。

(1) 专业理念和师德。包括职业理解与认识、对学生的态度与行为、教育教学的态度与行为和个人修养行为 4 个领域，由 16 项“基本要求”组成。实际上对教师提出了 4 个方面的要求，即如何对待职业、如何对待学生、如何对待教学和如何对待自己。要求教师树立“学生为本”“师德为先”的理念，具有高尚的职业道德和专业精神。

(2) 专业知识。专业知识包括教育知识、职业背景知识、课程教学知识和通识性知识 4 个领域，由 17 项“基本要求”组成。专业知识是支撑教师专业能力的基础，教师的专业知识水平不仅影响教育教学的质量，而且影响教师自身专业发展，教师只有具有深厚的专业知识才能履行好自身的工作职责。

(3) 专业能力。专业能力包括 7 个方面：教学设计、教学实施、实习实训组织、班级管理与教育活动、教育教学评价、沟通与合作、教学研究与专业发展，提出了 27 项“基本要求”，涵盖了中等职业学校教师应有的五大基本能力，即教学能力、班级管理与教育活动、专业实践、沟通与合作能力、自我发展能力。

(四) 实施要求

《标准》是“国家对合格中等职业学校教师的基本专业要求”，无论是新任职教师、有经验教师还是专家教师，无论是专业教师还是文化课教师，无论是哪一专业的教师，只要在我国中等职业学校任教，都要遵循《标准》的要求，都必须达到这些标准，才能成为合格的教师。教育部颁布《中等职业学校教师专业标准(试行)》，其重要目的是明确教师应尽的职责，加强对教师教育教学行为表现的规范管理，以满足公众对高质量教育的利益需求。

(1) 教育行政部门对中等职业学校教师队伍建设的基本依据。教师队伍建设涉及多个方面，包括培养培训制度、资格制度、聘任(聘用)制度、考核制度和退出机制等，《标准》是一个上位的制度，有了《标准》，制定其他制度就有了科学依据，制定出的制度能更加有效地促进教师专业发展。

(2) 职业技术师范院校和培训机构开展教师培养培训的主要依据。教师的培养培训是促进教师专业发展的重要途径，只有按照《标准》培养学生才能培养出合格的教师，只有对照《标准》查找教师专业发展的不足，才能有效地开展教师培训，不断促进教师专业发展。

(3) 中职学校对教师管理的依据。教师是教育发展的第一资源和核心要素，教师的素质在很大程度上决定教育质量。提高教育质量必须加强对教师的管理，科学规划教师生涯，明确教师岗位职责，科学考核和评价教师工作绩效等，这些都必须依据相关的标准，没有标准就没有质量，抓质量必须首先抓标准。标准与质量如同源与流，标准是质量的依据，质量是执行标准的结果。《标准》的实施无疑给教师管理工作提供了科学依据，对提高教师素质和教育质量有了制度保障。

(4)教师自身专业发展的基本依据。教师专业标准是教师的合格标准，所谓“格”就是“标准”，符合标准要求的称为合格，反之为不合格。标准具有导向和引领的作用，有了《标准》，教师就可以对照《标准》对自身进行自我评价，主动查找差距，进行自我研修，弥补不足，以提高自身专业化水平。

四、中等职业学校校长专业标准

为促进中等职业学校校长专业发展，建设高素质中等职业学校校长队伍，落实立德树人的根本任务，加快发展现代职业教育，依据《中华人民共和国教育法》《中华人民共和国职业教育法》《中华人民共和国劳动法》，按照国务院《关于加快发展现代职业教育的决定》(国发〔2014〕19号)和教育部等六部委《现代职业教育体系建设规划(2014—2020年)》(教发〔2014〕6号)有关要求，2015年1月10日，教育部颁发了《中等职业学校校长专业标准》(教师〔2015〕2 号)，该标准由三部分构成，即办学理念、专业职责和实施建议。

(一)办学理念

办学理念包括5部分内容：①“以德为先”，这是校长的道德使命，也是坚持正确办学方向的必然要求；②“育人为先”，这是校长的办学宗旨，也是教育工作的根本要求；③“引领发展”，这是校长的角色定位，也是推动学校和教师发展的有效途径；④“能力为重”，这是校长专业发展的实践导向，也是提高学校管理水平和教育质量的基本要求；⑤“终身学习”，这是对校长个人素质的要求，也是形成全民学习、终身学习的学习型社会的迫切要求。

(二)专业职责

专业职责包括专业责任及每项专业责任的具体要求，专业责任包括6个方面：规划学校发展、营造育人文化、领导课程教学、引领教师成长、优化内部管理、调试外部环境。其中，“规划学校发展”“营造育人文化”体现了校长对学校的价值领导，既坚持社会主义办学方向，也为学校特色发展留下了空间，是校长专业职责的灵魂；“领导课程教学”“引领教师成长”体现了校长对学校的教学领导，这也是提高教育质量的关键所在；“优化内部管理”“调试外部环境”体现了校长对学校的组织领导，是提升学校办学水平的管理保障。每一项专业职责由专业理解与认识、专业知识与方法、专业能力与行为等三个方面构成，共形成了60条具体要求，详见表12-2。

表 12-2 《中等职业学校校长专业标准》基本框架

专业职责	专业理解与认识	专业知识与方法	专业能力与行为	总条数
规划学校发展	1—3	4—6	7—10	10
营造育人文化	11—13	14—16	17—20	10
领导课程教学	21—23	24—26	27—40	10
引领教师成长	31—33	34—36	37—40	10
优化内部管理	41—43	44—46	47—50	10
调试外部环境	51—53	54—56	57—60	10
合计	18	18	24	60

资料来源：依据教育部颁发的《中等职业学校校长专业标准》整理

（三）实施建议

实施建议从各级教育行政部门、校长培养培训的机构、校长自身专业发展三个方面提出了具体的实施要求。

五、职业学校教师资格考试标准

教师资格就是指设立什么样的门槛、让什么样的人进入教师队伍，入口不严，必然给后期的教师队伍建设带来重大隐患。《国家中长期教育改革和发展规划纲要(2010—2020 年)》和《国务院关于加强教师队伍建设的意见》都提出严格教师资格和准入制度。为严格教师职业准入，保障教师队伍质量，2013 年教育部印发了《中小学教师资格考试暂行办法》和《中小学教师资格定期注册暂行办法》(教师〔2013〕9 号)，建立了国家教师资格考试制度，并积极开展试点工作，试点省份越来越多。上述两个文件主要包括报考条件、考试内容与形式、考试实施、考试安全与违规处罚等内容。教师资格考试包括笔试和面试两部分，中小学教师资格考试笔试科目为“综合素质”“教育知识与能力”“专业知识与教学能力”共三科。目前，国家还没有建立中等职业学校教师资格考试标准及考试大纲，中等职业学校教师资格考试由省级部门组织实施，“综合素质”“教育知识与能力”两科测试与普通中学教师资格证考试科目相同，“专业知识与教学能力”科目测试暂由各省(自治区、直辖市)自行命题和组织实施。面试主要考查申请人的职业认知、心理素质、仪表仪态、语言表达、思维品质等教师基本素养和教学设计、教学实施、教学评价等教学基本技能。面试采取结构化面试、情境模拟等方式，通过抽题、备课(活动设计)、回答规定问题、试讲(演示)、答辩(陈述)、评分等环节进行。国家确定笔试成绩合格线，省级教育行政部门确定面试成绩合格线。

按照国家教育体制改革试点工作的总体部署，教育部印发了《关于开展中小学和幼儿园教师资格考试改革试点的指导意见》(教师函〔2011〕6 号)，决定 2011 年在浙江、湖北两省开展中小学和幼儿园教师资格考试改革试点。2012 年又增加了河北、上海、海南、广西 4 个省(市)，2013 年 8 月教育部发布的《关于扩大中小学教师资格考试与定期注册制度改革试点的通知》(教师函〔2013〕2 号)又新增了山西、安徽、山东、贵州 4 个省为试点省份。2015 年 7 月，教育部办公厅印发的《关于进一步扩大中小学教师资格考试与定期注册制度改革试点的通知》(教师厅〔2015〕3 号)中指出："在浙江、湖北等 15 个省(区、市)试点基础上，新增 13 个省(区、市)为试点省份。其中北京、江西、河南、湖南、甘肃、青海、宁夏等 7 省(区、市)于 2015 年秋季启动改革试点，天津、辽宁、黑龙江、广东、重庆、云南等 6 省(区、市)于 2016 年春季启动改革试点。新增试点省份原则上选择 1—2 个地级市开展中小学教师资格定期注册试点"。

我国正在构建"国标、省考、县管、校聘"的教师准入和管理制度，提高教师入职门槛，打破教师资格"终身制"，实行定期注册制度。试点区内，教师资格考试有效期为三年，教师资格证须每 5 年注册一次。改革后将不再分师范生和非师范生的区别，师范毕业生不再直接认定教师资格，如果想成为教师必须参加国家组织的考试并且通过后方可申请教师资格证。在校生专科大二、大三年级，本科大三、大四年级才能报考。总之，开展中小学和幼儿园教师资格考试改革试点，完善并严格实施教师职业准入制度，是建设高素质专业化教师队伍的重要任务，是建立健全中国特色教师管理制度的重要内容，对于提升教师队伍整体素质、提高教师社会地位、吸引优秀人才从教、推动教育改革发展具有重要意义。

对于高职院校，2012 年 8 月，国务院颁发的《关于加强教师队伍建设的意见》(国发〔2012〕41 号)中也提出：要完善高等学校教师专业发展标准体系，作为教师培养、准入、培训、考核等工作的重要依据。教师专业标准体系包括教师专业标准、教师资格准入标准、教师培养标准、师范专业认证标准等。其中，教师专业标准在教师专业标准体系中属于上位标准，是制定中等职业学校教师任职资格标准、培养培训课程标准、考核评价标准等的重要依据。可见，要建立符合职业教育特点的高职院校教师资格标准，首先应建好教师专业标准。

第十三章

“双师型”教师制度

自1995年“‘双师型’教师”的概念在国家教育委员会的有关文件中出现以来，尤其是2005年国家提出校企合作、工学结合的职业教育培养模式后，加强“双师型”教师队伍建设成为职业教育教师队伍建设的主旋律。国家主要从功能定位、内培外引、企业实践、评定双职称、出台认定标准、规定比例结构、构建专兼结合教师队伍等途径来打造“双师型”教师队伍。总的来看，“双师型”教师的重要性已形成普遍共识，国家、地方和各职业院校纷纷出台了“双师型”教师政策和措施，一些省（自治区、直辖市）出台了“双师型”教师认定标准来加强“双师型”教师队伍建设，“双师型”教师比例不断提高，但“双师型”教师仍存在着内涵不明、数量不足、质量不高、企业参与积极性不高、激励机制和聘请兼职教师政策环境欠佳等问题。加强“双师型”教师队伍建设仍需要明确内涵，进一步完善政策支撑和配套措施，努力营造和优化制度环境，使“双师型”教师队伍建设既有明确目标又有保证措施，既有激励机制又有约束机制，建立起符合职业教育特点的教师队伍，推动我国职业教育的健康和持续发展。

一、职业院校“双师型”教师

“双师型”教师是我国对职业教育教师专业化的一个有益探索，旨在表达职业教育教师的职业特性或特点，要求职业学校教师不仅需要具备一般意义的从教能力，还需要具备从事专业的职业能力，反映的是两个不同职业环境的专业能力。从狭义的角度来理解，“双师型”教师是指既能从事理论课教学，又能指导实践教学的教师。在教育部门管理的中等职业学校称为“双师型”教师，在人力资源和社会保障部门管理的技工院校称为“一体化”教师，虽名称不同，但内涵是一致的。由于“双师型”教师来源的多元性和能力形成途径的多样性，“双师型”教师本质的表现形式是多样的，伴随着职业教育的不断发展，有多种不同的说法，如“双职称”教师、“双证书”教师、“双能力”教师、“双素质”教师、“双证+双能”教师、“双师双能”教师等。从广义的角度来理解，“双师型”教师包括两个层面，即个体的“双师”素质和队伍的“双师”结构。个体的“双师”素质是指专任教师既能从事理论教学，又具有一定的指导实践教学的能力；队伍的“双师”结构是指聘请来自生产一线的兼职教师与学校专任教师构建的专兼合作的“双师型”教师队伍。提高教师个体“双师”素质的作用是有限的，而构建专兼结合的“双师”结构教师队伍的作用可以说是无限的。因此，“双师型”教师队伍建设越来越重视专、兼职教师队伍结构的优化。从国家层面来说，对“双师型”教师队伍并没有明确的内涵界定，只是在高职高专教学评估中对“双师”素质教师给予了一些认定指标。

（一）“双师型”教师的缘起

“双师型”概念是一个实践中的产物。时任上海冶金专科学校仪电系主任的王义澄老师，于 1990 年 12 月 5 日在《中国教育报》刊登了“建设‘双师型’专科教师队伍”一文，分析了上海冶金专科学校培养“双师型”教师队伍的具体做法：①教师带领学生参加生产实习和毕业实习，提高教师自身的实践能力；②选派教师到国内外工厂进行较长时间的实习；③根据冶金行业建设或者技术改造的需要，参与重大工程项目中的单项或者综合项目的部分内容；④通过技术咨询、技术服务，鼓励教师多渠道地承担企业的技术项目。从此以后，“双师型”这一概念在实践中被广泛应用。当时提出的培育“双师型”教师的 4 条途径，也成为目前“双师型”教师队伍建设的重要途径。

（二）中等职业学校的“双师型”教师

1997 年，全国职教师资队伍建设工作座谈会首次召开，会议明确指出，师资工作“以建立‘双师型’师资队伍为重点”，建设满足实践性与技能型教学要求的高素质教师队伍。1998 年，国家教育委员会《面向 21 世纪深化职业教育教学改革的原则意见》（教职〔1998〕1 号）中规定：“要重视教学骨干、专业带头人和‘双师型’教师的培养”，把“双师型”教师与传统的教学骨干和专业带头人并列，开始重视“双师型”教师的作用。1998 年 12 月，教育部《关于贯彻十五届三中全会精神促进教育为农业和农村工作服务的意见》（教职成〔1998〕1 号）中提出：“要切实抓好‘双师型’师资队伍建设，通过多种形式的培训和加强考核评估等措施，着重提高专业教师的操作和动手能力”。1999 年 6 月，中共中央、国务院颁发的《关于深化教育改革全面推进素质教育的决定》中提出：“加快建设兼有教师资格和其他专业技术职务的‘双师型’教师队伍”，首次对“双师型”内涵作了说明。2000 年 8 月，教育部《关于印发〈关于进一步加强中等职业教育师资培养培训基地建设的意见〉的通知》（教职成〔2000〕9 号）中进一步指出：“以提高教师实施素质教育的能力和水平，建立‘双师型’教师队伍为重点，以高等学校为主要依托，在全国逐步建立一个布局合理、功能完备、与中等职业教育事业发展相适应的职教师资基地网络”，进一步指出了教师培养培训工作也要重视“双师型”教师。2004年3月，国务院批转教育部的《2003—2007年教育振兴行动计划》(国发〔2004〕5号)中提出：大力加强“双师型”教师队伍建设。2005年10月，国务院颁发的《关于大力发展职业教育的决定》(国发〔2005〕35号)中指出：“加强‘双师型’教师队伍建设”。此后，在多个国家文件中都强调加强“双师型”教师队伍建设。

（三）高等职业学校的“双师”素质教师

1995年12月，国家教育委员会印发《关于开展建设示范性职业大学工作的通知》(教职〔1995〕15号)，首次在国家政策文件中提出“‘双师型’教师”。在示范性职业大学建设目标中提出：师资队伍结构合理，水平较高。专业课教师和实习指导教师基本达到“双师型”要求。2000年1月，教育部《关于加强高职高专教育人才培养工作的意见》(教高〔2000〕2号)中提出“双师型”教师队伍建设是提高高职高专教育教学质量的关键，并首次把“双师型”教师的内涵界定为：既是教师，又是工程师、会计师等。“抓好‘双师型’教师的培养，努力提高中、青年教师的技术应用能力和实践能力，使他们既具备扎实的基础理论知识和较高的教学水平，又具有较强的专业实践能力和丰富的实践工作经验;积极从企事业单位聘请兼职教师，实行专兼结合，改善学校师资结构，适应专业变化的要求；要淡化基础课教师和专业课教师的界限，逐步实现教师一专多能”。这一表述至少有三层含义：一是明确了“双师型”教师内涵，既有较高的理论教学能力，又有较强的实践能力；二是加大兼职教师的聘请力度；三是对专业课教师能力提出了理实一体的要求。2000年3月23日，教育部高等教育司下发的《关于开展高职高专教育师资队伍专题调研工作的通知》(教高司涵〔2000〕36号)中第一次使用了“双师”素质教师的概念。2002年5月，教育部办公厅印发的《关于加强高职(高专)院校师资队伍建设的意见》(教高厅〔2002〕5号)中指出：“建设一支理论基础扎实、又有较强技术应用能力的‘双师型’教师队伍”“一方面要通过支持教师参与产学研结合、专业实践能力培训等措施，提高现有教师队伍的‘双师’素质；另一方面要重视从企事业单位引进既有工作实践经验，又有较扎实理论基础的高级技术人员和管理人员充实教师队伍。学校在职务晋升和提高工资待遇方面，对具有“双师”素质的教师应予以倾斜，指出了提高教师“双师”素质的途径和激励政策。2004年4月，教育部《关于以就业为导向深化高等职业教育改革的若干意见》(教高〔2004〕1号)中指出：“培养高技能人才必须有‘双师型’教师队伍作支撑，各高等职业院校要采取有效措施，推动学校的教师定期到企业学习和培训，增强实践能力。同时，要积极聘请行业、企业和社会中(含离退休人员)有丰富实践经验的专家或专业技术人员作为兼职教师。各地教育行政部门要根据高等职业教育的特点，在职称评定、教师聘任等方面单独制定适合‘双师型’教师发展的评聘制度，为‘双师型’教师队伍建设提供政策支持”。

2006年11月，教育部办公厅、财政部办公厅印发的《关于做好2006年度国家示范性高等职业院校建设计划项目申报工作的通知》(教高厅函〔2006〕44号)中，对工作任务和建设内容之一——建设高水平的“双师型”教师队伍提出了具体要求，即每个专业引进和培养一或两名专业带头人，培养4—6名骨干教师，聘请4—6名企业行业技术专家，制订具备“双师”素质与“双师”结构的专兼结合专业教学团队建设规划，开展多种形式的专业教师实践技能培训，提出了“双师型”教师队伍由个体的“双师”素质和队伍的“双师”结构两部分组成，要求重视专兼结合的专业教学团队建设。2006年11月，教育部印发的《关于全面提高高等职业教育教学质量的若干意见》(教高〔2006〕16号)中指出：“注重教师队伍的‘双师’结构，改革人事分配和管理制度，加强专兼结合的专业教学团队建设”“要增加专业教师中具有企业工作经历的教师比例，安排专业教师到企业顶岗实践，积累实际工作经历，提高实践教学能力。同时要大量聘请行业企业的专业人才和能工巧匠到学校担任兼职教师，逐步加大兼职教师的比例，逐步形成实践技能课程主要由具有相应高技能水平的兼职教师讲授的机制”。以外聘与内培、专职与兼职结合的方式提出了加强高职院校“双师型”教师队伍建设的多种途径。

(四)“双师型”教师比例

“双师型”教师比例是反映“双师型”教师队伍建设水平的重要标志，也是反映“双师型”教师队伍建设进程中的重要指标，还是加强“双师型”教师队伍建设的重要成果。

1. 中等职业学校

2001年11月，教育部《关于“十五”期间加强中等职业学校教师队伍建设的意见》(教职成〔2001〕10号)中规定：“‘双师型’教师和具有硕士学位的教师达到一定比例”。2007年4月，教育部印发的《关于“十一五”期间加强中等职业学校教师队伍建设的意见》(教职成〔2007〕2号)中指出：“专业课教师和实习指导教师中持有相关专业技术资格或职业资格的人数达到50%以上”。2011年12月，教育部印发的《关于“十二五”期间加强中等职业学校教师队伍建设的意见》(教职成〔2011〕17号)中提出：“‘双师型’教师占专业教师的比例达到50%”。2010年7月，教育部印发的《中等职业学校设置标准》(教职成〔2010〕12号)中规定：“专业教师数应不低于本校专任教师数的50%，其中‘双师型’教师不低于30%”。

我国人力资源和社会保障部门管理的技工学校，最初被国家定位为培训学校，长期以来非常重视实践教学，经过多年的发展，目前形成了技工学校、高级技工学校和技师学院三个层级，统称为技工院校。2012年1月，人力资源和社会保障部颁布《关于印发〈技工院校设置标准(试行)〉的通知》(人社部发〔2012〕

8号），在技工学校、高级技工学校、技师学院三类院校设置标准(试行)中，对技术理论课教师和实习指导教师取得职业资格证书教师的规定既有统一的要求，也有不同的要求。技工院校教师应符合国家规定的学历要求，专任教师应具备相应的教师资格。技术理论课教师至少具备相关专业初级技能职业资格。其中，三个层级学校的教师中，具备中级技能以上职业资格的教师比例分别要求不低于30%、达40%以上和达60%以上。实习指导教师应具备相关专业高级技能以上职业资格。其中，高级技工学校和技师学院具备高级实习指导教师职务或技师、高级技师职业资格的教师，应分别占教师总数的45%以上和50%以上。同时还规定：三类技工院校具有企业实践经验的教师应占教师队伍总数的20%以上。高级技工学校和技师学院的理论实习教学一体化教师，占技术理论课教师和实习指导教师总数的比例应分别达到50%以上和60%以上。

2. 高等职业学校

1995年12月，国家教育委员会印发的《关于开展建设示范性职业大学工作的通知》(教职〔1995〕15号)，在申请试点建设示范性职业大学的基本条件中提出：“有一支专兼结合、结构合理、素质较高的师资队伍。专业课教师和实习指导教师具有一定的专业实践能力，其中有1/3以上的‘双师型’教师”。1997年9月，国家教育委员会《关于高等职业学校设置问题的几点意见》(教计〔1997〕95号)中对于师资状况作出规定：“每个专业至少配备副高级专业技术职务以上的专任教师2人，中等专业技术职务以上的本专业非教师职称系列的或‘双师型’专任教师2人”。2000年，教育部《高职高专教育教学工作合格学校评价体系(征求意见稿)》(教高〔2000〕49号)中规定：“优秀职业院校学校的A级标准为‘双师’素质教师占全校专任教师的比例应大于或等于50%；一所高职院校的‘双师’素质教师要占全校专任教师的20%以上，其教育教学工作才能算合格”。2004年4月，教育部办公厅印发的《关于全面开展高职高专院校人才培养工作水平评估的通知》(教高厅〔2004〕16号)的附件二《高职高专院校人才培养工作水平评估方案(试行)》，进一步提高了优秀职业院校的A级标准，将专业基础课和专业课中“双师”素质教师的比例提高到70%以上。这是国家层面第一次对“双师”素质教师进行指标化解释。

(五)“双师型”教师形成路径

1. 评聘第二个职称或取得职业资格证书

1980年2月，教育部印发的《关于中等专业学校确定与提升教师职务名称的请示报告》及《关于中等专业学校确定与提升教师职务名称的暂行规定》(〔80〕教专字002号)中指出：“中等专业学校的教师，在调来学校前，或在兼任社会职务时，已有其他部门授予某种职称，可兼有双重职称”，首次提出中等职业学校教师可以拥有“双职称”。1997 年 9 月，国家教育委员会印发的《关于加强中等职业学校教师队伍建设的意见》(教职〔1997〕8 号)中指出：“中等职业学校的专业课教师及实习指导教师，不仅可以评聘教师职务，同时，也可以申请评定相应专业(工种)的技术资格，各地方和行业的有关评审组织应接受职业学校教师申报评定相应专业(工种)的技术资格”。1998 年 3 月，国家教委、国家经贸委、劳动部印发的《关于实施〈职业教育法〉加快发展职业教育的若干意见》(教职〔1998〕2 号)中进一步明确指出：“职业学校的专业课教师及实习指导教师可以评聘教师职务，也可以参评其他专业技术职务任职资格，学校可对具有双职务资格的教师在待遇上从优”。此后国家在多个文件中都有类似的规定，但实际上由于两个系列职称反映的是两个不同的职业要求，加之人事分配制度上“双职称”教师待遇从优的政策也难以落实，该政策在实践中并没有落实。2004 年 9 月，教育部等七部门印发的《关于进一步加强职业教育工作的若干意见》(教职成〔2004〕12 号)和 2005 年国务院《关于大力发展职业教育的决定》(国发〔2005〕35 号)中均指出：加强“双师型”教师队伍建设，职业院校中专业实践性较强的专业教师，可按照相应的专业技术职务系列条例的规定，再评聘第二个专业技术资格，也可根据有关规定取得相应的职业资格证书，促进“双师型”教师队伍建设。总之，“双师型”教师不仅仅是一个身份问题，它表示的是两种不同职业场景的工作经历，此后政策文件中提出的更多的是教师到企业实践。

2. 教师到企业实践

教师到企业实践在新中国成立以后就积极提倡，只是当时没有“‘双师型’教师”的概念，也就不能作为“双师型”教师形成的途径。1998 年 2 月，国家教育委员会制定的《面向 21 世纪深化职业教育教学改革的原则意见》(教职〔1998〕1 号)中明确提出：“要采取教师到企事业单位进行见习和锻炼等措施，使文化课教师了解专业知识，使专业课教师掌握专业技能，提高广大教师特别是中青年教师的实践能力”，要重视“双师型”教师的培养。这是国家第一次把教师到企业实践作为“双师型”教师培养的重要途径，而且指出了文化课教师也要到企业实践，企业实践的重点是青年教师。2000 年 1 月，教育部《关于加强高职高专教育人才培养工作的意见》(教高〔2000〕2 号)中的附件二《高等专科学校、高等职业学校和成人高等学校教学管理要点》中指出：“要通过教学实践、专业实践(包括科技工作)和业务(包括教育科学知识)进修，大力培养并尽快形成一批既有较高学术水平、教学水平，又有较强实际工作能力的‘双师型’专职教师作为中坚力量”“要有计划地组织教师参加工程设计和社会实践，鼓励从事工程和职业教育的教师取得相应的职业证书或技术等级证书，培养具有‘双师资格’的新型教师”，指出了“双师型”教师的内涵，并进一步提出多种实践、参与工程设计、取得职业资格证书等途径，拓展了“双师型”教师的培养途径。2005 年 10 月，国务院颁发的《关于大力发展职业教育的决定》（国发〔2005〕35 号）中指出：“建立职业教育教师到企业实践制度，专业教师每两年必须有两个月到企业或生产服务一线实践”，基于校企合作、工学结合人才培养的需要，首次把教师企业实践作为一种制度。2006 年 9 月 28 日，教育部制定的《关于建立中等职业学校教师到企业实践制度的意见》（教职成〔2006〕11 号）规定，教师到企业实践的制度不仅在职业学校教师队伍建设中实施，在教师培训中也予以落实。2006 年 12 月，教育部、财政部联合下发了《关于实施中等职业学校教师素质提高计划的意见》，创新性地实行“基地+企业”培训模式，要求两个月的骨干教师培训中，至少有一个月在企业实践。2011 年 11 月，教育部、财政部印发了《关于实施职业院校教师素质提高计划的意见》，国家财政首次支持实施中等职业学校青年教师企业实践项目，来推动地方逐步形成职业院校教师到企业实践的制度化和规范化的工作机制。2011—2015 年，教育部、财政部组织遴选两万名中等职业学校青年教师到企业进行专业实践。参加企业实践的对象是从事职业教育教学工作两年以上、35 岁以下的中等职业学校专业课教师和实习指导教师。企业实践为期 6 个月，采取“师带徒”模式。2016 年 10 月，教育部、财政部《关于实施职业院校教师素质提高计划（2017—2020 年）的意见》（教师〔2016〕10 号），设计了“双师型”教师专业技能培训项目、教师到企业实践项目等。2016 年 5 月，教育部等七部门印发的《职业学校教师企业实践规定（试行）》（教师〔2016〕3 号），进一步明确了组织教师企业实践，是加强职业学校“双师型”教师队伍建设，实行工学结合、校企合作人才培养模式，提高职业教育质量的重要举措。并提出：职业学校专业课教师（含实习指导教师）要根据专业特点每 5 年必须累计不少于 6 个月到企业或生产服务一线实践，没有企业工作经历的新任教师应先实践再上岗。公共基础课教师也应定期到企业进行考察、调研和学习。并对教师企业实践的内容、形式，以及组织与管理、保障措施等作出了明确规定。2012 年 8 月，国务院颁发的《关于加强教师队伍建设的意见》（国发〔2012〕41 号）中指出：“完善以企业实践为重点的职业学校教师培训制度”。2018 年 1 月，中共中央、国务院发布的《关于全面深化新时代教师队伍建设改革的意见》进一步指出：切实推进职业院校教师定期到企业实践，不断提升实践教学能力。

3. 从实践中引进技术技能人才

1993 年，国家教育委员会、农业部和林业部《关于加强农村、林区中等职业技术学校和农民中专农、林类专业师资队伍建设的几点意见》中首次提出“从社会上聘任专、兼职教师”。1999 年 6 月，中共中央、国务院颁发的《关于深化教育改革全面推进素质教育的决定》中提出：“吸收企业优秀工程技术和管理人员到职业学校任教”。2002 年 5 月，教育部办公厅《关于加强高职（高专）院校师资队伍建设的意见》(教高厅〔2002〕5号)中指出:“要重视从企事业单位引进既有工作实践经验,又有扎实理论基础的高级技术人员和管理人员充实教师队伍”。此后,许多文件中提出从社会上聘用专、兼职教师。例如,2012年8月国务院印发的《关于加强教师队伍建设的意见》(国发〔2012〕41号)中指出:“完善相关人事政策,鼓励职业学校和高等学校聘请企业管理人员、专业技术人员和高技能人才等担任专兼职教师”。

4. 严格教师资格标准

2006年11月,教育部印发的《关于全面提高高等职业教育教学质量的若干意见》(教高〔2006〕16号)中指出:“逐步建立‘双师型’教师资格认证体系,研究制订高等职业院校教师任职标准和准入制度”。2010年,《国家中长期教育改革和发展规划纲要(2010—2020年)》要求完善符合职业教育特点的教师资格标准。2012年8月,国务院颁发的《关于加强教师队伍建设的意见》(国发〔2012〕41号)中指出:“严格教师资格和准入制度”“完善符合职业教育特点的职业学校教师资格标准”。2014年5月,国务院颁布的《关于加快发展现代职业教育的决定》(国发〔2014〕19号)中指出:“完善教师资格标准,实施教师专业标准”。但在国家层面至今没有出台相关的制度。

为落实国务院的要求,许多地方政府和职业院校出台了教师准入资格和“双师型”能力标准。例如,2012年12月,山东省人民政府印发的《关于加快建设适应经济社会发展的现代职业教育体系的意见》(鲁政发〔2012〕49号)中提出:“中等职业学校新进专业教师一般应具有3年以上所需专业工作经历、三级以上职业资格或助理以上非教师所需系列专业技术职务;高等职业学校半数以上新进专业教师一般应具有3年以上所需专业工作经历、非教师所需系列中级以上专业技术职务或二级以上职业资格(执业资格)”。2013年12月,河南省教育厅出台了《河南省中等职业学校“双师型”教师基本能力标准(试行)》(教职成〔2013〕1125号),由职业意识和态度标准、教育教学和专业知识标准、教学和专业实践能力标准三个维度共26条具体能力标准构成。这两个地方政策,标志着教师资格正在与国际接轨。许多国外职业学校教师准入资格都要求有一定年限的企业实践经历。美国、澳大利亚和欧盟等国家和地区还建立了教师专业能力标准。

5. 校企共建“双师型”教师培养培训基地建设

2010年,《国家中长期教育改革和发展规划纲要(2010—2020年)》提出依托相关高等学校和大中型企业,共建“双师型”教师培养培训基地,把职业学校教师培养培训基地定位在培养培训“双师型”教师。2012年8月,国务院颁发的《关于加强教师队伍建设的意见》(国发〔2012〕41号)中指出:“探索建立招收职业学校毕业生和企业技术人员专门培养职业教育师资制度。扩大教育硕士、教育博士招生规模，培养高层次的中小学和职业学校教师。创新教师培养模式，建立高等学校与地方政府、中小学(幼儿园、职业学校)联合培养教师的新机制，发挥好行业企业在培养‘双师型’教师中的作用”。此后，国务院的多个文件提出校企共同建立“双师型”教师培养培训基地。

6. 出台“双师型”教师培训支持政策

许多省(自治区、直辖市)出台了加强“双师型”师资队伍建设的文件。例如，2006 年 10 月，天津市教育委员会印发了《关于加快职业教育“双师型”教师队伍建设的意见》；2014 年，河南省教育厅印发了《关于进一步加强我省职业院校“双师型”教师队伍建设有关问题的通知》(教人〔2014〕103 号)；2015 年，山西省人民政府办公厅印发了《关于加强职业院校“双师型”教师队伍建设的意见》(晋政办发〔2015〕76 号)；2015 年 3 月，广西壮族自治区教育厅等四部门印发了《广西壮族自治区职业院校“双师型”教师队伍建设工程实施方案(2015—2020 年)》(桂教师范〔2015〕9 号)。甚至一些地级市也出台了“双师型”教师队伍建设的支持政策。例如，2009 年 3 月 30 日，在《济宁市中等职业学校“双师型”教师素质提高计划》中提出设立“双师型”教师培训专项经费。济宁市每年列支一定数量的师资培训专项经费，主要用于专业教师技能培训和专业教师企业实践锻炼补贴，市教育局每三年评选一届优秀“双师型”教师，并充分发挥其在培养模式改革、教学模式改革、专业建设、课程建设、校企合作中的引领指导作用。

二、“双师型”教师认定标准

为了加强“双师型”教师队伍建设，许多省份、地级市和职业院校出台了“双师型”教师认定标准和管理办法，旨在通过认定工作，推动教师通过企业实践、参加各种培训、获得职业资格证书、评聘非教师系列专业技术职务、参加校内实习实训基地建设、参加企业技术改造、产品研发等多种途径来提高专业实践能力和实践教学能力，从而达到“双师型”教师认定标准。在国家层面，也越来越重视对“双师型”教师的评价。2018 年 2 月，中共中央办公厅、国务院办公厅发布的《关于分类推进人才评价机制改革的指导意见》中指出：“适应现代职业教育发展需要，按照兼备专业理论知识和技能操作实践能力的要求，完善职业院校(含技工院校)‘双师型’教师评价标准，吸纳行业、企业作为评价参与主体，重点评价其职业素养、专业教学能力和生产一线实践经验”。

(一) 高职“双师”素质教师认定标准

自 1999 年以来，我国高等教育扩大招生规模主要是扩大高等职业教育招生规模。为了在高等教育大众化过程中更好地发展高等职业教育，教育部高等教育司高职高专处开展了高职院校教师队伍建设情况的专题调研。2000 年 3 月 23 日，教育部高等教育司下发的《关于开展高职高专教育师资队伍专题调研工作的通知》(教高司涵〔2000〕36 号)中对“双师”素质教师认定标准作出了规定，工科类具有“双师”素质的专职教师应符合以下两个条件之一：①具有两年以上工程实践经历，能指导本专业的各种实践性环节；②主持(或主要参与)两项工程项目研究、开发工作，或主持(或主要参与)两项实验室改善项目，有两篇校级以上刊物发表的科技论文。其他科类参照此条件。2004 年 4 月 12 日，教育部办公厅在《关于全面开展高职高专院校人才培养工作水平评估的通知》(教高厅〔2004〕16 号)的附件二《高职高专院校人才培养工作水平评估方案(试行)》中明确指出，“双师”素质教师是指具有讲师(或以上)教师职称，又具备下列条件之一的专任教师：①有本专业实际工作的中级(或以上)技术职称(含行业特许的资格证书及具有专业资格或专业技能考评员资格者)；②近 5 年中有两年以上(可累计计算)在企业第一线本专业实际工作经历，或参加教育部组织的教师专业技能培训获得合格证书，能全面指导学生专业实践实训活动；③近 5 年主持(或主要参与)两项应用技术研究，成果已被企业使用，效益良好；④近 5 年主持(或主要参与)两项校内实践教学设施建设或提升技术水平的设计安装工作，使用效果好，在省内同类院校中居先进水平。2008 年 4 月，教育部印发的《高等职业院校人才培养工作评估方案》(教高〔2008〕5 号)中规定，“双师”素质教师是指具有教师资格，又具备下列条件之一的校内专任教师和校内兼课人员：①具有本专业中级(或以上)技术职称及职业资格(含持有行业特许的资格证书及具有专业资格或专业技能考评员资格者)，并在近 5 年主持(或主要参与)过校内实践教学设施建设或提升技术水平的设计安装工作，使用效果好，在省内同类院校中居先进水平；②近 5 年中有两年以上(可累计计算)在企业第一线本专业实际工作经历，能全面指导学生专业实践实训活动；③近 5 年主持(或主要参与)过应用技术研究，成果已被企业使用，效益良好。

(二)中职“双师型”教师认定标准

关于中等职业学校“双师型”教师的认定，国家并未出台权威标准，自 2008 年以来，一些省(自治区、直辖市)本着“先行先试”原则，开始建立符合本地实际的中等职业学校“双师型”教师认定标准。先后有吉林(2008)、重庆(2009)、安徽(2010)、江西(2011)、河南(2015)、广西(2016)等省(自治区、直辖市)出台了本地区的中等职业学校“双师型”教师的认定标准，并依照认定标准开展本地区中等职业学校“双师型”教师的认定工作，取得了一定成效(表 13-1，表 13-2)。在认定的过程中不断充实完善认定条件，认定范围也更加广泛，对认定标准解释得更加详细，说明各地教育主管部门非常重视认定工作，各职业院校和教师积极参与认定工作。与此同时，许多职业学校和部分地级市也积极开展"双师型"教师认定标准工作。例如，2015 年长沙市出台了《长沙市中等职业学校"双师型"教师认定标准》。通过"双师型"教师的认定，推动"双师型"教师队伍建设。

表 13-1　六省（自治区、直辖市）中等职业学校"双师型"教师认定标准汇总表

省(自治区、直辖市)	级别	认定条件
重庆(2011 修订版)	初级	教师资格和助理讲师+执业资格、非教师系列初级以上专业技术职务、中级工以上职业资格
	中级	1．必备条件：教师资格和讲师职务+执业资格、非教师系列中职专业技术职务、高级工及以上职业资格 2．拓展条件： (1)市级以上技能大赛三等奖以上或指导教师奖 (2)市级"双师型"教师培训并获高级工证书 (3)企业工作时间两年或每两年到企业实践不少于两个月 (4)参加市级以上职教科研课题或国家级子课题 (5)获得市级或国家级科技进步奖、发明奖或获得专利
	高级	必备条件和拓展条件的(1)和(2)均比中级高一个级别，(3)—(5)相同
江西省(2011)	无级别之分	(1)具有教师系列初级及以上专业技术职务 (2)从事本专业教学三年以上 (3)中级及以上的职业资格证书或取得初级及以上非教师系列专业技术职务 (4)累计有一年以上企业(或社会)实践活动经历
安徽省(2010)	无级别之分	初级以上教师专业技术职务，且具有下列条件之一： (1)非教师系列助理级以上专业技术任职资格证书，中级工以上职业资格证书，或具有本专业相关考评员资格证书等 (2)近 5 年中累计有两年以上本专业企业实际工作经历 (3)不少于 130 学时的脱产专业技能培训，并取得合格证书 (4)市级以上教师专业实践技能比赛三等奖以上者 (5)指导学生在市级以上技能比赛中获得一等奖(或省级二等奖、国家三等奖)以上的教师 (6)参加市级以上较大工程项目设计或技术改造项目攻关者
吉林省(2008)	无级别之分	1．教学能力，具备下列条件之一： (1)取得教师系列中级及以上专业技术职务 (2)取得本专业硕士及以上学位一年以上 (3)获得省级优质课证书 (4)从事教学工作 7 年以上 2．专业技能，具备下列条件之一： (1)具有与所教专业相关的非教师系列中级及以上专业技术职务，或具有与所教专业相关的高级工及以上职业资格(含相应执业资格) (2)获教育部举办的全国职业院校技能大赛指导教师奖 (3)获全省中等职业学校师生技能竞赛二等奖及以上奖项

续表

省（自治区、直辖市）	级别	认定条件
广西壮族自治区（2016）	初级	必须同时具备以下三个条件： (1)中职教师资格+教师系列初级及以上专业技术职务 (2)本专业或相近专业非教师系列初级及以上专业技术职务，或初级及以上的职业资格证书 (3)从事本专业课程教学满两年
	中级	1．必备条件，须同时具备以下三个条件： (1)中职教师资格+教师系列中级及以上专业技术职务 (2)具有本专业或相近专业非教师系列中级及以上专业技术职务，或具有从事本专业中级及以上“双师型”教师应具备的职业资格证书 (3)从事本专业课程教学满三年 2．拓展条件，须符合至少一项： (1)近5年指导学生参加市厅级以上职业技能大赛获奖项（市厅级二等以上奖励或省部级三等以上奖励，并排名前三；或国家级获奖） (2)近5年本人参加市厅级以上专业技能比赛获奖项（市厅级二等以上奖励或省部级三等以上奖励，并排名前三；或国家级获奖） (3)近5年本人参加市厅级以上教学竞赛获奖项（市厅级二等以上奖励或省部级三等以上奖励，并排名前三；或国家级获奖） (4)近5年主持完成或者参与完成省部级以上教科研项目（市厅级主持，省部级排名前5，国家级排名前20）；或近5年获市厅级以上教育教学成果奖（市厅级排名前5，省部级排名前10，国家级排名前20） (5)近5年具有本专业省部级或国家级职教师资三个月及以上脱产培训经历 (6)近5年在企业生产、建设、管理、服务第一线累计有两年以上专业工作经历或坚持每两年到企业进行不少于两个月的专业实践 (7)近5年主持完成或参与完成市厅级及以上大中型工程项目设计或技术改造项目 (8)近5年获得与所申报专业相关的发明专利（排名前三），或实用新型专利（排名前二），或外观设计专利（排名第一） (9)获得市厅级以上星火科技奖、技术革新奖、技术发明奖、科技进步奖 (10)具有行业企业认可或市厅级以上政府授予的与本专业相关的“能工巧匠”“高技术能手”“生产标兵”等荣誉称号
	高级	1．必备条件，须同时具备下列4项： (1)具有中等职业学校相应的教师资格（含实习指导教师），并取得教师系列高级专业技术职务 (2)具有本专业或相近专业非教师系列高级专业技术职务，或具有从事本专业高级“双师型”教师应具备的职业资格证书 (3)从事本专业课程教学满5年 (4)近5年在企业生产、建设、管理、服务第一线累计有两年以上专业工作经历或坚持每两年到企业进行不少于两个月的专业实践 2．拓展条件，须符合至少两项： (1)近5年指导学生参加省部级以上职业技能大赛获奖项（省部级一等以上奖励，并排名前三；国家级获奖） (2)近5年本人参加省部级以上专业技能比赛获奖项（省部级一等以上奖励，并排名前三；国家级获奖）

续表

省(自治区、直辖市)	级别	认定条件
广西壮族自治区(2016)	高级	(3)近5年本人参加省部级以上教学竞赛获奖项(省部级一等以上奖励，并排名前三；国家级获奖) (4)近5年主持完成或者参与完成省部级以上教科研项目(省部级主持，国家级排名前5)；或近5年获市厅级以上教育教学成果奖(市厅级主持，省部级排名前5，国家级排名前10) (5)近5年主持完成或参与完成市厅级及以上并且项目经费达10万元人民币以上的重大工程项目设计或技术改造项目 (6)近 5 年获得与所申报专业相关的发明专利一项或实用新型专利三项或外观设计专利5项(均排名第一) (7)获得市厅级以上星火科技奖、技术革新奖、技术发明奖、科技进步奖 (8)具有行业企业认可或省部级以上政府授予的与本专业相关的“能工巧匠”“高技术能手”“生产标兵”等荣誉称号
河南省(2015)	无级别之分	须同时具备教育教学、专业技能、专业实践条件如下。 1．教育教学条件，须同时具备下列4项： (1)热爱职业教育事业，具有良好的职业道德 (2)掌握教育教学规律和教育教学理论知识，具备较强的专业实践经验和实际动手能力，在中等职业学校担任教学工作，近三年年度考核在合格及以上 (3)具有中等职业学校教师资格或中等职业学校实习指导教师资格或高级中学教师资格及以上教师资格 (4)具有教师系列初级(助理讲师、中教二级或二级生产实习指导教师)及以上专业技术职务 2．专业技能条件：需具备下列条件之一： (1)具有与从教专业相同或相近的非教师系列中级及以上专业技术职务(包括参加国家专业技术职务以考代评取得的中级及以上专业技术职务)；或者取得人力资源和社会保障部门、行业主管部门颁发的与从教专业相同或相近的高级工及以上职业资格证书；或者取得人力资源和社会保障部门、行业主管部门的职业资格鉴定管理机构核准的、与从教专业相同的职业技能鉴定考评员资格证书且在有效期之内；或者取得行业主管部门颁发的、与从教专业相同的执业资格证书且在注册有效期内 (2)近5年内获得省辖市级教育行政部门、人力资源和社会保障部门或行业主管部门组织的教师专业实践技能比赛一等奖或省级二等奖、国家级三等奖及以上者 (3)近5年内指导学生参加省辖市级教育行政部门、人力资源和社会保障部门或行业主管部门组织的职业技能比赛中获得市级一等奖或省级二等奖、国家级三等奖及以上的指导教师 3．专业实践条件，报名之日前5年内，须参加专业实践且具备下列条件之一： (1)每两年在企业参加不少于两个月的与所教专业相关的专业实践(包括接受企业组织的技能培训、在企业生产岗位顶岗工作、参与企业产品开发或技术改造、在企业指导学生顶岗实习或在企业兼职等)。实践企业须在当地或国内、省内有较大的影响力，或与学校签订校企合作协议的企业(需提供同时加盖企业和学校公章的证明)

续表

省(自治区、直辖市)	级别	认定条件
河南省(2015)	无级别之分	(2)参加省辖市级及以上教育行政部门、人力资源和社会保障部门或行业主管部门组织的累计不少于360学时(或在企业培训学习不少于240学时)的教师专业技能培训，取得结业证书 (3)参加国家级中等职业学校青年教师企业实践项目，取得结业证书 (4)近 5 年中有两年以上(可累计计算)在企业生产第一线本专业实际工作经历(需提供同时加盖企业和学校公章的证明) (5)获得市级、省级或国家级科技进步奖、发明奖或获得专利

资料来源：依据六省(自治区、直辖市)教育厅(教育委员会)印发的有关中等职业学校“双师型”教师认定标准文件整理

表 13-2 广西中等职业学校兼职教师“双师型”教师认定标准

级别	认定条件
初级	必须同时具备以下三个条件： (1)参加自治区教育主管部门组织的不少于120学时职业教育教师教学技能专项培训，并取得合格证书 (2)本专业或相近专业非教师系列初级及以上专业技术职务，或初级及以上的职业资格证书 (3)在企业行业从事本专业相关的岗位工作两年以上，并曾独立承担本专业或相近专业实训教学任务一年或实训课程一门
中级	必须同时具备以下三个条件： (1)参加自治区教育主管部门组织的不少于120学时职业教育教师教学技能专项培训，并取得合格证书 (2)具有本专业或相近专业非教师系列中级及以上专业技术职务，或具有从事本专业中级及以上“双师型”教师应具备的职业资格证书 (3)在企业行业从事本专业相关的岗位工作三年以上，并曾独立承担本专业或相近专业实训教学任务两年或实训课程两门
高级	必须同时具备以下 4 个条件： (1)参加自治区教育主管部门组织的不少于120学时职业教育教师教学技能专项培训，并取得合格证书 (2)具有本专业或相近专业非教师系列高级专业技术职务，或具有从事本专业高级“双师型”教师应具备的职业资格证书 (3)在企业行业从事本专业相关的岗位工作 5 年以上，并曾独立承担本专业或相近专业实训教学任务三年或实训课程三门 (4)近 5 年在企业生产、建设、管理、服务第一线累计有两年以上专业工作经历或坚持每两年到企业进行不少于两个月的专业实践

资料来源：依据广西壮族自治区教育厅印发的《广西中等职业学校“双师型”教师认定标准》整理

注：1. 兼职教师符合专任教师条件的也可以按专任教师条件来认定

2. 兼职教师三个级别认定中的附加条件与专任教师相同

各省(自治区、直辖市)制定的“双师型”教师认定标准具有共性——大多把企业实践、非教师系列专业技术资格、取得职业资格证书、参加和指导学生技能比赛获奖、具有专业资格或专业考评员资格、参与应用型课题或成果获奖、获得专利等作为认定“双师型”教师的条件，出台了“双师型”教师的激励机制。例如，在广西，被认定为省级“双师型”教师的教师，在学校奖励性绩效工资考评时给予重点倾斜；在评优评先、学科带头人、专业负责人、教学骨干、外出考察、学习培训、学术交流和教学科研项目评定等方面，同等条件下，予以优先考虑；在申请专业技术职务晋升中可适当放宽其科研成果要求。同等条件下，“双师型”教师在职称评审中予以优先考虑。但各个省(自治区、直辖市)的认定条件也有一定的差异，具体表现在以下几个方面。

(1)认定对象范围大小不同。认定对象有的只包括中等专业学校、职业高中、成人中专学校，不包括技工学校；有的包括技工学校。大多把兼任、转任专业课的文化课教师纳入认定对象；有的还包括兼职教师，如安徽、广西。

(2)认定标准多次修订完善。例如，重庆市在 2009 年制定认定标准后，截至 2016 年先后修订了 5 次，2016 年颁发了《重庆市中职学校“双师型”教师认定标准(第五次修订)》，将初级认证下放到各区县，并将上一级认证资格作为下一级认证的必备条件之一。充分说明“双师型”教师认定工作复杂，同时也反映了“双师型”内涵不确定所带来的弊端。

(3)对职业资格证书和技能获奖证书作出了明确规定。例如，2012 年江苏省、2017 年广西壮族自治区教育厅均印发了《中等职业学校主要专业“双师型”教师非教师系列专业技术证书目录》，规定在认定中等职业学校“双师型”教师时，除应具备教师职称外，还应取得《中等职业学校主要专业“双师型”教师非教师系列专业技术证书目录》规定的各专业相关最低等级专业技术证书。这也是配合国家正在取消部分职业资格证书工作的举措。

(4)认定标准类型多样。重庆和广西的认定标准分为初级、中级、高级三个类型，而且重庆把上一级“双师型”教师认定证书作为认定下一级证书的必备条件之一。分级认定虽有利于促进“双师型”教师不断提高自身水平，但认定工作量大。没有分级的认定操作简单，但不利于促进“双师型”教师水平的不断提高。

(5)认定的维度不同。关于认定的维度有的只有必要的认定条件，有的还有拓展认定条件；有的认定维度少，有的认定维度较多。吉林包括教育教学和专业实践两个方面，而河南包括教育教学、专业技能、专业实践三个维度等。

(6)认定标准制定的依据不同。河南在制定了《河南省中等职业学校“双师型”教师基本能力标准(试行)》的基础上，还制定了“双师型”教师认定标准。总的来看，随着时间的推移，“双师型”教师认定标准体系越来越全面、越来越庞大。

(7) 发达地区“双师型”教师认定标准相对较高。发达地区或职业教育条件较好的地区认定标准较高，如江苏和吉林从中级职称教师开始认定，相反，西部地区的重庆和广西从初级职称教师认定。

总之，“双师型”教师认定标准是加强“双师型”教师队伍建设的重要抓手，为教师达到“双师型”的要求提供了多种途径。虽主观上是资格认定，但实际上为中等职业学校专业教师加强专业实践能力提供了多种选择，激励中等职业学校专业教师不断提高其自身的专业实践能力和实践教学水平。

第十四章

兼职教师制度

兼职教师已成为我国职业院校师资队伍的重要组成部分，是“双师型”教师队伍建设的重要途径。近年来，随着国家对职业教育的重视和相关政策的出台，兼职教师数量在不断增长，国家加大了政策等支持力度，尤其是2012年教育部等四部委出台的《职业学校兼职教师管理办法》，标志着我国兼职教师有了专门的国家政策，填补了我国职业教育兼职教师政策上的空白。为了充分了解国家的政策，更好地指导兼职教师队伍建设，本章从兼职教师的功能定位、概念界定、来源渠道、所占比例、聘用条件和经费来源6个方面，对中央和地方政府出台的有关兼职教师政策进行了梳理和评价，旨在反映我国兼职教师发展历程和政策完善的过程，以便更好地发挥政策促进我国职业院校兼职教师队伍建设的作用。

一、兼职教师的功能定位

兼职教师的功能也就是兼职教师在职业院校教师队伍建设中的地位和作用，且随着我国职业教育的发展而不断深化。最早关于兼职教师功能的表述是1986年6月，国家教育委员会颁布的《关于加强职业技术学校师资队伍建设的几点意见》(〔86〕教职字012号)，该文件指出：“要重视兼职教师的作用，聘请有丰富实践经验又有教学能力的专业技术人员到校兼课，以加强教学与实践的联系”，指出聘请兼职教师的功能是加强与实践的联系。1993年1月，国家教育委员会、农业部、林业部《关于加强农村、林区中等职业技术学校和农民中专农、林类专业师资队伍建设的几点意见》(教职〔1993〕1号)中指出：“从社会上聘任专、兼职教师，是职教、成教师资队伍建设的一条重要原则，不仅是解决中等职业技术学校、农民中专学校专业师资短缺矛盾的重要渠道，而且是增进职业技术教育、成人教育与社会生产的联系，办出特色，更好地为当地经济建设服务的重要措施”，这是从补充数量、加强与生产联系和服务区域经济三个维度来认识的。2000年1月，教育部印发的《关于加强高职高专教育人才培养工作的意见》(教高〔2000〕2号)中指出：“积极从企事业单位聘请兼职教师，实行专兼结合，改善学校师资结构，适应专业变化的要求”，进一步从优化教师队伍结构进行认识。2002 年 5 月，教育部办公厅《关于加强高职(高专)院校师资队伍建设的意见》(教高厅〔2002〕5 号)中进一步指出："聘任兼职教师是改善学校师资结构、加强实践教学环节的有效途径"，从宏观层面转向教学层面来认识。2011 年 11 月，教育部、财政部印发的《关于实施职业院校教师素质提高计划的意见》(教职成〔2011〕14 号)中指出："各省(区、市)要支持职业院校设立一批兼职教师岗位，建立科学合理的工作量考评和薪酬补助机制，逐步优化教师队伍结构，提高职业学校教育教学水平"。从以上文件不难看出，职业院校聘请兼职教师的作用突出表现在以下几方面：补充教师数量、加强实践教学环节、优化教师队伍结构、适应专业变化、加强与企业和社会的联系等。同时，兼职教师已从早期的补充数量的功能转变为建立专兼结合的"双师结构"师资队伍的功能。

二、兼职教师的概念界定

我国职业教育是从 20 世纪 70 年代末调整中等教育结构发展起来的，当时国家通过"改、建、扩"等形式来大力发展职业教育，即通过把大量普通中学改办为中等职业学校，新建中等职业学校及原有职业学校扩大招生规模来实施的。职业教育在短期内取得了长足的发展，致使职业教育师资严重不足，从社会上聘请兼职教师成为必然。1985 年 5 月，中共中央发布的《关于教育体制改革的决定》中指出"师资严重不足，是当前发展中等职业技术教育的突出矛盾"，进而提出"各单位和部门办的学校，要首先依靠自身力量解决专业技术师资问题，同时可以聘请外单位的教师、科学技术人员兼任教师，还可以聘请专业技师、能工巧匠来传授技艺"，第一次提出了兼任教师的概念，同时指出可以聘请技师和能工巧匠作为兼任教师，实际上已明确了职业学校"双师结构"教师队伍。1986 年 6 月，国家教育委员会颁布的《关于加强职业技术学校师资队伍建设的几点意见》(〔86〕教职字 012 号)中指出："兼职教师要占一定比例，作到专兼结合，以专为主"，国家文件首次提出了兼职教师的概念。1996 年 9 月 1 日起施行的《中华人民共和国职业教育法》规定："职业学校和职业培训机构可以聘请专业技术人员、有特殊技能的人员和其他教育机构的教师担任兼职教师"，赋予了兼职教师的法律地位，并对兼职教师的外延进行了鉴定。1998 年 12 月，教育部《关于贯彻十五届三中全会精神促进教育为农业和农村工作服务的意见》(教职成〔1998〕1 号)中提出："注意聘请有实际经验的专业技术人员和能工巧匠作为兼职教师"。2002 年 5 月，教育部办公厅《关于加强高职(高专)院校师资队伍建设的意见》(教高厅〔2002〕5 号)中对兼职教师的含义作了如下界定："兼职教师是指能够承担某一门专业课教学或实践教学任务、有较强实践能力或较高教学水平的校外专家"，该文件首次对兼职教师的内涵作了比较明确的表述。2004 年 4 月，教育部发布的《高职高专院校人才培养工作水平评估方案(试行)》

指标体系的师资队伍建设指标说明中进一步明确：兼职教师是指学校正式聘任的，已独立承担某一门专业课教学或实践教学任务的校外企业及社会中实践经验丰富的名师专家、高级技术人员或技师及能工巧匠。对兼职教师的概念表述得更加完善和具体，尤其是提出兼职教师是由学校正式聘任的这一概念。2012 年 10 月，教育部等四部委《职业学校兼职教师管理办法》（教师〔2012〕14 号）更加科学地进行了界定：“兼职教师是指受职业学校聘请，兼职担任特定专业课或者实习指导课教学任务的专业技术人员、高技能人才”。

从以上文件不难看出，对于兼职教师概念的提出和阐述是一个不断完善的过程，兼职教师的概念也在逐步清晰和细致全面。兼职教师必须是学校正式聘任的，能独立承担某一门专业课教学或实践教学任务的校外企业及社会中实践经验丰富的高级专业技术人员、高技能人才或能工巧匠。这个概念突出了三点：①必须经过严格的程序聘请；②能独立承担专业课或实践性较强的教学任务；③有丰富实践经验的在岗人员。

三、兼职教师的来源

职业院校的兼职教师是指从社会上聘请的校外教师，为了保证兼职教师队伍的质量，政府在多个文件中对兼职教师的来源作了明确规定。1985 年 5 月，中共中央发布的《关于教育体制改革的决定》中指出：可以聘请外单位的教师、科学技术人员兼任教师，还可以请专业技师、能工巧匠来传授技艺。1996 年 5 月 15 日颁布的《中华人民共和国职业教育法》规定：“职业学校和职业培训机构可以聘请专业技术人员、有特殊技能的人员和其他教育机构的教师担任兼职教师。有关部门和单位应当提供方便”。1998 年 3 月，国家教育委员会、国家经济贸易委员会、劳动部印发的《关于实施〈职业教育法〉加快发展职业教育的若干意见》（教职〔1998〕2 号）中指出：“职业学校教师队伍实行专兼结合的方针，要开拓从专业技术人员和高级技术工人、技师、高级技师中聘任专兼职教师的渠道”。1999 年 6 月，中共中央、国务院印发的《关于深化教育改革全面推进素质教育的决定》中要求：“注意吸收企业优秀工程技术人员和管理人员到职业学校任教”。类似这样提法的文件很多。2000 年 1 月，教育部印发的《关于加强高职高专教育人才培养工作的意见》（教高〔2000〕2 号）中附件二《高等专科学校、高等职业学校和成人高等学校教学管理要点》中指出：“可从社会上聘用既有丰富实践工作经验又有较高学术水平的高级技术与管理人员作为兼职教师”。2002 年 5 月，教育部办公厅《关于加强高职（高专）院校师资队伍建设的意见》（教高厅〔2002〕5 号）中指出：“兼职教师主要应从企业及社会上的专家、高级技术人员和能工巧匠中聘请”。2004 年 3 月，国务院批转的《2003—2007 年教育振兴行动计划》（国发〔2004〕5 号）中提出：鼓励企事业单位专业技术、管理和有特殊技能的人员担任专、兼职教师。2012 年 8 月，国务院印发的《关于加强教师队伍建设的意见》(国发〔2012〕41 号)中指出：“完善相关人事政策，鼓励职业学校和高等学校聘请企业管理人员、专业技术人员和高技能人才等担任专兼职教师”。2007 年 4 月，教育部《关于“十一五”期间加强中等职业学校教师队伍建设的意见》(教职成〔2007〕2 号)中指出：“‘十一五’期间，中央财政安排专项资金，实施‘中等职业学校紧缺专业特聘兼职教师资助计划’，支持一批发展势头良好、社会声誉较高、专业师资紧缺的中等职业学校从社会上聘请在职或退休的专业技术人员、高技能人才兼职任教，以补充学校专业课和实习指导教师的不足”。2012 年 10 月，教育部等四部委颁发的《职业学校兼职教师管理办法》(教师〔2012〕14 号)中指出：“聘请的兼职教师一般应为企事业单位在职人员。专业教学急需的也可聘请退休人员”。

从以上分析不难看出，教育部相关文件中关于兼职教师的来源规定，早期由于职业学校教师严重短缺，而且职业学校的课程大多是学科性的，因此，兼职教师聘请的渠道较宽。但进入 21 世纪，尤其是 2005 年国务院《关于大力发展职业教育的决定》中提出工学结合、校企合作的人才培养模式以来，强调聘请来自企事业单位，尤其是来自企业的技术人员、管理人员和高技能人才。可见，兼职教师的来源主要是来自企事业单位，尤其是企业在职的管理人员、专业技术人员和高技能人才，以及一些行业的能工巧匠，必要时可以聘请退休人员。

四、兼职教师的比例

兼职教师是优化教师队伍结构、加强实践教学环节、加强“双师型”师资队伍的重要举措，兼职教师比例的高低，既受职业院校校企合作程度、实践教学比例高低的影响，也受事业单位人事制度的制约。总的来看，随着我国职业教育产教结合、校企合作人才培养模式的不断推进，国家规定的职业院校兼职教师的比例不断提高。

关于中等职业学校兼职教师比例，2001 年 11 月，教育部印发的《关于“十五”期间加强中等职业学校教师队伍建设的意见》(教职成〔2001〕10 号)中提出：到 2005 年，兼职教师比例一般应不少于 10%。2007 年 4 月，教育部印发的《关于“十一五”期间加强中等职业学校教师队伍建设的意见》(教职成〔2007〕2 号)中进一步提出：到 2010 年，兼职教师占专业教师队伍总量的比例达到 30%。2011 年 12 月，教育部印发的《关于“十二五”期间加强中等职业学校教师队伍建设的意见》(教职成〔2011〕17 号)中再次强调“十二五”末兼职教师占专业教师队伍总量的比例达到 30%以上。2010 年 7 月，教育部印发的《中等职业学校设置标准》(教职成〔2010〕12 号)中规定，职业学校“聘请有实践经验的兼职教师应占本校专任教师总数的 20%左右”。2012 年 1 月，人力资源和社会保障部《关于印发〈技工院校设置标准(试行)〉

的通知》（人社部发〔2012〕8 号）中出台的《技工学校设置标准（试行）》《高级技工学校设置标准（试行）》《技师学院设置标准（试行）》三个标准，均明确提出拥有一支与办学规模、专业设置和培养层次相适应的专、兼职教师队伍，兼职教师人数不得超过教师总数的 1/3。2012 年 10 月，教育部四部委印发的《职业学校兼职教师管理办法》（教师〔2012〕14 号）中提出："兼职教师占职业学校专兼职教师总数的比例应在学校岗位设置方案中明确，一般不超过 30%"。

关于高职院校兼职教师的比例，2002 年 5 月，教育部办公厅《关于加强高职（高专）院校师资队伍建设的意见》（教高厅〔2002〕5 号）中提出："要重视从企事业单位引进既有工作实践经验，又有较扎实理论基础的高级技术人员和管理人员充实教师队伍"。国家相关政策虽然没有提出明确的比例，但一些地方提出了比例。例如，2005 年 9 月，安徽省教育厅《关于加强高职高专院校师资队伍建设的意见》（教人〔2005〕10 号）中提出："十一五"期间，生产一线的兼职教师与专业课、实践课教师的比例不低于 1∶7，有条件的学校争取达到 1∶5 以上。此外，关于专、兼职教师的比例大多体现在国家的一些项目评估中。例如，2000 年 6 月，教育部高等教育司下发了《关于在高职高专教育中开展专业教学改革试点工作的通知》（教高司〔2000〕32 号），截至 2002 年底，经高等教育司审定，批准了 415 个专业为国家级教学改革试点专业。在高职高专教育示范专业评估指标体系中规定，来自企业的兼职教师所占比例大于等于 30%为优秀，大于等于 15%为合格。2004 年，教育部办公厅《高职高专院校人才培养工作水平评估方案（试行）》中规定：对兼职教师的合格比例作出了规定，兼职教师占专业课和实践指导教师合计数的比例达 20%以上为优秀，在 10%左右为合格，也就是说兼职教师占专业课和实践指导教师合计数的比例至少为 10%。2006 年 11 月，教育部印发的《关于全面提高高等职业教育教学质量的若干意见》（教高〔2006〕16 号）中提出："要大量聘请行业企业的专业人才和能工巧匠到学校担任兼职教师，逐步加大兼职教师的比例，逐步形成实践技能课程主要由具有相应高技能水平的兼职教师讲授的机制"。"十一五"期间，100 所国家示范性高职院校的建设目标要求达到两个 1∶1，即专业课中专任教师与兼职教师之比达到 1∶1；专业课中专任教师具有行业企业经历（三年以上）者与暂不具备此种经历者之比达到 1∶1。"十二五"期间，国家新增的 100 所左右骨干高职建设院校仍沿用了这一规定。2010 年 7 月，教育部、财政部印发的《关于进一步推进"国家示范性高等职业院校建设计划"实施工作的通知》（教高〔2010〕8 号）中规定："聘任（聘用）一批具有行业影响力的专家作为专业带头人，一批专业人才和能工巧匠作为兼职教师，3 年建设期内，使兼职教师承担的专业课学时比例达到 50%"。

关于高职院校专、兼职教师的结构比例，国家政策虽没有规定专、兼职教师比例，正如 2008 年 4 月，教育部印发的《高等职业院校人才培养工作评估方案》（教高〔2008〕5 号）中规定："核算教师总数时，兼职教师等非专任教师数按每学年授课160学时为1名教师计算，专兼教师之比无限制”。但许多项目评估中的标准有效地引导了高职院校兼职教师队伍的建设。2008年全国高等职业院校外聘教师数量达到11.4万人，是2001年的72倍多，外聘教师达到专任教师的30.2%。[①]

总的来看，鉴于我国职业教育产教结合、校企合作的现状，无论是中等职业学校，还是高职院校，兼职教师聘用人数占专任教师比例的30%左右是合理的，是符合国情的，现实中不应当超过这一比例，当然不同专业还存在较大差异。

五、兼职教师的聘用条件

兼职教师的聘用条件直接影响教育教学质量和师资队伍建设水平。条件的高低既受职业学校现实需求的影响，也取决于国家对兼职教师的重视程度以及相关待遇。关于兼职教师的聘任条件最初是针对实习指导教育提出的。1986年6月，国家教育委员会颁发的《关于加强职业技术学校师资队伍建设的几点意见》(〔86〕教职字012号)中指出：“聘请有丰富实践经验又有教学能力的专业技术人员到校兼课”“注意聘请有实践经验的四级以上技工、能工巧匠担任实习指导教师”。1993年1月，国家教育委员会、农业部、林业部《关于加强农村、林区中等职业技术学校和农民中专农、林类专业师资队伍建设的几点意见》(教职〔1993〕1号)中指出：“各级政府及农林、科技等部门应积极支持农村、林区职业技术教育、成人教育的发展，抽调部分适宜做教学工作的科技人员到学校担任专职或兼职教师。凡到县以下(含县城)学校任兼职教师的，工资(含津贴、奖金等)由原单位照发，各地可根据实际情况给予适当补贴。调到学校任职的专职教师应享受同级教师待遇”。2006年12月，教育部、财政部《关于实施中等职业学校教师素质提高计划的意见》(教职成〔2006〕13号)中“实施中等职业学校紧缺专业特聘兼职教师资助计划”规定：所聘人员原则上应具有中级以上专业技术职务或高级工以上技术等级资格，具备良好的职业道德、专业素养和较高的技能水平，胜任教育教学工作。对兼职教师的聘用条件作了较全面的规定。各地也提出了类似的兼职教师聘用条件。例如，2008年江西省教育厅印发的《江西省中等职业学校“特聘兼职教师”资助项目实施方案(试行)》(赣教职成字〔2008〕1号)中提出“特聘兼职教师”的基本条件是：“须具备良好的职业道德、专业素养和较高的技能水平，具有中级以上专业技术职务或高级工以上职业资格，或者是在相关行业领域享有较高声誉、具有丰富实践经验和特殊技能的‘能工巧匠’，品行端正，身心健康，胜任相应的教学工作”。2008年6月，四川省教育厅印发的《四川省中等职业学校特聘兼职教师资助计划实施办法(试行)》中提出：聘任兼职教师，须是企业或行业工作人员(在职或退休)，

① 林宇.围绕提高质量强化高职教师队伍建设[J].中国高等教育，2010，8：46-48

是生产一线的技术骨干、高中级技术人员，具有工程师或高级工以上专业技术职务（工种），年龄一般在 55 岁以下（有特殊技术才能的专业技术人员可适当放宽条件）。2010 年，湖北省教育厅印发的《中等职业学校楚天技能名师教学岗位制度实施办法（试行）》（鄂教职成〔2010〕7 号）中提出兼职教师的基本条件：①热爱祖国，教书育人，具有高尚的职业道德，为人师表，事业心强，具有团队精神，诚心传授技艺；②长期在本专业（行业）技术领域或生产一线工作，具有高级技师职务或是具有一技之长的省级、国家级技术能手（大师、名师），熟练掌握教育理论和科学的教学方法；③有良好的身体素质，能全身心投入受聘学校相关专业实训教学工作，保证聘期内每学年在受聘学校累计工作时间不少于三个月或上课 120 学时左右。

2012 年 10 月，教育部等四部委印发的《职业学校兼职教师管理办法》（教师〔2012〕14 号）对我国职业学校聘请兼职的任职条件进行了全面的规定。文件中对兼职教师的基本条件规定为：①具备良好的思想政治素质和职业道德，遵纪守法，热爱教育事业，身心健康；②具有较高的专业素养和技能水平，能够胜任教学工作；③一般应具有中级以上专业技术职称（职务）或高级工以上等级职业资格（职务），特殊情况也可聘请具有特殊技能，在相关行业中具有一定声誉的能工巧匠、非物质文化遗产国家和省级传人；④初次聘请的退休人员，离开原工作岗位的时间原则上不超过两年，年龄一般不超过 65 周岁，特殊情况可据学校需要而定。

从教育部和各省市教育部门关于兼职教师资格标准的相关文件不难看出，对于兼职教师的基本条件主要从以下几个方面进行规定：①职业道德；②专业素养和技能水平；③中级以上专业技术职务或高级工以上职业资格（职务）；④能胜任教学工作；⑤长期从事本职工作的在职人员，特殊情况可聘请退休人员，但对退休时间和年龄进行了限制。总的来看，对兼职教师专业技术能力提出了明确的要求，而对其教育教学能力的规定还不具体，缺乏可操作性，还需要在理论和实践中进一步完善。

六、兼职教师的经费来源

兼职教师虽存在已久，但对其相应经费的来源没有明确规定，长期以来一直是学校自身的行为。“十一五”期间，教育部、财政部实施的《中等职业学校教师素质提高计划》中，中央财政投入 1.2 亿元用于支持地方特聘兼职教师，支持 4500 所中等职业学校从社会和企事业单位聘请了 1.6 万名专业技术人员、高技能人才担任兼职教师。这是国家首次通过项目的形式对职业学校聘请兼职教师给予财政上的支持，在中央的示范和引导下，各省从 2007 年以来也创新性地加大了对职业学校聘任兼职教师给予的支持。江苏省、江西省、云南省、浙江省、上海市等许多省（直辖市）实施了省级中等职业学校特聘兼职教师资助计划，每年省（直辖市）财政拿出一定专项资金用于兼职教师聘用。例如，山东省在中等职业学校实施“能工巧匠进职校”

计划，省财政每年安排 500 万元专款，设立 100 个中等职业学校特聘技能教师岗位，每个岗位省财政补助 5 万元；湖北省在中等和高等职业学校设置“楚天技能名师”教学岗位，向社会公开招聘技能名师；山东省青岛市建立中等职业学校特聘兼职教师制度，从以往的设立项目支持变成了设立专项支持职业学校聘请兼职教师的长效机制。

广西、湖南、辽宁、河南、安徽等省(自治区)通过建立实名编、非实名编制度把兼职教师列入教师编制序列统一管理，并规定兼职教师最高比例，学校在规定比例范围内根据实际情况自行聘任兼职教师，财政根据每年聘任的兼职教师拨付聘用费用。例如，2009 年广西壮族自治区机构编制委员会印发的《广西壮族自治区中等职业学校机构编制管理暂行规定》(桂编发〔2009〕3 号)中指出：中等职业学校人员编制由实名制、非实名制和后勤服务聘用人员控制数三部分组成。实名制用于配备学校办学长期需要的骨干专任教师、教学辅助人员和管理人员。非实名制用于聘用满足学校灵活办学需要的专任教师、教学辅助人员和管理人员。使用实名编制人员必须办理入编手续，人事部门办理增加人员计划和核定工资，财政部门按实有在编人员拨付工资。使用非实名编制人员不办理入编手续，属临时性聘用人员，由学校根据实际需要、在核定数额范围内自行聘用，报机构编制部门备案后，财政部门按核定的非实名编制数和相关标准拨付经费。自 2014 年 5 月，国务院《关于加快发展现代职业教育的决定》(国发〔2014〕19 号)颁布以来，为落实国务院文件精神，许多省在出台的相关文件中明确提出落实好职业院校编内聘用兼职教师财政支持的政策。国家在总结各地经验的基础上，从政策上明确了兼职教师的经费来源。2012 年，教育部等四部委印发的《职业学校兼职教师管理办法》(教师〔2012〕14 号)中明确了兼职教师经费来源的三条途径：一是建立政府、学校、企事业单位多渠道筹措兼职教师经费投入机制，保障兼职教师的报酬；二是有条件的地方，可以安排财政专项资金，用于支持发展势头良好、社会声誉较高、专业师资紧缺的职业学校聘请兼职教师；三是职业学校可以在事业收入中安排一定的经费，用于支付兼职教师报酬。这一规定使兼职教师经费来源从以前的学校行为上升为国家行为，使职业学校支付兼职教师的报酬走出合理不合法的困境，地方政府支持职业学校聘请兼职有了政策依据，企事业单位提供兼职教师也“师出有名”。

七、兼职教师的管理

2011 年，教育部颁布的《关于推进中等和高等职业教育协调发展的指导意见》(教职成〔2011〕9 号)中指出：“建立健全技能人才到职业学校从教制度，制定完善企业和社会专业技术人员到校担任兼职教师措施”。2012 年 8 月，国务院印发的《关于加强教师队伍建设的意见》(国发〔2012〕41 号)中指出：“完善相关人事政策，鼓励职业学校和高等学校聘请企业管理人员、专业技术人员和高技能人才等担任专兼职教师”。2012 年 10 月，教育部等四部委出台的《职业学校兼职教师管理办法》(教师〔2012〕14 号)，从聘任条件、聘请程序、组织管理、经费来源等方面加强了对职业学校聘请兼职教师的管理，这是国家首次针对兼职教师管理工作出台的文件，对于指导各职业学校聘请兼职教师提供了政策依据。2014 年，国务院颁布的《关于加快发展现代职业教育的决定》中提出：“政府要支持学校按照有关规定自主聘请兼职教师。完善企业工程技术人员、高技能人才到职业院校担任专兼职教师的相关政策，兼职教师任教情况应作为其业绩考核评价的重要内容”。2016 年 12 月，人力资源和社会保障部制定的《技工教育“十三五”规划》(人社部发〔2016〕121 号)中指出：“支持技工院校按有关规定，面向具有一线工作经验的企业工程技术人员、高技能人才自主公开招聘专业课和生产实习指导教师，重点考察应聘者职业技能、专业知识和实际授课水平。落实技工院校聘请高技能人才担任兼职教师的政策，支持教师到企业实践交流、参与技术革新”。2017 年 12 月，国务院办公厅印发的《关于深化产教融合的若干意见》(国办发〔2017〕95 号)中指出：“支持企业技术和管理人才到学校任教，鼓励有条件的地方探索产业教师(导师)特设岗位计划”“允许职业学校和高等学校依法依规自主聘请兼职教师和确定兼职报酬”。2018 年 1 月，中共中央、国务院发布的《关于全面深化新时代教师队伍建设改革的意见》中指出：建立企业经营管理者、技术能手与职业院校管理者、骨干教师相互兼职制度。

总的来说，我国兼职教师的制度正在逐步完善，国家也在出台相关政策积极引导和支持，但我国人事制度上关于企事业兼职人员的待遇问题没有明确的规定，企业提供兼职教师缺乏相关的政策依据，而且学校聘请兼职教师的经费没有固定的来源，给予兼职教师的待遇也比较低，难以聘请到技术技能水平高的兼职教师等。总之，完善职业院校兼职教师制度还需要加强相关的配套制度，使兼职教师成为职业院校教师队伍的重要组成部分，发挥兼职教师在“双师型”教师队伍建设中的重要作用，使兼职制度逐步走向规范化、制度化和长效化。

第十五章

教师岗位管理制度

随着我国社会主义市场经济体制改革的不断深入，事业单位人事管理需由身份管理向岗位管理转变，由行政任用关系向平等协商的聘用关系转变。为此，国家对事业单位实行全员聘任制和公开招聘制度，并出台了岗位设置管理办法，有效地推动了职业学校人事制度改革。但随着职业教育的发展，国家已有的职业学校教师职务聘任制既不适应新的形势，也不符合职业教育的要求。《国家中长期教育改革和发展规划纲要(2010—2020年)》提出：要“完善符合职业教育特点的教师资格标准和专业技术职务(职称)评聘办法”。为此，本章在分析职业学校教师全员聘任制、公开招聘制、岗位设置的基础上，回顾了中等职业学校教师专业技术职务制度从职称评定制、职务评聘制到岗位管理制的变迁过程，指出了中等职业学校教师职务制度的特殊性，分析了当前我国中等职业学校教师职务制度存在的主要问题，提出了建立符合职业教育特点的教师职务制度改革思路。

一、中职教职工编制

学校教职工编制标准是学校人事管理的基础性文件，是建设科学合理的师资队伍的重要依据。新中国成立以来，为了适应职业教育改革与发展的需要，我国先后4次制订或修订了中等职业学校人员编制标准。国家层面最新出台的中等职业学校教职工编制标准是20世纪80年代中期出台的。1985年9月，国家教育委员会、劳动人事部联合颁布了《全日制普通中等专业学校人员编制标准(试行)》(〔85〕教职字008号)；1986年4月，劳动人事部颁布了《技工学校机构设置和人员编制标准暂行规定》(劳人培〔1986〕9号)；1986年，国家教育委员会颁发的《关于加强职业技术学校师资队伍建设的几点意见》(〔86〕教职字012号)中指出：“职业高中教师的编制标准，可根据学校培养目标的不同，分别参照中专或技工学校教师编制标准，由各省、自治区、直辖市和国务院各部委自行制订”。国家层面此后就再没有出台过中等职业学校教职工编制标准。而地方政府为适应职业教育发展的要求，出台了中等职业学校教职工编制标准，但各地也存在较大的差异，许多省份制定的标准高于普通高中，不符合职业教育的特点。由于缺乏科学的教职工编制标准，不能随着职业教育的发展不断修订职业学校的编制标准。自2005年以来，我国中等职业教育生师比持续走高，极大地影响了职业教育的办学质量。同时，教职工编制标准是中等职业学校科学设置岗位的重要依据，没有科学的编制，就不可能设置出科学合理的岗位，这些均客观上要求尽快出台新的中等职业学校人员编制标准。

二、中职教师岗位设置

为深化事业单位人事制度改革，建立健全事业单位岗位设置管理制度，实现事业单位人事管理的科学化、规范化、制度化，2006年7月，人事部出台了《事业单位岗位设置管理试行办法》(国人部发〔2006〕70号)；同年8月，人事部印发了《〈事业单位岗位设置管理试行办法〉实施意见》(国人部发〔2006〕87号)，进一步明确要求事业单位实行专业技术岗位聘用制度。

按照上述文件的要求，2007年5月，人事部、教育部联合颁发了《关于中等职业学校、普通高中、幼儿园岗位设置管理的指导意见》(国人部发〔2007〕59号)，提出中等职业学校分为管理岗位、专业技术岗位和工勤技能岗位三种类别。根据中等职业学校的社会功能、职责任务、工作性质和人员结构特点等因素，综合确定中等职业学校管理岗位、专业技术岗位和工勤技能岗位(以下简称三类岗位)总量的结构比例。岗位设置要优先满足教育教学、实习实训等工作的实际需要，严格控制非教学人员岗位。中等职业学校教师岗位占学校岗位总量的比例一般不低于85%，其他岗位原则上不超过15%。中等职业学校岗位设置实行岗位总量、结构比例和最高等级控制。学校各类岗位及结构比例的确定，要充分体现学校的性质和特色，特别是满足中等职业学校重点专业、紧缺专业建设的需要。中等职业学校专业技术岗位与相应教师职务序列相对应，设高级岗位、中级岗位和初级岗位，共划分9个等级。其中高级岗位设三个等级，分别对应事业单位专业技术岗位等级的五级、六级、七级；中级岗位设三个等级，分别对应事业单位专业技术岗位等级的八级、九级、十级；初级岗位设三个等级，分别对应事业单位专业技术岗位等级的十一级、十二级、十三级。中等职业学校教师专业技术职务加强了岗位管理。

三、中职教师招聘制度

为实现事业单位人事管理的科学化、制度化和规范化，规范事业单位招聘行为，提高人员素质，2005年11月16日，人事部颁发了《事业单位公开招聘人员暂行规定》(人事部令第6号)，从2006年1月1日起开始执行。该规定分为7章35条，由总则，招聘范围、条件及程序，招聘计划、信息发布与资格审查，考试与考核，聘用，纪律与监督，附则组成。该规定指出："事业单位新进人员除国家政策性安置、按干部人事管理权限由上级任命及涉密岗位等确需使用其他方法选拔任用人员外，都要实行公开招聘""公开招聘由用人单位根据招聘岗位的任职条件及要求，采取考试、考核的方法进行""政府人事行政部门与事业单位的上级主管部门负责对事业单位公开招聘工作进行指导、监督和管理""事业单位招聘人员应当面向社会，凡符合条件的各类人员均可报名应聘"。各省也出台了相关制度，2003 年 4 月湖北省人事厅印发了《湖北省事业单位公开招聘工作人员暂行办法》(鄂人〔2003〕16 号)；2007 年 7 月浙江省人事厅印发了《浙江省事业单位公开招聘人员暂行办法》(浙人才〔2007〕184 号)；2007 年 4 月河南省人事厅印发了《河南省事业单位新进人员实行公开招聘工作的意见》(豫人〔2007〕55 号)。

2009 年 3 月，教育部印发的《关于进一步做好中小学教师补充工作的通知》中指出："从 2009 年开始，各地中小学新任教师补充应全部采取公开招聘的办法，不得再以其他方式和途径自行聘用教师。坚持德才兼备和'公开、平等、竞争、择优'的原则，严格招聘程序，严把选人标准和质量，吸引有志于从事教育事业的优秀人才到中小学任教"。此后，不仅中、小学，中等职业学校也面向全社会实行公开招聘制度，还出台了相关的招聘办法。例如，山东省人力资源和社会保障厅、教育厅联合印发了《山东省中等职业学校教师公开招聘实施办法(试行)》《山东省高等职业学校教师公开招聘实施办法(试行)》(鲁人社发〔2013〕44 号)，文件指出：专业教师招聘以测试专业技能和执教能力为主，将专业工作经历和职业资格作为基本条件，招聘方案由招聘学校或其主管部门负责制定，落实学校的招聘主体地位。允许教学急需但没有教师资格证的专业人才参加职业学校招聘，合格的先作为兼职教师使用，待取得教师资格证后再转为正式教师，为缺乏教师资格证的专业技术人才进职业学校任教建立起"绿色通道"。

西部一些地区还实施了一些特殊计划。例如，广西壮族自治区实施了职业教育"特岗计划"。广西壮族自治区教育厅为加强中等职业学校教师队伍建设，逐步解决中等职业学校专业课教师总量不足和结构不合理等问题，决定从 2014 年起，通过实施中等职业学校教师特设岗位计划，提高中等职业学校教师队伍整体素质。计划在 2014—2017 年，公开招聘 2000 名左右中等职业学校专业课教师，聘期三年。面向全区各县(市、区)的中等职业学校(含技工学校，不含市直中等职业学校、区直中等职业学校)，优先考虑教师总体缺编、专业课教师紧缺，财力比较困难，但工作基础好、积极性高的县(市、区)。特岗计划的岗位设置只面向专业课，优先考虑对接"14+10"现代产业的相关专业课教师岗位。中职特岗教师每年补助三万元。聘期内，特岗教师执行自治区统一的工资制度和标准，享受所在县(市、区)同等条件公办教师工资待遇。实施特岗计划所需资金由自治区财政和地方财政共同承担。自治区财政补助资金主要用于特岗教师符合自治区统一规定的工资支出。

四、中职全员聘用制度

2002 年 7 月，国务院办公厅转发人事部的《关于在事业单位试行人员聘用制度的意见》(国办发〔2002〕35 号)文件中指出："在事业单位试行人员聘用制度，是加快推进事业单位人事制度改革、提高队伍整体素质、增强事业单位活力的重要措施"。该文件包括聘用制度的基本原则和实施范围、全面推行公开招聘制度、严格人员聘用的程序、规范聘用合同的内容、建立和完善考核制度、规范解聘辞聘制度等内容。此后各省也相继出台了《关于在事业单位实行人员聘用制实施办法》等文件，在 2010 年前后各地中等职业学校在核定人员结构比例、科学合理地设置职工岗位的基础上，按照按需设岗、公开招聘、平等竞争、择优聘任、科学考核、合同管理的原则，教职工全面实行了人员聘任制度。在平等自愿、协商一致的基础上，学校与教职工签订聘用合同，明确双方的权利、责任和义务，明确了聘期内的岗位职责、工作目标、任务以及相应待遇。在聘用过程中，坚持做到方案公开、岗位公开、过程公开、结果公开，并进一步健全和完善教师考核制度，对教师的政治思想、师德、履行岗位职责情况进行年度考核和聘期考核，考核结果作为收入分配、奖惩和是否聘任的重要依据。

五、中职教师职务制度

《中华人民共和国教师法》第十六条规定："国家实行教师职务制度，具体办法由国务院规定"。教师职务也称教师职务聘任制度，是指从事教师职业人员的专业技术职务，它是教师管理和教师任用的重要制度，它涉及教师的聘用、职责、待遇、考核等多个环节。通过教师的职务评聘，可以明确教师的地位及其权利义务。教师职务聘任制度的基本原则是：按工作任务需要设置教师职务岗位，明确岗位职责和任职要求；以岗位任职要求选择合适的任职人选；按岗位聘任，签订聘约，明确聘期和双方的权利、义务。受聘上岗人员在聘任期内履行相应的岗位职责，领取相应的职务工资待遇。用人单位按聘约管理，对被聘教师履职情况进行考核，考核结果作为续聘、解聘、职务变动和奖惩的依据。实行教师职务聘任制度，其重要意义在于引入竞争激励机制，破除教师职务终身制，强调能上能下，强调履行岗位职责，强调责权利相统一的用人机制。[①] 实行教师职务聘任制度的目的在于鼓励广大教师不断进取，鼓励学校选好人才，用好人才，优化教师队伍结构，不断提高办学效益和办学水平。

---

① 雷朝滋．教师职务聘任制度答疑[J]．人民教育，1998，(3)：24-25

(一)中职教师职务制度嬗变

我国中等职业学校教师职务制度从20世纪80年代初开始试行。1980年2月7日，经国务院批准、教育部印发了《关于中等专业学校确定与提升教师职务名称的请示报告》及《关于中等专业学校确定与提升教师职务名称的暂行规定》(〔80〕教专字002号)两个文件。前者指出："新中国成立以来，中等专业学校教师一直没有职称，50年代曾经一度酝酿，但后来不提倡学位学衔而终止"。后者规定了中等专业学校教师职务名称为：副教授、讲师、教员、实习教员4级，并对4级教师职务条件作了明确规定。在任职条件中均强调理论知识和实践技能并重。1980年12月10日，国务院批复"同意技工学校文化、技术理论课教师职称的确定和提升，按照国务院批准《教育部关于中等专业学校确定与提升教师职务名称的暂行规定》试行。至于生产实习课教师的职务名称，可按各主管业务部门的有关技术职称的规定执行"。可见，当时技工学校文化、技术理论课教师与中等专业学校教师职务名称一致，与高等学校教师职务名称相同。

1981年2月，教育部下发了《关于中等专业学校评定教师职称工作的通知》，在全国中等专业学校开展教师职称的评定工作。这个阶段，中等专业学校教师专业技术职务评定以评为主，只评不聘，专业技术职称只作为一种荣誉性的学术称号，由本人申报提交材料，并附所在单位的意见，然后由各级专业技术职务评审委员会进行评定，评审通过后，由主管行政机关授予专业技术职称。① 教师专业技术职务评定制度的恢复和重建，极大地调动了教师工作的积极性和创造力，尤其对于缓解当时教师队伍年龄断层起到了积极的作用。但是，由于专业技术职务评定过程中因人设岗、论资排辈现象比较突出，不能充分反映教师真正的教学水平和能力，青年教师因资历不够而得不到晋升，影响了青年教师的积极性和主动性。为了总结经验教训，克服专业技术职务评定工作中出现的混乱现象，1983年6月，中共中央办公厅、国务院办公厅印发了《关于整顿职称评定工作的通知》(中办发〔1983〕63号)；同年9月，中央职称评定工作领导小组《关于整顿职称评定工作有关问题的通知》，要求从当年9月1日起全国学术职称和业务技术职称的考核、评定、晋升、授予和发证等工作暂停，研究制定新的专业技术职务管理制度。

20世纪80年代中后期，随着经济体制改革的深入，我国开始探索建立新的专业技术职务聘任制度。1984年10月，十二届三中全会通过了《关于经济体制改革的决定》，1985年中共中央颁发了《关于教育体制改革的决定》，1986年1月24日，中共中央、国务院转发了《关于改革职称评定、实行专业技术职务聘任制度的报告》(中发〔1986〕3号)的通知，指出："为了适应经济、科技、教育体制改革的形势，

① 李子江. 我国高校教师职务管理制度的历史沿革与展望[J]. 大学教育科学，2010，(4)：18-22

对职称评定制度需要进行改革。改革的中心是实行专业技术职务聘任制度，并相应地实行以职务工资为主要内容的结构工资制度”。1986 年 4 月 2 日，中央职称改革工作领导小组转发劳动人事部《技工学校教师职务试行条例》《关于〈技工学校教师职务试行条例〉的实施意见》及《关于技工学校教师职务聘任试点工作安排意见的报告》。《技工学校教师职务试行条例》对技工学校教师职务名称规定如下：①技工学校文化、技术理论课教师职务名称定为高级讲师、讲师、助理讲师、教员；②技工学校生产实习课教师职务名称为高级实习指导教师、一级实习指导教师、二级实习指导教师、三级实习指导教师。

1986 年 5 月 17 日，中央职称改革工作领导小组转发了国家教育委员会《中等专业学校教师职务试行条例》(职改字〔1986〕第 111 号)及《关于〈中等专业学校教师职务试行条例〉的实施意见》，提出：“根据中等专业学校教师工作的特点和师资队伍建设的需要，现将中等专业学校原设的实习教员、教员、讲师、副教授四级教师职称依次调整为教员、助理讲师、讲师、高级讲师四级职务”。《中等专业学校教师职务试行条例》对教师的职务、职责、任职条件、任职资格评审、聘任或任命均作了详细规定。1987 年 7 月 16 日，国家教育委员会制定的《关于职业中学专业课教师职务聘任工作的补充意见》中规定：“职业中学教师职务聘任工作，应根据中央职称改革工作领导小组和国家教育委员会关于中小学实行教师职务聘任制工作的有关文件执行”“在教师职务聘任工作中，对教师任职条件的掌握，要坚持理论和实践并重的原则，主要考察教师的政治思想、文化专业知识水平、教育教学能力、实际操作技能、本行业的实践经验和履行职责的实绩。达到相应职务要求的，可以聘任相应职务”。至此，我国形成了三类中等职业学校的三种教师职务聘任制度。

20 世纪 90 年代初，我国开始从计划经济体制向市场经济体制转轨，打破计划经济体制下的教师职务终身制，逐步建立择优聘任上岗的教师职务聘任制度，成为中等职业学校教师职务管理制度改革的重要内容。1993 年 10 月，我国修订的《中华人民共和国教师法》，明确规定“国家实行教师职务制度”，标志着我国教师队伍管理进入法制化、规范化的轨道。2000 年 7 月，中共中央组织部、人事部《关于印发〈关于加快推进事业单位人事制度改革的意见〉的通知》(人发〔2000〕78 号)中指出：“破除干部身份终身制，引入竞争机制，在事业单位全面建立和推行聘用制度，把聘用制度作为事业单位一项基本的用人制度。所有事业单位与职工都要按照国家有关法律、法规，在平等自愿、协商一致的基础上，通过签订聘用合同，确定单位和个人的人事关系，明确单位和个人的义务和权利。通过建立和推行聘用制度，实现用人上的公开、公平、公正，促进单位自主用人，保障职工自主择业，维护单位和职工双方的合法权益。通过聘用制度转换事业单位的用人机制，实现事业单位人事管理由身份管理向岗位管理转变，由单纯行政管理向法制管理转变，由行政依附关系向平等人事主体转变，由国家用人向单位用人转变”。2002 年 7 月，人事部

《关于在事业单位试行人员聘用制度意见》(国办发〔2002〕35 号)明确规定在人员聘用过程中坚持按需设岗、竞争上岗，根据岗位确定工资待遇，并要求建立和完善考核制度，规范聘用行为，妥善做好未聘人员的安置工作。

至此，聘用制度已在各地全面推行，与其紧密相关的各项制度，如监督考核制度、评估指标体系等也正在完善之中，职业学校的人事管理已由身份管理转向岗位管理，由行政任用关系转向平等协商的聘用关系，这是一项深刻的重要变革。

(二)中职教师职务中的“双职称”

我国中等职业学校师资队伍建设的一个重要内容，是专业教师可以拥有“双职称”。1980 年，教育部印发的《关于中等专业学校确定与提升教师职务名称的请示报告》中指出：“中等专业学校的教师，在调来学校前，或在兼任社会职务时，已有其他部门授予某种职称，可兼有双重职称”。1994 年 7 月，国家教育委员会办公厅印发的《关于印发〈全国骨干职业技术学校(中心)建设工作研讨会纪要〉的通知》(教职厅〔1994〕2 号)中指出:“专业课教师和实习指导教师逐步实行‘双职称’制”。1997 年 9 月 24 日，国家教育委员会发布的《关于加强中等职业学校教师队伍建设的意见》(教职〔1997〕8 号)进一步指出：“中等职业学校的专业课教师及实习指导教师,不仅可以评聘教师职务,同时,也可以申请评定相应专业(工种)的技术资格”。1998 年 3 月，国家教育委员会、国家经济贸易委员会、劳动部印发的《关于实施〈职业教育法〉加快发展职业教育的若干意见》(教职〔1998〕2 号)中指出：“职业学校的专业课教师及实习指导教师可以评聘教师职务，也可以参评其他专业技术职务任职资格，学校可对具有双职务资格的教师在待遇上从优”。2004 年 9 月，教育部等七部门印发的《关于进一步加强职业教育工作的若干意见》(教职成〔2004〕12 号)中指出：“对于到职业院校担任教师的专业技术人员、高级工和技师可按照相关专业技术职务条例的要求评聘教师职务，实行聘任制度和合同管理，享受合同规定的相关待遇……职业院校中专业实践性较强的专业教师，可按照相应的专业技术职务系列条例的规定，再评聘第二个专业技术资格，也可根据有关规定取得相应的职业资格证书，促进‘双师型’教师队伍建设”。2005 年 10 月，国务院颁发的《关于大力发展职业教育的决定》(国发〔2005〕35 号)中指出：“加强‘双师型’教师队伍建设,职业院校中实践性较强的专业教师,可按照相应专业技术职务试行条例的规定,申请评定第二个专业技术资格，也可根据有关规定申请取得相应的职业资格证书”。

中等职业学校“双职称”制度已提出了 30 多年，但现实中这一制度未能很好地落实，原因可能是多方面的，但最根本的原因可能是职务聘任制度本身，从我国目前职务聘任制度来看，一个职务对应一个工作岗位，获得相应的工作报酬，现实中双职称教师也只能聘任一个岗位，同一岗位往往是同一报酬，所以双职称教师难以获得相应的报酬，因此教师缺乏参评的积极性。同时，专业技术资格只有在继续从事本专业才能保持资格的先进性，如果脱离了工作环境或工作岗位，其资格的有效性将大打折扣。中等职业学校教师双职称制度迫切需要进一步加强探索和实践。

（三）完善中职教师职务层级结构

1. 探索试行正高级专业技术职务（职称）

早在 2004 年 4 月，辽宁省教育厅印发的《辽宁省中等职业学校教师职务任职条件具体要求》（辽教发〔2004〕46 号），在中等职业学校教师职务系列中增设教授级高级讲师职称，到 2007 年全省已有 80 多名教师获得了教授级高级讲师职务，这一政策极大地吸引和稳定了一批高水平人才从事中等职业学校教育教学工作。国家有关教育规划纲要颁布以来，河南（2010）、黑龙江（2010）、天津（2011）、福建（2011）、江苏（2012）、甘肃（2012）、重庆（2012）、安徽（2013）、江西（2013）等省（直辖市），积极探索在中等职业学校设置正高级教师职务（职称），完善中等职业学校教师职称体系。江西省、黑龙江省、安徽省、江苏省、河南省等明确提出中等职业学校教师系列增设正高级专业技术资格，并在全省开展评审工作。许多省（直辖市）单独下发了开展正高级职称评审工作文件。例如，河南省职称改革领导小组办公室制定的《关于在中等职业学校开展教授级高级讲师评审试点工作的通知》（豫职改办〔2010〕9 号）。一些省（直辖市）还单独出台了评审标准。例如，重庆市制定了《中等职业学校教师正高级职务任职资格申报评审条件（试行）》（渝职改办〔2009〕168 号）。一些省（直辖市）在修订中等职业学校教师专业技术职务评审标准时纳入了正高级职称评审条件。例如，《江苏省中等职业学校教师专业技术资格条件（试行）》（苏职称〔2009〕27 号）中纳入了中等职业学校教师正高级专业技术职务（职称）评聘条件。2013 年 12 月 27 日，山东省人力资源和社会保障厅、山东省教育厅联合印发了《山东省中等职业学校教师水平评价基本标准条件》（鲁人社发〔2013〕46 号），与普通教育职称分类评审，将教学实绩、技能水平、技术研发成果等作为专业技术职务评聘的重要依据。

2. 技工院校完善教师职称层级

为落实《国家中长期教育改革和发展规划纲要（2010—2020 年）》提出的完善符合职业教育特点的教师职称制度，按照中共中央办公厅、国务院办公厅《关于深化职称制度改革的意见》（中办发〔2016〕77 号）的要求，2017 年 11 月人力资源和社会保障部出台了《关于深化技工院校教师职称制度改革的指导意见》（人社部发〔2017〕90 号），完善技工院校教师职称层级，设置正高级职称。文化、技术理论课教师职称设初级、中级、高级，初级只设助理级，高级分设副高级和正高级，助理级、中级、副高级和正高级职称名称依次为助理讲师、讲师、高级讲师、正高级讲师。生产实习课指导教师职称设初级、中级、高级，初级分设员级和助理级，高级分设副高级和正高级，员级、助理级、中级、副高级和正高级职称名称依次为三级实习指导教师、二级实习指导教师、一级实习指导教师、高级实习指导教师、正高级实习指导教师。其中，正高级对应专业技术岗位一至四级；副高级对应专业技术岗位五至七级；中级对应专业技术岗位八至十级；助理级对应专业技术岗位十一至十二级；员级对应专业技术岗位十三级。

此次深化技工院校教师职称制度改革，完善了职称评价标准，坚持把师德放在评价的首位，引导教师立德树人，爱岗敬业。注重实践教学和技能人才培养实绩，注重职业素养的养成、工匠精神的塑造和创新创业能力的培养，注重产教融合、校企合作和工学结合的一体化教学方法，注重教学一线实践、参与职业技能大赛等经历。同时，职称评审向优秀人才倾斜。对少数特别优秀的教师，可制定相应的破格评审条件。获得中华技能大奖、全国技术能手荣誉称号，担任国家级技能大师工作室负责人，本人获得或指导学生获得世界技能大赛优胜奖以上名次，获得省部级以上表彰的劳动模范、优秀教师、优秀教育工作者，可直接申报评审高级职称。改进评价方式，采取实践操作等多种评价方式对技工院校教师的品德、能力、业绩进行科学评价，建立了技工院校教师职称评审公开制度。合理下放技工院校教师职称评审权限，积极培育技工院校自主评审能力。实现职称制度与用人制度的有效衔接，公办技工院校教师职称评审时要坚持评聘结合，非公办技工院校教师职称评审时可参照公办院校评审办法，也可采取评聘分开方式。正高级教师要在确保质量的前提下逐步达到合理比例。

（四）中职教师职务制度存在的问题

1. 三类中等职业学校同一层级教师工作岗位职责和任职条件标准不一

历史上我国中等专业学校主要培养国家干部，技工学校培养技术工人，职业高中培养城乡技术人才，但随着我国教育体制的改革和社会人才结构的变化，三类中等职业学校的人才培养目标逐渐趋同，均是培养生产第一线的技能型人才。人才培养目标的趋同，要求三类中等职业学校教师的职责和任职条件应逐渐趋同，但从现实来看，中等专业学校教师职责和任职条件仍重视学术水平，技工学校职责和任职条件突出技能水平，职业高中仍与普通高中的标准相同。

2. 教师职务评聘办法没有体现职业教育的特点

虽然中等职业学校教师职务形成了相对独立的系列，但职务评聘办法仍然没有突破普通教育的樊篱。为此，1991 年 10 月，国务院制定的《关于大力发展职业技术教育的决定》（国发〔1991〕55 号）中指出：“要制定职业技术教育教师的任职条件，完善教师专业技术职务评聘办法，逐步实行教师资格证书制度，采取措施逐步提高职业技术学校教师的待遇”。2002 年 8 月，国务院制定的《关于大力推进职业教育改革与发展的决定》(国发〔2002〕16 号)中指出：“职业学校教师职务资格评审要突出职业教育特点，改进评审办法”。2010 年《国家中长期教育改革和发展规划纲要(2010—2020 年)》进一步明确指出：要“完善符合职业教育特点的教师资格标准和专业技术职务(职称)评聘办法”。

总的来看，目前中等职业学校教师任职资格评审条件中，基本申报条件仍重视学历和英语，评审条件仍重视教师专业理论水平，即科研论文、成果获奖、课题、著作和教材等仍然是评聘中级职称以上教师职务的必备条件，而对实践教学能力方面的条件要求不足。

3. 教师职务比例偏低

中等职业学校教育既承担职业教育，也承担文化教育；既要求有文化课教师，也要求有专业课教师；既教授基础理论知识，又突出实践操作技能；既要求有理论课教师，也要求有实习指导教师，教师类型存在多样性。教师类型的多样性要求中等职业学校在教师职务评定中各方面的教师都应该兼顾，客观上要求教师高级职务比例相对高一些，然而从现实来看，许多地区对中等职业学校教师职务比例的确定没有考虑职业教育的特殊性，而与普通高中教师职务比例标准一样，有的甚至低于普通高中，与作为专业教育的高职高专和普通高等本科教育教师职务比例存在较大差距。

4. 实习指导教师职务制度缺失

我国教育部门的中等职业学校教师分为文化课教师、专业课教师和实习指导教师三种类型。由于长期以来，我国中等专业学校教育和职业高中教育理论教学占的比例较大，因此，对实习指导教师重视不够，没有对实习指导教师职务名称和评审办法单独制定标准；而技工学校教育从创办初期一直强调突出操作能力的培养，将实习指导教师职务分为高级实习指导教师、一级实习指导教师、二级实习指导教师、三级实习指导教师，对实习指导教师的工作职责和任职条件及评审办法有明确的规定。进入 21 世纪，随着我国三类中等职业学校人才培养目标和培养模式趋于一致，中等专业学校和职业高中的实习指导教师比例增加，客观上要求像技工学校一样建立和完善实习指导教师职务制度。

5. 兼职教师职务制度缺位

我国中等职业学校兼职教师从新中国成立以来就广泛存在，尽管按照《中华人民共和国教师法》和《教师资格条例》的要求来看，这些兼职教师还不能称为教师，因为他们大部分没有教师资格证书，但事实上他们已成为我国中等职业学校教师队伍的重要组成部分。随着工学结合、校企合作培养模式越来越成为我国中等职业教育基本的培养模式，兼职教师的比例还会进一步加大，需要进一步加强管理和规范。中等职业学校兼职教师作为教师队伍的组成部分，承担相应的教育教学工作，有明确的岗位职责和任职条件，因此也应建立兼职教师职务制度。

六、中职教师职务制度改革

从上述我国中等职业学校教师职务制度存在的问题来看，目前迫切需要加大中职教师职务制度改革的力度。从我国中等职业教育的改革与发展情况来看，也需要加快教师职务制度改革。1997 年 12 月，国家教育委员会、国家计划委员会下发了《关于普通中等专业学校招生并轨改革的意见》（教职〔1997〕10 号），中等职业学校学生开始实行缴费上学、自主择业、双向选择的招生就业制度，就业指导成为中等职业学校教育教学的重要组成部分。1999 年 6 月，中共中央、国务院颁发的《关于深化教育改革全面推进素质教育的决定》中提出“扩大高中阶段教育和高等教育的规模”，从此随着高校大规模扩招，我国中等职业学校的招生对象和招生办法发生了很大的变化，学生文化课程成绩普遍较弱，不仅学生教育难度增大，管理工作量也在加大。2005 年，国务院颁发的《关于大力发展职业教育的决定》中提出：“坚持‘以服务为宗旨、以就业为导向’的职业教育办学方针，积极推动职业教育从计划培养向市场驱动转变，从政府直接管理向宏观引导转变，从传统的升学导向向就业导向转变”“大力推行工学结合、校企合作的培养模式”。中等职业学校教师的教育对象、教学内容和方式与以前相比发生了很大的变化，在国家中等职业学校教师职务试行条例没有改变的情况下，各地根据教师工作任务的变化积极完善教师专业技术职务评聘标准。近年来各地出台的有关中等职业学校教师的职务资格、职务评聘条件等，与 1986 年国家制定的各类教师职务试行条例发生了很大的变化，而且各地的差异性也较大。为此，国家应尽快重新制定新的《中等职业学校教师职务条例》，来指导各地制定中等职业学校教师专业技术职务评审（评聘）办法。国家应在充分借鉴各地有益经验的基础上，出台新的中等职业学校教师职务制度。为此，须重视以下工作。

（一）定岗定编，明确教师岗位职责

教师职务是学校依据教育和教学的需要而设置的教师工作岗位，有明确的职责。有效设置教师岗位，需要制定科学的教师编制，根据教师编制确定教师工作岗位，根据工作岗位来确定各类教师职责，所以定岗定编是确定教师工作岗位的重要前提。教师的岗位职责也是确定教师任职条件和制定教师专业技术职务资格评聘条件的基础，有了岗位职责才能明确任职条件，有了任职条件才能制定出教师专业技术职务评聘条件。可见，岗位职责在教师职务制度中具有基础性的作用和地位。

关于中等职业学校教师编制，目前国家还没有出台统一的标准，大多数参照2010年教育部重新修订的《中等职业学校设置标准》(教职成〔2010〕12号)。2014年5月，国务院发布的《关于加快发展现代职业教育的决定》(国发〔2014〕19号)中要求地方政府要比照普通高中和高等学校，根据职业教育特点核定公办职业院校教职工编制。各地应按照国务院的要求科学制定并落实好职业学校的编制，职业学校在建立科学的教职工编制标准的基础上才能核定好教师岗位，根据中等职业学校教育教学目标确立岗位职责。中等职业学校教师岗位职责的确定要突出以下几条：既要重视教学工作，也要重视育人工作，包括德育工作、学生管理和职业指导；教学工作既要重视文化课和理论课教学水平，也要重视实践教学能力；既要重视校内教学能力，也要重视行业企业联系能力；既要重视教学效果，也要重视改革创新能力等。

(二)制定统一的中等职业学校教师专业技术职务资格标准

目前，一些地区在制定三类中等职业学校教师专业技术职务资格时仍分别制定，但由于三类中等职业学校人才培养目标和培养模式的趋同，制定的资格标准也趋同，因此，已没有分别制定的必要。相反，统一标准有利于教师之间的公平竞争，促进教师在三类学校之间合理的流动，促进中等职业学校教师社会化，深化中等职业学校教师聘用制的改革。

(三)建立文化课、专业课和实习指导教师三类教师的专业技术职务评审条件

中等职业学校的人才培养目标是培养技能型人才，工学结合、校企合作、顶岗实习，是具有中国特色的职业教育人才培养模式和基本的教学制度。为实现上述人才培养目标和培养模式，要求中等职业学校建立起文化课、专业课和实习指导三类教师队伍，需要构建三类教师的专业技术职务评审条件。中等职业学校的文化课程，要按照培养学生基本科学文化素养、服务学生专业学习和终身发展的功能来定位。专业课教师要在专业技术理论的基础上，突出实践教学能力；实习指导教师要突出实践教学能力。

(四)制定兼职教师聘任资格标准

由于中等职业学校专业变动频繁，加上产教融合、校企合作、工学结合作为基本教学制度，要求中等职业学校建立起固定岗和流动岗相结合、专职和兼职相结合的设岗和用人办法，兼职教师将越来越成为中等职业学校教师队伍的重要组成部分，因此，也应像专任教师一样，建立兼职教师任职资格标准。兼职教师大多拥有非教师系列专业技术职务资格，或高级工及以上技能资格证书。因此，兼职教师的教师资格更重要的是突出教育教学能力，按照专业课教师和实习指导教师的教学能力要求来构建兼职教师任职资格标准。

（五）“双师型”教师认定不能与教师职务制度相混淆

2005年，国务院《关于大力发展职业教育的决定》中指出要加强“双师型”教师队伍建设。为了落实好国务院的精神，近些年来吉林、重庆、安徽、河南、广西等地开展了中等职业学校“双师型”教师认定工作，有的像教师职务制度一样把“双师型”教师分为初级、中级、高级三个级别，有的还制定了“双师型”教师职务津贴，有的甚至称“双师型”教师资格或职务。[①]“双师型”教师是一个内涵不明确的用语，中等职业学校实行教师职务制度是《中华人民共和国教师法》明确规定的，“双师型”教师认定只是加强“双师型”教师队伍建设的一个手段，不能纳入教师职务制度范畴，更不能替代教师职务制度。

① 刘韵琴.“双师型”教师资格认证与实施绩效研究[J]. 中小企业管理与科技（上旬刊），2010，(5)：146-148

第十六章

教师培养培训制度

教育事业发展的关键在于教师。中等职业教育培养的是技能型人才，中等职业学校教师要求具有“双师”素质，教师队伍具有“双师”结构，需要专门化的培养培训机构和建立相对独立的培养培训体系。新中国成立后，我国中等职业教育在国民教育体系中所占比例较低、发展不稳定，中等职业教育教师培养工作并没有引起重视，中等职业学校教师主要依托学校自身的培养培训和主管部门所属企事业单位聘请兼职教师来解决。经济体制改革以来，随着我国职业教育在教育体系中地位的不断提高，职业教育教师培养培训体系才逐渐形成。20 世纪 70 年代末和 80 年代主要是建立培养机构和完善培养制度，90 年代主要是建立培训机构和完善培训制度；进入 21 世纪，随着我国国民经济综合实力的增强和制造业大国地位的形成，农村劳动力转移进入刘易斯拐点，职业院校培养的人才越来越成为劳动力供给的主体，国家加强了职业教育基础能力建设，各级政府加大了对中等职业学校教师的培训力度，“十一五”至“十三五”期间，教育部、财政部连续实施了三期“职业院校教师素质提高计划”。十八大以来，随着产业转型升级、“中国制造 2025”和“一带一路”倡议等的实施，我国职业教育进入体系建设和高质量发展并存的新时期，加强职业教育师资队伍建设、提高教师整体素质，成为当前推动职业教育改革与发展的一项重大而紧迫的任务。

一、职业教育师资培养制度

(一) 体制改革前职教师资培养制度

新中国成立后，按照社会主义改造的总体要求，国家对以前的教育体制进行了改造。针对专业课教师短缺的现状，1952 年 8 月 29 日，教育部发出的《中等技术学校暂行实施办法》中规定：“中等技术学校为培养技术课师资，需配备成绩优良的毕业生为技术课助理教师”，也就是说当时中等专业学校与高等学校一样，主要通过校内助教制度解决了师资培养问题。此外，由于当时中等技术学校实行部门办学，

“中等技术学校为有计划地培养技术课专任教师，增强中等技术学校技术课教师的技术能力及提高企业或业务单位技术人员的科学理论水平，需与企业或业务单位试行建立定期交流技术课教师和技术人员的制度”，建立了职业学校教师与企事业单位专业技术人员互派交流的机制，从而解决了教师实践教学能力提高的问题。1955 年 3 月，劳动部召开的第一次全国技工学校校长会议上提出有计划地培养新师资，指出：“新教师的培养，目前主要应从技工学校的毕业生中选择优秀者，留校或送工厂在实际工作中有系统地培养”。1959 年 4 月，全国技工学校工作会议总结报告中提出：“为了满足技工学校不断提高与发展的需要，必须大力培养新教师和提高现有教师水平。在技工学校较多的地区，应争取选择条件较好的技工学校附设师资培训班，招收技工学校优秀毕业生，经过两年或三年的培养，使他们成为一批新成长的教师”。[①]1960 年，在郑州举行的全国技工培训工作现场会议的总结报告中指出：1959 年技工学校大发展，1960 年是更大的发展，之后还要继续发展，要为之后的发展做好准备。主要的准备工作是培养师资和制造机器。凡是已经有技工学校 50 所以上和 1960 年计划发展到 50 所以上的省（自治区、直辖市），应该筹办一两所师资学校或训练班，积极培养教师；同时，也要重视由现有的学校培养输送[②]。当时，一些技工学校较多的省（自治区、直辖市）的劳动部门建立了技工师范学校。例如，1959 年，国家批准建立天津技工师范学校，由国家劳动部主管。1960 年，经国务院批准，劳动部曾在上海、天津、辽宁、河南筹建了 4 所技工师范学院。但在 1962 年为了“缩短工业、文教战线，压缩城市人口”，均已停招[③]。在此期间，一些技工教育大省办起了技工师范学校，如辽宁省劳动厅莲花山技工师范学校[④]、河南省劳动厅工业技术师范学校[⑤]，“旅大市劳动局为了帮助本市技工学校解决师资问题，最近在大连机车车辆厂的协助下，办起了一所技工师范学校，培养具有社会主义觉悟，掌握系统的技术理论知识和四级工以上操作技能的技工学校教师”[⑥]，“淮南市劳动局组织全市七所技工学校，举办了第一期工业技术师资训练班。训练班的教师是由各校抽调政治热情高，经验较丰富的教师来担任；学生是根据政治思想好、热爱教师职业、具有初中或初中以上文化程度和一定实际操作技能等条件，从各校现有学生和前几届留校毕业生中抽调的”[⑦]。

1958 年由农民自发办的农业学校，开创了新中国农村职业教育的先河。农业中

① 邢予洪. 全国技工学校工作会议上的总结报告[J]. 劳动，1959，（10）：10-13

② 刘亚雄. 积极发展和办好技工学校——劳动部刘亚雄副部长在全国技工培训工作现场会议上的总结发言[J]. 劳动，1960，（7）：5

③ 刘英杰. 中国教育大事典（1949—1990）[M]. 杭州：浙江教育出版社，1993

④ 沈作新.辽宁省劳动厅技工师范学校积极支援农业生产[J]. 劳动，1961，4：16

⑤ 关裕泰.河南等地技工学校掀起教学改革热潮[J]. 劳动，1960，21：24-25

⑥ 李德亨.旅大市技工师范学校开学[J]. 劳动，1960，16：7

⑦ 淮南市劳动局. 培养技工学校师资适应教学需要[J]. 中国培训，1961，9：33

学创办的目的是为农业培养技术人才，实行群众办学，农忙劳动，农闲学习，半耕半读，为农业生产服务，并遵循谁读书谁出钱的原则。农业中学开设的课程有语文、数学、农业知识和政治4门课，学制二至三年，招生对象以25岁以下的高小、初中毕业生为主，同时招收一些不同程度的青壮年，25岁以上的一般不收，以免影响生产。[①]农业中学在教学中，采取书本知识和实际知识相结合，校内教育与校外教育相结合，专职教师和干部、老农、技术员相结合的办法。农业中学的教师一般由三部分人员构成：文化课由当地的高中毕业生担任，农业知识和实践课由技术人员和技术精湛的老农担任，政治课由干部担任。1958年3月28日，中共江苏省委就举办农业中学问题报告中央，中共中央在对报告的批语中指出："随着各地大量举办农业中学，师资问题必然感到不足。这一方面需要充分发挥现有师资的潜力，组织未升学的高中毕业生、下放干部和农业技术推广站的干部去做教员；另一方面需要加强和改进师范大学、师范学院、师范专科学校和农学院的工作，采取各种有效方法，迅速培养农业中学的师资，并且帮助农业中学教师的提高。同时，各级党委还要组织有关方面的力量，根据因地制宜、学以致用的原则，编辑当地农业中学的教科书"。但后来农业中学的办学过程大起大落，并在1966年以后消失，教师培养工作也就没有再纳入议事日程。

（二）体制改革后职教师资培养制度

十一届三中全会以来，全党工作的重心转移到了经济建设上，中等职业教育得以快速发展，国家在调整中等教育结构、大力发展职业教育的同时，一方面采取多种措施解决师资短缺问题，另一方面积极谋划职业教师的培养问题。针对师资队伍严重短缺的现状，主要采取了5种措施来解决：①改，即由某项专业或近似专业的文化课教师改上专业课，边学边教；②调，即从教育部门及有关部门调剂；③借，即从有关部门借用；④兼，即从有关部门聘请兼课教师；⑤聘，即从社会上聘请有一技之长的离、退休教师，职工和能工巧匠到学校讲课。关于职教师资的培养问题，国家在发展职业教育的多个文件中同步规划了师资培养工作。1980年10月7日，国务院批转教育部、国家劳动总局《关于中等教育结构改革的报告》（国发〔1980〕252号）中指出："教育部门、劳动部门和有关业务部门要有计划地为发展职业技术教育培养师资。省、自治区、直辖市应积极筹办职业技术师范学院。各地师范院校和各级教育学院（教师进修学校）应开办专业课教师培训班。今后分配大专院校、中专毕业生时，要照顾到职业（技术）学校、技工学校、职业中学、农业中学的需要"。国家明确提出要建立职业技术师范学院。为了落实国务院的要求，1982年5月11日，教育部发出了《关于编报1983—1985年培养职业学校专业课教师计划的通知》，要

① 吴天石. 江苏的农业中学[J]. 人民教育，1958，5：12-13

求各省(自治区、直辖市)教育厅(局)“必须从现在起，通过各种途径，对专业课教师进行有计划的培养”“应抓紧与高等院校协商，提出1983—1985年培养专业课教师的计划，分别报学校主管部门审批，并报教育部、国家计委，纳入高等学校统一招生计划，向社会统一招生，毕业后分配到职业学校任教”。各地按照教育部的要求，采取多种措施开展职业技术师范教育。1985年5月27日，中共中央颁发的《关于教育体制改革的决定》中进一步指出：“师资严重不足，是当前发展中等职业技术教育的突出矛盾。各单位和部门办的学校，要首先依靠自身力量解决专业技术师资问题，同时可以聘请外单位的教师、科学技术人员兼任教师，还可以请专业技师、能工巧匠来传授技艺。要建立若干职业技术师范院校，有关大专院校、研究机构都要担负培训职业技术教育师资的任务，使专业师资有一个稳定的来源”，一方面明确了职业教育可吸纳社会上的技术人员和能工巧匠作为兼职教师，另一方面提出了构建以职业技术师范院校为主体的职教师资培养体系。

1986年6月26日，国家教育委员会颁发的《关于加强职业技术学校师资队伍建设的几点意见》(〔86〕教职字012号)中进一步指出：“理论课教师主要依靠现有各类普通高等院校解决。有关大专院校有计划地设置职业技术师资班、专业或系，纳入高校招生计划，为职业技术学校培养师资。高等师范院校，应根据学校师资、设备等条件增设相关或相近专业的职业技术师范系、科、班，担负起培养部分专业课、专业基础课师资的任务。各类职业技术师范院校或师资培训中心负担培养空白、短线专业及需要量大的通用专业教师”“为了尽快解决职业中学的专业课师资问题，当前高等专科学校(含现有职业大学)要用主要力量来担负专业课师资的培养、培训任务”，初步建立了职业教育师资培养机构的分工与协作体系。1987年1月3日，国务院办公厅转发国家教育委员会等部门的《关于全国职业技术教育工作会议情况的报告》中进一步明确：“现有的职业技术师范学院和高等职业技术学校要为中等职业技术学校和培训机构培养专业课师资，高等师范学校和其他有条件的高等学校也要承担为各类职业技术学校和培训机构培养师资的任务，并列入国家计划。可以从四年制中专和技工学校中选留优秀毕业生，经过进修提高，担任中等职业技术学校或培训机构的实习指导教师；还要从企事业单位和社会上选调有实践经验和一定文化程度的能工巧匠担任这类教师；可以选派一些教师出国进修，学习国外职业技术教育的经验，以加强短线、缺门专业”，进一步完善和构建了开放式的职业教育教师队伍建设体系，同时，提出了实习指导教师的培养对象和培养途径。1987年3月24日，国家教育委员会印发的《普通高等学校招收少数职业技术学校应届毕业生的暂行规定》(〔87〕教学字012号)中指出：“为适应职业技术教育迅速发展的需要，加速培养中等职业技术学校专业课和实习指导教师，在国家核定培养职业技术师资的招生计划中，安排从中等职业技术学校招收少数优秀应届毕业生升入普通高等学校学习，毕业后分配到中等职业技术学校任教”“普通高等学校举办的中等专业学校专业课师资班，招收中等专业学校应届毕业生，采取中专校保送、招生学校复审的办法”。这一政策不仅改变了职业教育师资培养生源结构，而且在局部探索了中等职业教育与高等教育有效沟通的机制。

1989年1月5日，劳动部颁发的《关于加强职业技术培训师资队伍建设的意见》（劳培字〔1989〕1号）中指出：“各地区、各部门要积极创造条件，建立师资培训基地，单独办或联合办职业技术师范院校、专科学校、进修院校或培训中心，也可以委托普通高等院校开办师资班，培养职业技术后备师资”“各地区、各部门可以从高级技工或技师培训班、技工学校优秀毕业生中选择一部分人，经过教育理论、生产实习教学法以及有关企业管理知识培训后，充实生产实习指导教师队伍”，明确了我国职业技术培训师资的培养机构、培养对象、培训内容和毕业去向等。1993年1月10日，国家教育委员会等三部委联合印发了《关于加强农村、林区中等职业技术学校和农民中专农、林类专业师资队伍建设的几点意见》（教职〔1993〕1号），提出了加强农、林类专业师资队伍建设的4条措施：一是各省应有计划地选择一两所条件较好的本科高等农林院校设置职业技术教育师范系、专业或班；二是从社会上聘任专、兼职教师；三是计划分配时安排一定比例的高校毕业生到职业学校任教；四是加强在职教师的培训、进修。这4条措施构建了我国职业教育师资队伍建设的四大主渠道。

1994年和1995年，我国分别实施了《中华人民共和国教师法》和《教师资格条例》，要求中等专业学校、技工学校、职业高中文化课、专业课教师，应当具备本科及其以上学历。据1994年的统计，全国职业高中的专任教师中具有本科学历的只占27.5%。这与《中国教育改革和发展纲要》《关于〈中国教育改革和发展纲要〉的实施意见》（国发〔1994〕39号）确定的到20世纪末，职业中学专任教师中，要有60%以上达到任职资格标准的目标尚有较大的差距。因此，职业教育在职教师的学历达标问题，已成为当前乃至今后一个时期的一项极其重要而又紧迫的任务。为此，1995年11月24日，国家教育委员会印发的《关于制定并落实职业教育师资培养计划的通知》（教职厅〔1995〕9号）中要求在成人专科起点本科班中安排一定指标用于中职教师的学历进修提高，考虑到中等职业学校教师的实际情况和职业教育的特点，1996年，国家教育委员会下发了《关于一九九五年各类中等专业学校专业课教师专科起点升本科考试科目的通知》，规定1995年各类中等职业学校专业课教师（属教师类）专科起点升本科考试科目将英语改为教育学。各地以此为契机，加大了对中等职业学校教师学历达标的培养工作。

为了加强职业技术师范教育，1995年12月15日，国家教育委员会、财政部下发的《关于职教师资班学生享受师范生待遇的通知》（教职〔1995〕14号）中指出：“这类师资班的学生，属于职业技术教育师范生”。根据《中华人民共和国教师法》及《国家教育委员会关于〈中华人民共和国教师法〉若干问题的实施意见》（教人

〔1995〕81 号)的规定:“国家对师范生免收学费，并实行专业奖学金制度”，一方面明确了职教师资班培养的是师范生，另一方面明确了培养的是职业技术教育的师范生，进一步明确了职业技术师范教育的社会地位。为了进一步加强农业技术教育，保证农业中专和农村职业学校有稳定的师资来源，1996 年 2 月，农业部、国家教育委员会发出了《关于印发〈高等农业院校对口招收农业职业高中、农业中专、农业广播学校应届优秀毕业生暂行办法〉的通知》(农教发〔1996〕4 号)，实行了高等农业院校对口招收“三校生”考试招生制度。

1997 年 9 月 24 日，国家教育委员会印发的《关于加强中等职业学校教师队伍建设的意见》(教职〔1997〕8 号)中指出:“加强对现有独立设置的职业技术师范学院的建设。要努力增加对职业技术师范学院的投入，争取到本世纪末使这些学校的办学条件(包括校舍设施、教学仪器设备、图书资料等)达到国家有关规定的基本标准；使学校所开设专业的办学水准普遍达到本科水平(培养实习指导教师的专业除外)；使学校的办学规模和效益得到进一步扩大和提高”“职业技术师范生在校期间，原则上免交学费，并享受专业奖(助)学金。毕业后实行五年任教服务期制度。在一定范围内试行职教师范毕业生在教育系统内双向选择的就业办法。急需职教师资的地区、部门或企业可设立职教师范专业奖学金，享受定向奖学金的毕业生按合同就业。各地要制定相应的政策，鼓励职教师范生到边远、贫困和少数民族地区任教”。但这一制度受到了 1998 年高等学校招生并轨制度改革的限制,无论是增加对职业技术师范院校的投资，还是免费师范生教育制度，在现实中都未能很好地被执行。1998 年 3 月，国家教育委员会、国家经济贸易委员会、劳动部印发的《关于实施〈职业教育法〉加快发展职业教育的若干意见》(教职〔1998〕2 号)中指出:“培养培训中等及中等以下职业学校教师的主要责任在地方、部门和行业。地方、部门和行业要根据需要统筹确定一批普通高等学校承担为本地区、本行业职业学校培养教师的任务，确定一批重点中等职业学校承担培养实习指导教师的任务”。

至此，我国从政策层面上初步构建了职业技术师资培养体系。可见，我国职业技术师范教育从一开始就是一个开放的体系，而普通师范教育从 1999 年才开始构建开放性师范教育体系。1999 年，中共中央、国务院发布的《关于深化教育改革全面推进素质教育的决定》中明确指出:“鼓励综合性高等学校和非师范类高等学校参与培养、培训中小学教师工作，探索在有条件的综合性高等学校中试办师范学院”。2002 年的全国教师教育工作会议也提出:“‘十五’期间教师教育事业改革与发展的主要任务是初步形成以现有师范院校为主体，其他高等学校共同参与，培养和培训相衔接的开放的教师教育体系，基本形成适应全面推进素质教育需要的基础教育教师队伍。在今后五年内，要依据国家有关规定，确定合理的师范院校培养规模、结构，优化教师资源配置，基本完成教师教育的结构调整，以现有师范院校为主体，调动其他高等学校参与教师教育的积极性”。在

《教育部 2003 年工作要点》中，再次强调要“加快建立开放灵活的教师教育体系，提高办学层次，推进师范院校改革，鼓励综合性大学开展教师教育”。2010 年《国家中长期教育改革和发展规划纲要(2010—2020 年)》提出依托相关高等学校和大中型企业，共建“双师型”教师培养培训基地。2011 年 12 月，教育部印发了《关于进一步完善职业教育教师培养培训制度的意见》(教职成〔2011〕16 号)，这是我国关于职业教育教师培养培训制度的专门性文件，对职教教师培养培训作出了多方面的规定，进一步完善了我国职业教育师资培养培训制度。2012 年，《国务院关于加强教师队伍建设的意见》(国发〔2012〕41 号)中指出：“探索建立招收职业学校毕业生和企业技术人员专门培养职业教育师资制度”“创新教师培养模式，建立高等学校与地方政府、中小学(幼儿园、职业学校)联合培养教师的新机制，发挥好行业企业在培养‘双师型’教师中的作用”。为了落实国务院的决定，2014 年 8 月，教育部印发了《关于实施卓越教师培养计划的意见》(教师〔2014〕5 号)，其指出：“面向现代职业教育发展需要，建立健全高校与行业企业、中等职业学校的协同培养机制，探索高层次‘双师型’教师培养模式，培养一批素质全面、基础扎实、技能娴熟，能够胜任理论和实践一体化教学的卓越中等职业学校教师”。2015 年开始有 9 所职业技术师范院校承担了 10 个项目，积极开展卓越教师培养计划改革项目试点工作。2014 年 5 月，国务院颁布的《关于加快发展现代职业教育的决定》(国发〔2014〕19 号)中指出：“加强职业技术师范院校建设。推进高水平学校和大中型企业共建‘双师型’教师培养培训基地”。2017 年 12 月，国务院办公厅印发的《关于深化产教融合的若干意见》(国办发〔2017〕95 号)中指出：“推动职业学校、应用型本科高校与大中型企业合作建设‘双师型’教师培养培训基地”。2018 年 1 月，中共中央、国务院发布的《关于全面深化新时代教师队伍建设改革的意见》中指出：加强职业技术师范院校建设，支持高水平学校和大中型企业共建“双师型”教师培养培训基地，建立高等学校、行业企业联合培养“双师型”教师的机制。同时指出：实施教师教育振兴行动计划，建立以师范院校为主体、高水平非师范院校参与的中国特色师范教育体系，推进地方政府、高等学校、中小学“三位一体”协同育人。支持高水平综合大学积极参与职业教育教师培养培训工作。

总体来看，进入 21 世纪以来，虽然国家在相关的文件中提到了职教师资培养的问题，但都没有相关的保障制度予以落实，而更多的是强调职业教育师资培训等问题。

二、职业教育师资培训制度

新中国成立后，随着中等职业教育调整、整顿工作的开展，国家开始重视对中等职业学校教师的培训工作。1955 年 3 月，劳动部召开的第一次全国技工学校校长会议对有计划地提高现有师资水平提出："学校应组织现有教师学习马克思列宁主义理论，加强对教师的思想政治教育，提高其政治觉悟；并经常采用观摩教学、研究教育学的基础知识、组织教学成绩展览会和交流教学工作经验等方法，不断提高教师的业务能力。对实习教师应按不同情况，分别加以训练提高"。1959 年 4 月，全国技工学校工作会议总结报告中提出："提高现有教师水平的方法，主要依靠学校组织教师进行业余进修，学校多的省、市还可以组织短期轮训"，学校应采取措施加强教师业务能力的提高。1955 年 5 月 28 日，高等教育部、教育部发出了《关于中等专业学校不及专科毕业程度的普通课教师去高等师范学校进修问题的联合通知》，该文件对进修教师的条件、程序和时间作了明确规定，并指出要采取多种措施来培养和提高普通课教师水平。首次提出对普通课教师进行进修提高。此后，在 1958—1960 年，中等职业学校数量超乎想象的扩张，已不可能、也无能力对教师进行培训，经过 1960 年后三年的"调整、巩固、充实、提高"，教育工作的重点是如何压缩学校数和精简教师人数。

十一届三中全会以来，随着我国中等职业教育的大力发展，中等职业学校教师的培训工作被提上议事日程。1980 年 10 月 8 日，国务院批转的教育部《全国中等专业教育工作会议纪要》(国发〔1980〕258 号)要求各地采取多种形式培训和提高师资水平，要使尚未达到大学本科水平的中专学校教师努力达到大学本科毕业的水平。有些部委举办师资培训班、师资进修班、师资短训班等。中等专业学校开始开展大规模的学历达标活动，有效地提高了学历层次。1983 年 3 月 31 日，教育部《关于 1983—1984 学年度全国中等专业学校选派教师到全国高等学校进修的通知》，对进修名额、进修教师条件、进修教学计划作了详细的规定。这是改革开放以来首次提出对专业课教师进行进修的文件。1984 年 5 月，教育部、国家计划委员会和财政部联合发出的《关于在普通高等学校举办中等学校教师本科班和专科班的通知》(〔84〕教计字 051 号)中指出："为了尽快改变目前各类中等学校教师质量偏低的状况，决定从 1984 年起，在一部分普通高等学校举办中等学校教师本科班或专科班，培训、提高普通中学、中等专业学校和职业学校(以上均含同类成人学校)中需要继续加以培养的教师"。1985 年 2 月 28 日，教育部印发的《关于在普通高等学校举办中等学校教师本科班、专科班的补充通知》(〔85〕教计字 021 号)中指出：根据需要与可能，有计划地指定具备一定条件的普通高等学校举办中等学校教师本科班、专科班。其年度招生计划一般可按省(自治区、直辖市)和中央部门所属高等学校当年本、专科招生数的 2%安排。并规定报考学员年龄在四十岁以下，有 5 年以上工龄，具有一定的教学实践经验，身体健康的现职各类中等学校(包括普通中学、中等专业学校、职业技术学校、农业职业中学、职工中等专业学校、农民技术学校、业余中学)教师。可见，在 20 世纪 80 年代中期以前，中等职业学校的教师培训除了校本培训外，主要依托普通高等院校来进行，没有自己独立的培训机构，更没有形成培训体系。

为了增加国内外职业技术教育的经验交流，培训提高职业教育管理干部的业务水平，1983 年 6—7 月，在联合国教育、科学及文化组织亚太地区教育办事处的组织下，教育部职业技术教育司与中央教育科学研究所举办了培训班，对来自全国 28 个省(自治区、直辖市)主管职业教育的负责人、部分职业中学的负责人等共 47 人进行了短期培训。在培训班上，除了邀请日本和澳大利亚的两位职业技术教育专家介绍了国外职业教育外，还邀请了国内有关专家做报告，对各地经验进行了交流。[①]这是我国改革开放后较早举办的具有国际性质的职业教育管理干部培训班。1986 年 6 月 26 日，国家教育委员会颁发的《关于加强职业技术学校师资队伍建设的几点意见》(〔86〕教职字 012 号)中指出："各类职业技术学校文化课教师的培训提高，由高等师范院校、教育学院和综合大学以及有条件的其它高等学校承担。专业课、专业基础课和实习指导教师的业务进修、技能培训，由职业技术师范院校、师范院校、教育学院、师资培训中心及有关高等院校、科研、企事业单位负责""为解决某些国内难于培养的空白、短线专业的师资来源和吸收国外职业技术教育经验，提高师资水平，还应该有计划地派遣一些教师出国留学、进修"。1986 年 9 月 7 日，国家教育委员会职业技术教育司专门制定了《关于选派职业技术学校教师出国进修问题的通知》(〔86〕教职司字 030 号)，明确了选派出国进修的对象，即"职业技术专科学校(职业大学)、中等技术学校、技工学校、职业高中的在职中青年教师或急需开新课的教师"；对选派教师学历和工作年限也作了明确规定。至此，职业教育师资培训从"请进来"发展为"走出去"，从被动接受走向主动获取。

1990 年 7 月，国家教育委员会印发的《全国农村教育综合改革实验区工作指导纲要(试行)(1990—2000 年)》(教燎〔1990〕002 号)中指出："实验县从开始就要抓紧文化课、专业课、劳动技术课等各类师资的培养、培训工作""要认真作好职业技术教育专业课师资的培养、选聘工作；要特别重视技能教师的培养，要就地选聘一些能工巧匠，担任技艺指导，并经过多种形式的培训或实践，使各类教育的文化课师资也能掌握一定的专业技术知识和技能"。针对农村职业教育的需要，提出了"技能教师"和"文化课教师也要掌握一定的专业知识和技能"的要求。1993 年 1 月 10 日，国家教育委员会等三部委联合印发的《关于加强农村、林区中等职业技术学校和农民中专农、林类专业师资队伍建设的几点意见》(教职〔1993〕1 号)中指出："对达不到规定学历的现任文化课及专业理论课教师，学校及上级主管部门可有计划地安排他们到有关高等院校举办的师资培训班进行脱产或不脱产的培训""也可组织他们通过广播、函授、电视、自学考试等方式进行。对所有文化、专业和技能教师均

① 中国教育年鉴编辑部. 中国教育年鉴(1982—1984)[M]. 北京：中国大百科全书出版社，1985

应定期、不定期组织业务进修、技能培训，逐步形成制度，不断提高他们的政治、理论、技能和教学水平”。

针对当时许多新建的中等职业学校管理水平不高的现状，1989 年，国家教育委员会依托天津大学、浙江大学、河北农业技术师范学院(现为河北科技师范学院)和湖南农学院(现为湖南农业大学)开展职业学校管理干部和校长培训工作，引导全国的职教管理干部培训工作，4 所高校被称为“四个老基地”。河北农业技术师范学院和湖南农学院分别负责北方(15 省)、南方(15 省)农村职业学校管理干部和校长培训工作。1993 年 12 月 28 日，国家教育委员会印发的《关于加强全国职业中学校长岗位培训工作意见》(教职〔1993〕19 号)中指出：“各省、自治区、直辖市先行试点，有计划、有步骤地开展该项培训工作，逐步使岗位培训规范化”“各省、自治区、直辖市可依托有条件的普通高校、教育学院等建立 1 至 2 个培训机构，培训机构要经省级教育部门审批，报我委备案”。

1995 年 6 月，国家教育委员会在北京召开了职业技术教育师资培训基地工作会议。该会议指出，在新形势下，全国各培训基地的工作任务必须实行重点转移，由原来的培训职教干部为主，转移到培训和培养中等职业学校的专业课教师为主，兼顾职教管理干部培训。自 1989 年 10 月起，国家教育委员会在 6 所部委直属高校和两所地方高校相继建立了职教师资培训基地或培训中心，分别是：天津大学职业技术教育学院(1989 年)、浙江大学职业技术教育学院(1989 年)、河北农业技术师范学院农村职教师资培训中心(1993 年)、湖南农学院农村职教师资培训中心(1993 年)、同济大学职业技术教育学院(1994 年)、西安交通大学职业技术教育学院(1995 年)、东南大学职业技术教育学院(1997 年)、四川大学职业技术教育学院(1997 年)。各基地建立后，与各省教育部门配合首先举办了职业中学校长培训班，顺利完成了职业中学校长岗位培训的任务。

随着职业教育规模的不断扩大和教育教学质量的不断提高，大规模建立职教师资培养培训基地被提上议事日程。1997 年 9 月 24 日，国家教育委员会印发的《关于加强中等职业学校教师队伍建设的意见》(教职〔1997〕8 号)中指出：“要选择并确定若干所能够满足职教师资培养要求的理、工、农、医、师等类高等学校作为职教师资的培养和培训基地，可在这些基地建立职业技术师范学院(二级学院)，或设立职业教育师范系，或者举办职业教育师范班。各地方选择作为基地的高等学校可以是省属院校，也可以是部委直属院校。各有关部委应积极支持所属院校承担职教师资培养和培训任务，基地建设可采取共建的形式”，提出了要大范围建立职业教育师资培养培训基地。1998 年 3 月，国家教育委员会、国家经济贸易委员会、劳动部印发的《关于实施〈职业教育法〉加快发展职业教育的若干意见》中指出：“要依托高校、部分中等职业学校、高级职业培训机构和有条件的企业建立一批职业学校教师的技能培训基地，使教师不断更新知识，提高技能水平”。1999 年，《国务院批转教育部〈面向 21 世纪教育振兴行动计划〉的通知》(国发〔1999〕4 号)中提出："实施'跨世纪园丁工程'，大力提高教师队伍素质""依托普通高等学校和高等职业技术学院，建设职业教育专业教师和实习指导教师培训基地"。

为了落实教育振兴行动计划，1999 年 11 月，教育部下发了《关于公布首批全国重点建设职业教育师资培训基地名单的通知》(教职成厅〔1999〕4 号)，批准天津大学等 20 所学校为首批全国重点建设职业教育师资培训基地；2000 年 5 月，教育部批准哈尔滨工业大学等 24 所学校为第二批全国重点建设职业教育师资培训基地；2001 年 3 月，教育部批准北京师范大学等 8 所院校为第三批全国重点建设职教师资培训基地。2001 年 3 月，教育部下发了《关于调整部分全国重点建设职业教育师资培训基地的通知》(教职成函〔2001〕1 号)，决定对部分全国重点建设职教师资培训基地进行调整，吸收青岛海洋大学、中德无锡高级职业技术学校、山东-巴伐利亚职教师资培训中心、湖北啤酒学校，分别与平度职教中心、常州技术师范学院、山东工程学院、湖北工学院(现湖北工业大学)4 个基地学校联合，组建为青岛海洋大学-平度职教中心、常州技术师范学院-中德无锡高级职业技术学校、山东工程学院-山东-巴伐利亚职教师资培训中心、湖北工学院-湖北啤酒学校 4 个基地。2003 年 11 月，教育部批准华中科技大学、集美大学为全国重点建设职业教育师资培养培训基地；2007 年 10 月，教育部批准清华大学、北京理工大学作为全国重点建设职业教育师资培养培训基地。至此，全国建立了 56 个重点建设职业教育师资培养培训基地。同时，为了建立和完善职业教育师资培养培训体系，充分发挥企业在培训职教师资中的作用，鼓励企业参与职教师资培训，加强专业课和实习指导教师的技能训练，探索职教师资培训工作的新路子，2001 年 3 月，教育部下发了《关于公布首批全国职业教育师资专业技能培训示范单位的通知》(教职成函〔2001〕3 号)，确定了上海宝钢集团公司、海尔集团、四川长虹电子集团有限公司、中国第一汽车集团公司、东风汽车公司、苏州工业园区职业技术学院 6 个单位为全国职业教育师资专业技能培训示范单位，此后，又增加了北京首都旅游集团有限责任公司和武汉华中数控股份有限公司。

《面向 21 世纪教育振兴行动计划》中指出："重点加强中小学骨干教师队伍建设。1999 年、2000 年，在全国选派 10 万名中小学及职业学校骨干教师(其中 1 万名由教育部组织重点培训)"，开始了国家级骨干教师培训工作。1999 年 11 月，教育部印发的《关于实施"中小学教师继续教育工程"的意见》中明确提出：必须加大对骨干教师的培训步伐，集中一批教育资源，设立骨干教师专项资金，对骨干教师给予重点培养和扶植。全国市(地)遴选 100 万名中小学及职业学校骨干教师；1999 —2000 年，省(自治区、直辖市)遴选 10 万名中小学及职业学校骨干教师，教育部遴选一万名中小学及职业学校骨干教师，分别进行市(地)级、省级、国家级培训。通过三级培训，培养一大批有较高教育教学水平的骨干教师，并指出"中小学校是教师继续教育的重要基地……各中小学都要制定本校教师培训计划，建立教师培训档案，组织多种形式的校本培训”，提出了校本培训的概念，从此构建了国家级、省级、市(地)级、校本培训 4 级培训体系。

《面向 21 世纪教育振兴行动计划》中指出：2010 年前后，“经济发达地区高中专任教师和校长中获硕士学位者应达到一定比例”。为此，2000 年 5 月 30 日，教育部、国务院学位委员会下发了《关于开展中等职业学校教师在职攻读硕士学位工作的通知》(教职成〔2000〕5 号)，拓展了中等职业学校教师继续教育的空间和层次。2000 年，教育部下发的《关于印发〈关于进一步加强中等职业教育师资培养培训基地建设的意见〉的通知》(教职成〔2000〕9 号)中指出：“全国初步建立起布局合理、功能完备的，与中等职业教育事业发展的规模和要求相适应的职教师资培养培训基地网络，为建立职教师资培养培训体系打下良好的基础”。为贯彻落实 1999 年中共中央、国务院《关于深化教育改革全面推进素质教育的决定》的精神，2000 年 5 月，劳动和社会保障部下发的《关于加快技工学校改革工作的通知》(劳社部发〔2000〕10 号)中指出：“各省、自治区、直辖市劳动保障部门要依托高级技工学校和国家重点技工学校，经劳动保障部认定，建立 1—2 所师资培训基地，有计划地开展师资和管理人员培训”。在此基础上，2009 年 6 月，人力资源和社会保障部办公厅下发了《关于公布首批全国技工院校师资培训基地的通知》(人社厅函〔2009〕249 号)，确定西安技师学院等 21 所技工院校为首批全国技工院校师资培训基地。

2002 年 8 月，国务院颁发的《关于大力推进职业教育改革与发展的决定》(国发〔2002〕16 号)中指出：“加强职业教育教师队伍建设。要积极开展以骨干教师为重点的全员培训，提高教师的职业道德、实践能力和教学水平，培养一批高水平的骨干教师和专业带头人。鼓励职业学校教师在职攻读相关专业学位、提高学历层次。要有计划地安排教师到企事业单位进行专业实践和考察，提高教师的专业水平”“加强职业教育师资培养培训基地建设，逐步完善职业教育师资培养培训网络”。2004 年 9 月，教育部等七部门联合印发的《关于进一步加强职业教育工作的若干意见》(教职成〔2004〕12 号)中指出：“要建立符合职业教育特点的教师继续教育进修和企业实践制度。职业院校专业教师每年脱产接受继续教育的时间应不少于规定的学时数，每两年必须有两个月以上时间到企业或生产服务一线进行实践，并作为教师提职、晋级的必要条件，其他教师和管理人员也应定期到企业或生产服务一线进行实践和调研。要加强职业教育师资培养培训基地建设，扩大专业教师培训和在职攻读硕士和博士学位的规模。各级教育行政部门要会同相关部门制定本地区职业教育师资队伍建设的整体规划和相关配套措施”。

2005 年 10 月，国务院印发的《关于大力发展职业教育的决定》(国发〔2005〕35 号)中提出：“实施职业院校教师素质提高计划”。为了贯彻国务院该文件的精神，2006 年 9 月 28 日，教育部制定了《关于建立中等职业学校教师到企业实践制度的意见》(教职成〔2006〕11 号)。2006 年 12 月 26 日，教育部、财政部联合下发了《关于实施中等职业学校教师素质提高计划的意见》(教职成〔2006〕13 号)，文件指出到 2010 年，培训 15 万名中等职业学校(含办学特色鲜明、成绩突出的技工类学校)专业骨干教师，其中中央财政重点支持培训三万名，省级培训 12 万名；支持全国重点建设职教师资培养培训基地和全国职教师资专业技能培训示范单位开发 80 个专业的师资培训方案、课程和教材，以适应职教教师培训的需要；支持中等职业学校面向社会聘请专业技术人员、高技能人才兼职任教，促进教师队伍结构的优化，推动教师队伍建设的制度创新。整个计划中央财政投资 5 亿元。“十二五”期间，教育部、财政部继续实施了“职业院校教师素质提高计划”，加强对中等职业学校专业骨干教师的培训和青年教师到企业实践，并投资开发了 100 个职教师资培养资源开发项目，建立了 300 个专业点。2013 年 9 月 20 日，教育部印发了《中等职业学校教师专业标准(试行)》(教师〔2013〕12 号)；2015 年 1 月 10 日，教育部印发了《中等职业学校校长专业标准》(教师〔2015〕2 号)。这两个标准的出台，既为教师和校长培训提供了科学依据，也对教师和校长培训提出了新的要求，需要根据教师和校长专业发展的要求提供多样化的培训内容。2016 年 10 月，教育部、财政部印发了《关于实施职业院校教师素质提高计划(2017—2020 年)的意见》(教师〔2016〕10 号)，项目设计了职业院校教师示范培训、中高职教师素质协同提升、校企人员双向交流合作三大类。教师示范培训包括专业带头人领军能力研修、“双师型”教师专业技能培训、优秀青年教师跟岗访学、卓越校长专题研修；协同提升项目包括中高职衔接专业教师协同研修、紧缺领域教师技术技能传承创新、骨干培训专家团队建设；校企人员双向交流合作包括选派教师到企业实践、设立兼职教师特聘岗。整个项目一改以往中央项目中央组织实施的办法，而是中央项目地方实施，项目的总体设计为教育部和财政部，项目具体实施由省级教育主管部门组织实施，使得各省份能够根据区域经济社会发展和职业教育自身发展的实际需求，在众多的项目中有选择、有重点地开展培训工作，增强培训的针对性和实效性，也充分体现了职业教育以地方为主的发展理念。

2018 年 1 月，中共中央、国务院发布的《关于全面深化新时代教师队伍建设改革的意见》中指出：继续实施职业院校教师素质提高计划，引领带动各地建立一支技艺精湛、专兼结合的双师型教师队伍。加强职业技术师范院校建设，支持高水平学校和大、中型企业共建双师型教师培养培训基地，建立高等学校、行业企业联合培养双师型教师的机制。切实推进职业院校教师定期到企业实践，不断提升实践教学能力。建立企业经营管理者、技术能手与职业院校管理者、骨干教师相互兼职制度。

纵观 70 年来我国中等职业教育教师队伍建设历程，基本上是沿着六大方向展开的：第一，由重视培养培训网络建设转向基地内涵发展和制度建设；第二，由重视职前培养继而重视职后培训转向职前职后一体化方向发展；第三，由注重学历达标、专业知识向重视专业实践能力和实践教学能力转变；第四，由重视基地和校本培养培训转向重视校企合作培养培训；第五，由国家政策引导、地方开展工作转为国家和地方合力开展培养培训工作；第六，由重视管理干部和骨干教师培训转向全员培训。经过多年的建设，虽然初步建立起中等职业教育师资培养培训的网络，但培养培训体系内涵建设滞后，培训的内容和方式与教师的需求有一定的差距，培训质量和效益有待提高；教师继续教育制度不完善，教师培训仍处于外在的要求与外力的推动阶段，而不能完全根据教师内在的需求与内在的动力开展培训；社会尤其是企事业单位参与师资培养培训的主动性和积极性有待提高等。需要落实好 2013 年 9 月教育部印发的《中等职业学校教师专业标准(试行)》等文件的要求，进一步丰富培训形式和内容，按照教师专业化发展的要求，加强师资培养培训工作力度。